미중경쟁의 기원

미중경쟁의 기원
중국 기업의 대미 해외직접투자 증가와 미국 투자정책의 변화

초판 1쇄 발행 2025년 5월 5일

지은이 박상신
펴낸이 장길수
펴낸곳 지식과감성#
출판등록 제2012-000081호

교정 정은솔
디자인 오정은
편집 오정은
검수 한장희, 이현
마케팅 김윤길

주소 서울시 금천구 벚꽃로298 대륭포스트타워6차 1212호
전화 070-4651-3730~4
팩스 070-4325-7006
이메일 ksbookup@naver.com
홈페이지 www.knsbookup.com

ISBN 979-11-392-2495-5(93340)
값 16.700원

- 이 책의 판권은 지은이에게 있습니다.
- 이 책 내용의 전부 또는 일부를 재사용하려면 반드시 지은이의 서면 동의를 받아야 합니다.
- 잘못된 책은 구입하신 곳에서 바꾸어 드립니다.

지식과감성#
홈페이지 바로가기

미중경쟁의 기원

박상신 지음

중국 기업의
대미 해외직접투자 증가와
미국 투자정책의 변화

서문

정치의 부재에 대한 안타까움이 큰 시기이다. 특히 우리 국내정치에서는 정치가 아닌 투쟁만이 난무해서 국민들이 정치를 걱정하느라 생업마저 방해를 받을 정도이다. 그런 와중에 한반도를 둘러싼 나라 밖의 환경마저도 투쟁과 충돌의 분위기를 물씬 풍기고 있어서 여간 신경 쓰이는 일이 아닐 수 없다.

정치학에서는 정치를 "권위의 바탕 위에서 가치를 배분하는 행위" 또는 "누가 무엇을 언제 어떻게 얻는가에 관한 문제"라고 설명한다. 세상에 존재하는 가치 있는 것들은 모든 사람의 욕망을 채울 수 있을 만큼 충분한 법이 없기에, 그 가치 있는 것을 차지하기 위한 경쟁상황은 늘 만들어진다. 인간이 자신의 욕구를 충족하기 위해서 노력하는 것은 자연스러운 현상이므로 그러한 경쟁 자체를 부정적으로 바라볼 필요는 없다. 하지만 규칙이 없는 경쟁은 정글에서 벌어지는 짐승들의 싸움이 되고 만다. 정치는 경쟁을 인간다운 것으로 유도함으로써 사회가 평화롭게 유지되도록 하는 데 필요한 일을 하는 것이다. 정치가 그렇게 필요한 역할을 잘 수행하면 권위는 그로부터 자연스럽게 만들어진다. 권위를 가진 정치의 배분행위에 대해서는 누구도 이의를 제기하지 않을 만한 정당성을 가진다. 이것이 바로 민주적 현대정치가 추구하는 합리적 권위이다. 역사 속에서 우리가 발견하는 혁명이나 민란, 전쟁 등과 같은 극도의 사회불안 상황은 대부분 정치의 배분행위가 정상적으로 작동하지 못하거나 정당성 확보에 실패한 것으로부터 비롯된 것이다.

국제무대에서는 가치의 권위적 배분행위를 패권국이 주도한다. 2차 세계대전이 막바지에 다다랐을 무렵, 미국은 뉴햄프셔주의 작은 마을 브레턴우즈에 44개 주요국을 불러 모아 전후 국제사회의 경제를 움직일 몇 가지 규칙들을 논의했다. 형식은 논의였지만 사실상은 일방적인 제안과 수용이었다. 전쟁비용으로 엄청난 부채를 갖게 된 영국과 유럽의 다른 주요국들은 전후복구를 위한 지원도 필요했으므로 미국의 제안을 받아들이지 않을 수 없었다. 이 회의에서 합의된 결과는 오늘에까지 이어지고 있다. '국제통화기금'(IMF)과 '국제부흥개발은행'(IBRD)을 창설했고, '관세 및 무역에 관한 일반 협정'(GATT)이 체결되었으며, 국제적 경제활동에서는 미국의 화폐가 기준이 되었다. 유럽의 전쟁피해 복구를 지원하기 위해 만들어진 IBRD는 나중에 '세계은행'(WB) 그룹으로 확대했고, 전쟁의 본질적 원인으로 지적된 각국의 보호무역주의를 예방하자는 취지로 체결한 GATT는 후에 '세계무역기구'(WTO)로 발전했다. 국제적 금융과 무역활동에 초점을 맞췄던 브레턴우즈에서의 회의 이외에도 미국은 거의 모든 다른 분야에서 전후 국제무대에서 규칙과 질서를 마련하는 데 노력했다. 미국은 이렇게 마련된 국제기구와 각종 제도로부터 자연스럽게 만들어지는 구조적 권력을 활용해 국제무대에서 가치 배분의 정치적 능력을 꽤 오랫동안 성공적으로 발휘함으로써 국제사회의 안정성을 유지했다.

최근에는 미국이 국제사회에서 행하는 정치행위(가치의 배분)의 결과에 대한 불만과 도전 양상을 빈번히 목격하게 된다. 러시아와 우크라이나의 전쟁, 이스라엘과 하마스의 전쟁, 대만 공격과 관련한 미-중의 긴장감 고조 등이 그 사례이다. "투키디데스의 함정"이란 문구가 요즘 들어 자주 세간에 오르내리는 이유도 이렇게 불안정한 국제정세 때문이다. 새로운 강국의 부상은 그것을 견제할 필요성을 인식한 기존 패권국과의 관계에서 전쟁과 같은 직접적인 충돌을 수반한다는 논리를 표현하는 말이다. 5세기경 그리스의 역사학자 투키디데스가 『펠로폰네소스 전쟁사』를 저술하면서 고대 그리스의 패권국이었던 스파르타와 신흥 세력으로 성장했던 아테네와의 충돌로부터 발견한 패권국과 부상(浮上)국 간의 관계에 대한 패턴이었다. 그가 발견한 패턴은 포르투갈, 스페인, 네덜란드, 영국으로 이어지는 세계패권의 이전 과정에서도 확인되어 현대에 와서 "세력전이론"이나 "패권안정론" 같은 국제정치이론이 발전하는 데 근간이 되었다.

역사상 세계패권이 옮겨지는 과정에서 패권국과 부상국 사이에 전쟁이 없었던 사례는 영국으로부터 미국으로의 패권이전 사례 하나뿐이다. 도덕이나 윤리와 같은 인간의 보편적 가치보다 군사안보나 국가이익 등과 같은 현실주의적 가치가 더 중시되는 국제무대에서는 패권국의 정치행위가 얼마나 정당한가의 여부가 안정적 질서유지를 위한 유일한 요소가 아니다. 그 이외에 패권국이 만들어 놓은 기존의 국제질서에 새로 강국으로 부상하는 국가들은 얼마나 만족하고 있는가? 또는 부상하는 국가들이 유발하는 도전상황을 패권국은 얼마나 잘 관리할 수 있는가? 등의 문제도 중요하다. 러시아는 소비에트연방과 바르샤바조약기구의 해체 당시, 미국을 중심으로 하는 서방세력이 약속했던 북대서양조약기구의 동진(東進)금지 사항이 지켜지지 않는 것에 대해 큰 불만을 가지게 되었다. 팔레스타인의 하마스는 이스라엘에 일방적으로 유리하게 정리된 2차 세계대전의 전후처리 결과에 뿌리 깊은 불만을 갖고 있다. 중국은 1971년 유엔총회 결의를 통해서 이미 정리된 대만의 국제적 지위와 하나의 중국 원칙이 위협받는 상황에 대해 불만이 있다.

그러나 러시아와 중국이 제기하는 도전과 중동에서의 잠재적 위기상황을 미국이 과거처럼 효과적으로 관리할 수 있을까? 라는 의문에는 긍정적 대답을 내놓기가 쉽지 않다. 뚜렷한 성과를 보여 주지 못하고 있기 때문이다. 게다가 브레턴우즈에서 전쟁의 재발 방지를 위해서 앞장서 강조했던 개방된 자유시장 중심의 국제경제질서를 훼손하는 보호주의적 경제정책을 반복적으로 내세우고 있으며, 핵확산금지조약의 회원국인 이란의 핵개발 프로그램은 제재하면서도 조약의 회원국이 아닌 인도, 파키스탄, 이스라엘 등에 대해서는 핵무기 보유를 합법화해 주었다. 요즘 국제사회에서는 중국이 미국보다 더 적극적으로 자유무역을 강조하고 있는 실정이다. 자신이 주도해 만들어 놓은 국제적 제도를 스스로 약화시키는 일관성 없는 행동은 패권국으로서의 지위를 훼손하는 것이며, 중국이나 러시아 같은 도전국들이 가진 기존 질서에 대한 불만을 악화시키는 결과를 가져온다. 이것이 패권국으로서의 미국이 최근 정치력의 부재라는 문제점을 나타내고 있는 원인일 것이다.

이 책의 목적은 미국과 중국 간의 해외직접투자(Foreign Direct Investment)와 이에 관련된 투자정책의 변화를 살펴봄으로써 양국 간의 정치적 갈등을 국제정치학의 시각에서 분석하고 그 원인을 설명하는 것이다. 두 나라는 관계정상화 이후로 우호와 협력의 수준을 계속해서 높여 왔지만 2000년대 이후부터는 군사와 정치 및 경지 부문에서 점차 갈등 수준이 높아지고 있다. 이 같은 미국과 중국의 관계 변화는 국제적 상업활동이 국가 간의 상호의존을 심화시켜 평화를 증진시킨다는 국제정치학의 자유주의적 관점과는 상충되는 현상이다. 따라서 미·중 간의 FDI 관계를 국제정치학 이론의 틀 안에서 살펴본 연구는 다음과 같은 세 가지 효과를 거둘 수 있다: (1) 양국 관계의 변화 양상을 살펴볼 수 있다. (2) 양국 관계의 변화를 통하여 향후 국제정치 체제의 변화를 가늠할 수 있다.

(3) 국제적 상업활동이 국가 간의 평화에 기여한다는 기존의 국제정치적 시각을 제고하는 기회가 된다.

연구의 목적을 달성하기 위해 이 연구에서 사용한 주요 변수는 구조로서의 국제정치경제 체제와 그 구조의 변화, 국가의 경제적 능력, 대외_환경의 변화에 대한 인식, 천연자원, 국제적 분업화이다. 이 책은 이러한 변수들을 이용하여 FDI가 미국과 중국의 투자정책에 변화를 이끌었음을 지적하고, 그로 인해 양국의 관계가 변화된 양상을 설명했다. 미국에 대해 중국이 진행한 직접투자 사례에서는 FDI의 기술적 '파급효과'나 경제성장 효과에 집중했던 기존 연구가 소홀히 다뤘던 몇 가지 특징이 발견된다: (1) 투자유치국도 자본의 유치에만 집중하는 수동적인 입장에서 벗어나 자국 경제성장에 필요한 해외 부문에 직접투자를 진행하는 능동적인 입장으로 경제정책을 전환할 수 있다는 점, (2) 선진국에서 개발도상국으로 일정한 흐름을 유지한다는 국제자본의 움직임에 대한 통념과 다르게 미국에서 중국으로 일방적인 흐름을 보였던 투자자본 흐름의 비대칭성이 감소되었다는 점, (3) FDI가 지닌 기술적 파급효과나 경제성장 효과의 실효성을 증대하기 위해 중국이 미국에 대해 진행한 해외직접투자는 주로 천연자원 개발과 첨단기술 분야에 집중되었다는 점이다. 이러한 특징은 경제성장을 목표로 서구 선진국의 다국적기업(Mult-National Corporation)으로부터 FDI를 유치하기 위한 노력을 기울여 온 다른 개발도상국에게는 발전전략을 수립함에 있어 새로운 가능성과 정책적 의미를 부여한다.

중국 기업들의 미국에 대한 FDI는 2000년대 이후 매우 급속하게 증가했다. 개혁과 개방으로 인한 성공적인 경제발전 성과는 중국 정부가 막대한 규모의 외환보유고를 축적하는 기회를 제공했다. 축적된 외환보유고는 중국 기업들이 기술과 자원을 획득하려는 목적으로 해외 기업들을 매수하는 투자자본으로 재활용되고 있다. 2008년 세계적 경제위기로 인한 기업들의 자산가치 하락은 그러한 중국 기업들의 대외 투자활동에 유리한 조건을 마련해 주었다. 경제성장으로 강화된 중국의 국제적 영향력과 미국 패권의 상대적 약화는 미국이 중국을 경쟁상대로 인식하게 하는 계기가 되었다. 미국이 중국에 대해 취했던 과거의 너그러운 태도가 점차 강경한 견제의 태도로 변화되고 있는 것이다. 이러한 배경에서 미국은 중국으로부터 유입되는 FDI를 통제하기 위한 제도를 강화하게 되었다. 미국이 중국으로부터 유입되는 FDI를 규제하도록 정책을 강화한 원인은 세 가지로 나누어 설명이 가능하다: (1) 미국 내 경쟁기업들의 로비에 의한 결과라는 점, (2) 무역불균형 해소를 목표로 하는 미국 정부의 정책적 필요성에서 비롯되었다는 점, (3) 국제무대에서의 패권유지라는 국가 대전략과 안보를 고려한 결과라는 점이다. 이 같은 세 가지 설명 중에서 이 책은 특히, 세 번째 원인에 초점을 맞추었다. 미국 투자정책의 변화는 중국에 대한 미국의 인식과 태도가 달라진 것을 반영한다. 국제무대에서 영향력을 행사하려는 의지를 적극적으로 표시하기 시작한 중국에 대해 미국이 강경한 견제의 입장을 나타내기 시작하면서 양국의 관계에 갈등의 가능성이 증가했다. 2000년대 중반 이후 중국으로부터 유입되는 FDI에 대한 미국의 투자정책 변화는 양국의 정치적 경쟁관계가 형성된 상황을 반영하는 것이다.

  FDI와 관련된 양국의 전반적인 경제정책 변화 과정을 살펴보는 과정에서 최근 미·중 간의 갈등에 직접적 계기가 되고 있는 보호주의적 특성이 강화된 사실을 발견할 수 있었다. 2007년 미국은 기존의 '액슨-플로리오 수정안'(the Exon-Florio Amendment)을 "외국인 투자와 국가안보에 관한 법"(FINSA: Foreign Investment and National Security Act of 2007)으로 확대 및 강화하여 연방정부 차원에서 외국인 투자자금이 국내로 유입되는 것에 대한 통제를 강화했다. 중국은 자국기업의 미국에 대한 투자가 여러 차례 실패로 돌아간 경험과 미국의 FINSA 법안 수정을 중국 자본에 대한 차별 및 무역장벽으로 인식했다. 이에 대한 대응으로 중국도 역시 2011년에 "외국투자자 경내기업 합병 안전심사 제도"(外國投資者并购境內企业安全审查制度)를 마련하고 그와 관련된 몇 가지 법안을 새롭게 제정했다. 이렇듯 외국인 투자 규제 법률을 강화하는 정책경향은 양국의 경쟁적 입장이 제도화되고 있다는 사실을 보여 준다.

2000년대 이전까지 양국 사이에서 진행되었던 FDI는 대체로 미국에서 중국으로 향하는 일방적인 흐름을 보였다. 이러한 자본 흐름의 비대칭성은 중국의 저렴한 노동력과 지대를 활용하여 비용절감을 노린 미국 기업들의 이윤추구 동기와 경제발전에 필요한 자본을 충당코자 했던 중국 정부의 발전전략이 맞물린 결과였다. 관계정상화 이후부터 1990년대까지 20여 년이 넘는 기간 동안, 미·중 양국 정부는 서로의 관계에서 국가안보나 국제무대에서의 정치경제적 경쟁 등과 같은 요소를 고려할 동기를 갖지 않았다. 미국에서 중국으로 향하는 FDI가 증가할수록 양국의 우호와 협력도 함께 증진되는 양상을 보였다. 그러나 2000년대 이후 급격하게 증가한 중국 기업의 대미 FDI는 과거 양국 간 자본 흐름의 비대칭성을 빠르게 감소시켰다. 중국의 대미 FDI 진출은 단순히 경제적 이익을 추구하는 것 이외에 핵심기술과 주요 천연자원을 확보하려는 중국 정부의 전략적 목표를 내포했다. 해양석유공사와 유노칼, 화웨이와 3콤, 서북비철금속과 퍼스트골드의 인수·합병 협상은 중국으로부터 미국에 유입되는 FDI가 상업적 계산보다는 정치 및 사회적 논리에 근거하여 정부

차원에서 규제되었던 대표적인 사례들이다.

　미국과 중국의 관계 변화 양상을 FDI로 설명하려는 시도는 우선 중국 기업들의 대미 FDI 증가가 양국 간의 자본흐름과 경제 및 기술적 비대칭성을 감소시키고 있다는 점으로부터 출발한다. 미국은 가장 강력한 경쟁자로 부상한 중국과의 현재 격차를 유지하기 위해 중국 FDI의 유입을 규제하게 되었다. 중국은 그러한 미국의 태도 변화에 반발하고 있다. 이로 인해 현재 양국의 정치적 갈등 가능성이 과거에 비해 훨씬 높아진 상태이며 그 원인은 다음과 같이 설명이 가능하다: (1) 양국이 모두 국제무대에서 지도적 지위를 추구하고 있다. (2) 양국이 모두 투자정책에서 보호주의적 요소를 강화했다. (3) 양국은 첨단기술과 천연자원 개발 분야에서 FDI를 통한 협력의 의지가 낮아졌다. (4) 양국의 국력 격차가 좁혀졌다.

　이렇게 미·중 관계에 국한하여 정리한 FDI의 영향력을 좀 더 일반적인 국제정치경제학의 영역으로 확장시키면 FDI가 국가 간의 평화적 관계에 기여하는 조건은 무엇인가라는 이론적 문제에 도달한다. FDI를 통한 국제적 분업화의 필요성이 크고 양국 간의 국력차이가 현저하면 FDI가 국가 간의 평화적 관계에 긍정적으로 작용할 수 있다. 하지만 양국 간의 국력 격차가 크지 않고 국제적 분업화의 동기가 낮으면 FDI가 평화적 관계에 기여할 가능성도 낮아진다는 것이 이 책을 통해 필자가 주장하고자 하는 이론적 함의이다.

2025년 3월
아주대학교 세계학연구소 연구교수 박상신

목차

서문   4
약어표   18

제1장
미중경쟁의 발화점

1.1 FDI는 평화로운 국가관계에 기여하는가?   22
1.2 미·중 간 FDI 양상과 관련 제도의 변화   32
1.3 FDI를 통해 살펴본 미·중 관계 변화의 특징   40
1.4 책의 구성   48

제2장
국제정치학에서의 FDI

2.1 국제관계에서 국제적 상업활동의 영향   54
2.2 국제무대의 구조와 결정 요인   64
     2.2.1 구조의 변화   67
     2.2.2 경제적 능력의 중요성 증가   69
     2.2.3 환경변화에 대한 인식   75
     2.2.4 천연자원의 중요성   80
     2.2.5 국제적 분업화   84
2.3 국제무대의 구조와 행위자의 인식   89
2.4 FDI로 인한 상호의존과 갈등   102

제3장
중국 FDI의 미국 진출

3.1 서론   **110**

3.2 중국의 대미 FDI 현황   **117**

3.3 중국 FDI의 미국 진출 증가 배경   **125**

    3.3.1 중국 경제의 세계화 정책('**走出去**战略', Going-Out Policy)   129

    3.3.2 미국 자산의 가치 하락   133

    3.3.3 미국 주 정부들의 중국 FDI 유인   135

3.4 중국에 대한 미국의 태도 변화   **138**

    3.4.1 패권의 불안정성 증가   139

    3.4.2 신흥국 및 경쟁 세력의 성장   144

3.5 소결   **151**

제4장
미국과 중국 FDI 정책의 변천

4.1 서론   **156**

4.2 미국 FDI 정책의 변천 과정   **159**

     4.2.1 냉전시대 이전의 FDI 정책   159

     4.2.2 냉전시대의 FDI 정책   166

     4.2.3 1990년대의 FDI 정책   170

     4.2.4 2000년대의 FDI 정책   181

4.3 중국의 FDI 정책 변천 과정   **195**

     4.3.1 경제개방 초기(1979-1986): 경제특구의 시험적 운영   214

     4.3.2 경제개방 확장기(1987-1991): 해외자본 유치 기반조성   216

     4.3.3 시장지향적 경제개방기(1992-2000): 해외 투자자본의 신뢰 구축   218

     4.3.4 경제개방 완성기(2001-현재): WTO 가입   222

4.4 소결   **228**

제5장
FDI로 인한 미국과 중국의 갈등 사례

5.1 서론	232
5.2 해양석유총공사(CNOOC) - 유노칼(Unocal) 사례	240
5.3 화웨이(Huawei) - 3콤(3Com) 사례	255
5.4 서북비철금속(NNII) - 퍼스트골드(Firstgold) 사례	268
5.5 소결	280

제6장
결론

6.1 미·중 관계에서 FDI와 갈등 가능성의 증가	284
6.2 이론적 함의	296
6.3 정책적 함의 및 활용방안	300
참고문헌	303
부록: 관련 통계자료	323

표 목차

표 1. FDI와 국가 간 평화 형성의 관계　　97
표 2. 중국 상무부와 미국 경제분석국의 중국 FDI 규모 통계 비교(2008년)　　118
표 3. 중국의 대미 FDI 산업별 현황: 2000~2012　　121
표 4. 소유주체에 따른 중국의 대미 FDI 구성: 2003~2010　　127
표 5. 중국 FDI 유치 상위 5개 주 현황: 2000~2012　　135
표 6. 미국 FDI 및 Portfolio investment 규모(단위: 10억 불)　　163
표 7. 미국 FDI 유출입 누적 규모: 1914~1985(단위: 10억 불)　　169
표 8. 세계 FDI 유입 누적액: 1985~2011(단위: 10억 불)　　171
표 9. 외국인 투자위원회(CFIUS)의 조사활동 현황: 1988~2011　　182
표 10. 국가안보 위해 여부 고려시 기존규정과 FINSA 2007의 비교　　187
표 11. CFIUS의 구성, 검토 및 조사절차에 대한 기존규정과 FINSA 2007의 비교　　189
표 12. 사회간접자본과 완화협정 개념에 대한 기존규정과 FINSA 2007의 비교　　190
표 13. 의회의 감독권한에 대한 기존규정과 FINSA 2007의 비교　　192
표 14. 미국의 주요 FDI 관련 제도(1900~현재)　　194
표 15. 중국에 대한 주요 FDI 투자 국가(단위: 10억 불)　　199
표 16. 중국 FDI의 산업별 분포 - 2009년까지 누적 건수 및 규모(단위: 백만 불)　　202
표 17. 무역에 대한 외국인 투자자본 기여율: 1986~2009(단위: 10억 불)　　205
표 18. 경제개방 초기 중국의 FDI 관련 제도 및 정책　　216
표 19. 경제개방 확장기 중국의 FDI 관련 제도 및 정책　　218
표 20. 시장지향적 경제개방기 중국의 FDI 관련 제도 및 정책　　221
표 21. 경제개방 완성기 중국의 FDI 관련 제도 및 정책　　227
표 22. 미국 진출 중국 FDI의 정치적 쟁점화 사례: 1990~2011　　234

그림 목차

그림 1. 미국과 중국의 상호 FDI 현황: 1980~2011(단위: 백만 불)   27
그림 2. 미국과 중국의 상품교역 규모: 1985~2010(단위: 백만 불)   29
그림 3. 전 세계 FDI 유출입 현황: 1970~2009(단위: 백만 불)   33
그림 4. 구글 검색엔진 키워드 검색결과 빈도   99
그림 5. 미·중 간 상호의존과 갈등 관계   101
그림 6. 미국의 대중국 상품교역 적자 규모: 1985~2012(단위: 백만 불)   111
그림 7. 세계 4대 무역국(중·독·일·미) 상품 수출 규모 비교(단위: 백만 불)   113
그림 8. 달러화 대비 위안화 가치 지표: 2005~2011   115
그림 9. 중국의 전 세계 FDI 규모: 1982~2010(단위: 백만 불)   120
그림 10. 외국인 투자위원회 조사절차   178
그림 11. 중국의 FDI 연도별 유입액: 1979~2010(단위: 백만 불)   197
그림 12. 유형별 중국유입 FDI의 추세: 1989~2010(단위: %)   198
그림 13. 2009년 중국유입 FDI 국가 및 지역별 비율(%)   201
그림 14. 합병안전심사제도에 의한 연석회의 조사절차   225

약어표

약어	설 명	
AFL-CIO	American Federation of Labor and Congress of the Industrial Organization	미국 노동총연맹 산업별조합회의
APEC	Asia-Pacific Economic Cooperation	아시아 태평양 경제협력체
ARF	ASEAN Regional Forum	아시아지역포럼
ASEAN	Association of Southeast Asian Nations	동남아시아국가연합
BEA	The US Bureau of Economic Analysis	미국 경제분석국
CATIC	China National Aero-Technology Import and Export Corporation	중국항공기술수출입공사 中航技进出口有限责任公司
CFIUS	The Committee on Foreign Investment in the United States	외국인 투자 위원회
CIC	China Investment Corporation	중국투자공사 中国投资有限责任公司
CNOOC	China National Offshore Oil Corporation	중국해양석유총공사 中国海洋石油总公司
CSCAP	Council for Security Cooperation in Asia Pacific	아태안보협력이사회
CTBT	Comprehensive Nuclear-Test-Ban Treaty	포괄적 핵실험 금지조약
DPG	Defense Planning Guidance	국방계획 지침서
DSB	Dispute Resolution Body	분쟁해결기구
EU	European Union	유럽공동체
FDI	Foreign Direct Investment	해외직접투자
FINSA	Foreign Investment and National Security Act	외국인 투자와 국가안보에 관한 법률
IMF	International Monetary Funds	국제통화기금
JBIC	Japan Bank for International Cooperation	일본 국제협력은행
JETRO	Japan External Trade Organization	일본 무역진흥기구
MNC	multinational corporation	다국적 기업

MSSD	Most Similar System Design	최대유사체계분석모형
NAFTA	North American Free Trade Agreement	북미자유무역협정
NATO	North Atlantic Treaty Organization	북대서양조약기구
NNII	Northwest Nonferrous International Investment	서북비철금속국제투자유한공사 西北有色地质勘查局下属的全资投资公司
NPT	Nuclear Non-Proliferation Treaty	핵확산 금지조약
NSA	National Security Agency	미 국가안보국
OECD	Organization for Economic Cooperation and Development	경제협력개발기구
OPEC	Organization of Petroleum Exporting Countries	석유수출국기구
RTA	Regional Trade Agreements	지역무역협정
S&ED	The US-China Strategic and Economic Dialogue	미중경제전략대화
SASAC	The Chinese State-Owned Assets Supervision and Administration Commission	국유자산감독관리위원회 国务院国有资产监督管理委员会
SCO	Shanghai Cooperation Organization	상하이협력기구
TNC	transnational corporation	초국적 기업
TRIMs	Trade Related Investment Measures	무역관련 투자조치
TWEA	the Trading with the Enemy Act	적성국 교역법
UNCTAD	United Nations Conference on Trade and Development	국제연합무역개발협의회
USSEC	The US Securities and Exchange Commission	미국 증권거래위원회
USTR	The United States Trade Representative	미국 무역대표부
WMD	Weapons of Mass Destruction	대량살상무기
WTO	World Trade Organization	세계무역기구

제1장
미중경쟁의 발화점

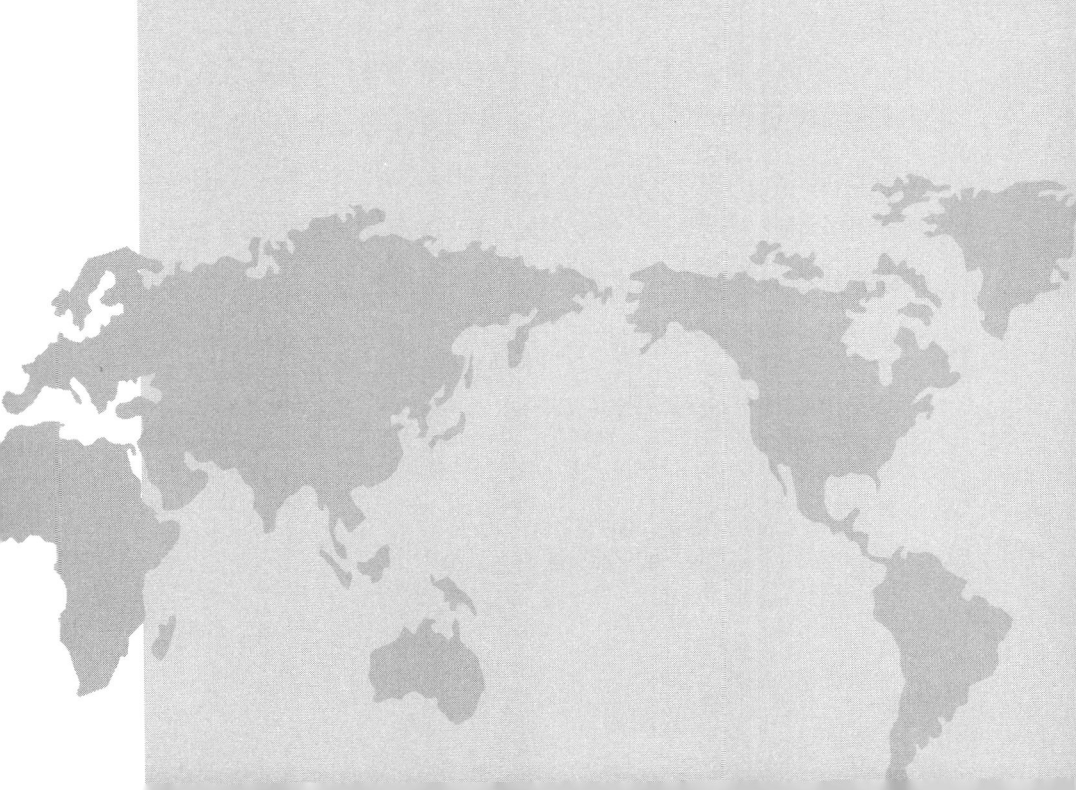

1.1
FDI는 평화로운 국가관계에 기여하는가?

이 책의 목적은 중국의 기업들이 미국에 대해 해외직접투자(FDI: Foreign Direct Investment)를 진행하여 미국의 투자정책이 변화된 사례를 국제정치학의 시각에서 분석하는 것이다. FDI는 국가가 경제적 이익을 추구하기 위해 사용하는 대표적인 수단 중 하나이다.[1] 따라서 FDI에 관련된 정책과 제도에는 국가의 경제적인 의도뿐만이 아니라 정치적인 동기도 포함되기 마련이다. 미국과 중국은 자국의 기업들이 상대 국가에 FDI를 진행하는 과정에서 국가의 이익을 확보하기 위해 자국 기업은 물론 외국 기업의 FDI까지 그 유출(입)을 통제하려고 노력한다. 2000년대 이후 중국의 기업들은 미국에 대한 FDI를 급격하게 늘리기 시작했다. 미국 정부는 중국으로부터 유입되는 FDI를 규제하기 위해 관련된 정책과 제도를 변경했다. 미국의 FDI 정책 변화는 중국의 반발로 이어져 양국 간의 정치적 갈등에 중요한 원인이 되고 있다. 책에서 필자는 미국과 중국이 서로 자국의 이익에 부합되도록 FDI를 통제하기 위해 정책과 제도를 변화시킨 양상을 설명하고 그로 인해 발생한 양국 정부 간의 정치적 갈등을 살펴볼 것이다.

---

1) 브래머(Ian Bremmer)는 국가가 더 많은 부의 창출을 위하여 기존의 부를 활용하는 행위의 상당 부분이 사유화된 국내의 1인자(privately owned national champion), 즉 다국적 기업을 통해 발현된다고 설명한다. 결국 국가는 FDI를 통해 천연자원과 기술을 비롯한 다양한 요소를 통제함으로써 국부의 지속적인 창출이라는 국익을 꾀하는 것이다. Bremmer, Ian. 2010. *The End of the Free Market: Who Wins the War Between States and Corporations*. New York: Portfolio. pp. 25, 54-83.

미국과 중국이 FDI에 관련된 정책과 제도를 변경하는 것은 단순히 상업적 이익추구라는 경제적 목적에만 원인이 있지는 않다. 국가 발전, 군사력 현대화, 안정적인 자원 수급, 경쟁자 견제 등과 같은 국가적 대전략에 기여하는 이익을 추구하기 위한 정치적 동기로부터 영향을 받은 것이기도 하다. 그렇기 때문에 FDI와 관련된 정책의 변화는 양국의 정치적 관계에도 영향을 미친다. 최근에는 미국과 중국 기업들 사이에서 FDI를 매개로 한 경쟁이 증가했다. 양국 정부는 국가적 이익의 차원에서 그 경쟁의 결과에 영향을 미치기 위한 정책적 노력을 진행하기도 한다. 그러한 정책적 노력들은 양국의 국익이 서로 충돌하는 부분에서 정치적 갈등을 만들어 내고 있다.

미국과 중국 기업들의 FDI 경쟁과 양국 정부의 정치적 갈등은 두 국가의 국력이 예전과는 달라졌음을 반영한다는 점에서 정치적 현상으로 볼 수 있다. 또한 변화된 국력 때문에 달라진 양국의 역학관계를 살펴볼 수 있는 국제정치학의 소재이기도 하다. 다시 말해 미국-중국 사이에서 최근에 발생하고 있는 경쟁과 갈등은 달라진 양국 간의 역학관계로부터 기인한 것이다. 이러한 양국 역학관계의 변화는 탈냉전 이후에 형성된 미국 중심의 단극적 국제정치경제 질서가 변하고 있음을 보여 주는 것이다. 2차 세계대전 이후부터 미국이 유지해 온 첨단기술과 군사 및 경제력에 있어서의 우위는 급성장한 중국이 강력한 경쟁자로서 국제무대에 등장함과 동시에 점차 도전에 직면하는 모습을 보이고 있다.

미국의 금융시장에서 비롯된 2007년 서브프라임 모기지(subprime mortgage) 사태는 미국뿐만이 아니라 전 세계 경제를 위기로 몰아넣었다. 경제위기의 여파는 대공황에 버금가는 장기적인 경기침체로 평가되었으며 2013년 현재까지도 진정될 기미를 보이지 않고 지속되고 있다. 전 세계적으로 경제 불안정이 장기화되고 있는 것은 단일 패권을 중심으로 하는 기존의 단극적 국제정치경제 질서의 변화와도 관련이 있다. 대공황과 세계대전 이후 발생했던 과거 여러 차례의 세계적 경제위기에서 미국은 다른 어떤 국가보다도 위기 해결에서 주도적 태도를 보였다. 그러한 미국의 행동은 패권국의 지위에 상응하는 것이었다. 그러나 2007년 세계 경제위기를 맞아 미국이 보인 움직임은 과거와 달랐다. 세계경제 질서의 안정성을 확보하는 것이 아니라 국내문제를 해결하는 데 더 치중하는 양상을 보여 주었다. 예컨대 2008년과 2010년 두 차례에 걸쳐 2조 3천억 달러가 넘는 규모의 양적 완화를 단행하여 달러화가 약세를 지속하고 있으며 이로 인하여 전 세계 많은 국가의 경제가 인플레이션이나 금융불안과 같은 압력을 받았다. 이에 대해 유럽의 국가들과 중국, 러시아 등은 미국이 세계경제에 대한 통제력을 상실했다는 비판을 쏟아 냈다. 탈냉전 이후 미국이 유지해 온 세계 유일의 초강대국으로서의 지위가 위협을 받고 있는 것이다.

미국의 패권이 도전 받고 있다는 평가는 역사적으로 볼 때 10~15년을 주기로 반복되어 등장했다. 1958년에 소련이 스푸트니크 인공위성을 발사하자 미국이 가진 첨단 및 군사기술에 있어서의 패권이 약화되고 있다는 지적이 있었다. 1970년대 초반에는 오일쇼크와 인플레이션에 영향을 받아 달러화의 금태환 정지가 선언됨으로써 미국의 경제적 패권 약화에 대한 주장이 제기되었다. 1980년대 중반에도 미국 중서부의 제조업 공장지대가 쇠퇴하면서 경제의 주축이 캘리포니아의 실리콘 밸리로 옮겨가는 과정에서 역시 미국 패권의 약화에 대한 주장이 설득력을 얻기도 했다.[2] 2007년 시작된 세계 금융위기 또한 미국 패권의 약화를 의심할 계

---

2) Edelman, Eric S. 2010. "Understanding America's Contested Primacy." Center for Strategic and Budgetary Assessments. pp. 23-27.

기를 제공하고 있는 것은 분명하다.

탈냉전 이후는 국가 간의 상업활동을 포함한 다양한 분야에서 인적 및 물적 교류가 급격하게 증가한 시기이다. 상호관계의 통로가 다양한 형태로 확대됨에 따라 국가 간의 협력이 증대될 것이라는 시각이 설득력을 얻게 되었다.[3] 미국이 국제정치 무대에서 유일한 초강대국으로서 입지를 굳혀 가면서 대규모 전쟁의 가능성은 감소하였고 외교정책 수단으로서 군사력이 가진 중요성은 점차 약화되었다. 이에 비해 경제나 문화 등과 같이 비군사적 수단을 통한 외교관계의 중요성은 더욱 높아졌다. 국제정치 무대에서 '연성권력'(soft power)의 중요성이 '강성권력'(hard power)에 비해 상대적으로 더 큰 영향력을 발휘할 수 있다는 인식이 확대된 것이다.[4]

미국과 중국도 이러한 '복합적 상호의존'(complex interdependence) 테제가 예상한 대로 상업적 거래를 증가시켜 왔다. 상업적 거래를 통하여 인적 및 물적 교류가 확대되면 양국의 협력과 평화적 관계도 발전될 수 있을 것으로 예상했다. 20~30년 전에 비해 미국과 중국의 상호의존이 경제를 비롯한 사회 및 문화 등 다양한 분야에서 훨씬 더 높은 수준에 도달한 것은 분명한 사실이다. 그럼에도 불구하고 최근의 국제정치 무대

---

3) Keohane, Robert O. 1984. *After Hegemony: Cooperation and Discord in the World Political Economy*. New Jersey: Princeton University Press; Keohane, Robert O. and Joseph S. Nye. 2000. *Power and Interdependence*. Boston: Longman. pp. 24-29.

4) Johnson, Loch K. 2007. *Seven Sins of American Foreign Policy*. New York: Pearson Longman; Nye, Joseph S. Jr. 2004a. *Soft Power: The Means to Success in World Politics*. New York: Public Affairs; Idem. 2004b. *The Paradox of American Power: Why The World's Only Superpower Can't Go It Alone*. New York: Oxford University Press; Idem. 1991. *Bound to Lead: The Changing Nature of American Power*. New York: Basic Books.

에서는 미국과 중국이 직간접적으로 대립하는 사례가 증가하고 있다. 이러한 양국의 갈등은 군사, 무역, 금융통화, 환경, 인권 등 다양한 분야에 걸쳐 전개되고 있다. 미국과 중국은 천안문 사태와 대만 문제를 제외하면 관계정상화 이후 대체로 원만한 관계를 유지했었다. 그러나 2000년대에 들어서면서부터 군사와 정치 및 경제 부문에서 지속적으로 크고 작은 불협화음을 만들어 내고 있다.[5] 미·중 간의 갈등이 증가하고 있는 현실은 양국 간의 외교관계뿐만이 아니라 개방된 시장경제와 단일극 체제를 바탕으로 형성된 기존의 국제정치경제 질서에도 중요한 의미를 가진다.

미국 중심의 단일극 국제정치경제 체제가 점차 약화되고 있다는 사실은 양국 간에 나타나는 갈등을 통해 확인할 수 있다. 이 책에서 살펴보고자 하는 미·중 간의 FDI와 그로 인하여 양국의 FDI 관련 정책이 변화된 현상 역시 단극적 국제정치경제 질서의 변화를 알아볼 수 있게 하는 소재이다. 더구나 양국의 FDI 활동을 살펴보면 양국 사이에 존재하는 군사기술, 무역, 금융, 통화, 천연자원 등에 관련된 쟁점을 관찰할 수 있기도 하다. 현재 미국과 중국의 기업들은 제조업뿐만이 아니라 군수 및 정보통신, 금융, 천연자원 채굴 등의 산업 분야에서 서로 경쟁의 수준을 높여 가고 있다. 이러한 경쟁은 양국 기업들이 진행하고 있는 FDI에서도 발견된다.

특히 2000년대 중반 이후부터는 미국과 중국 사이에서 해외직접투자(FDI: Foreign Direct Investment)와 관련된 갈등이 빈번히 발생했다. 미국과 중국의 기업이 상대 국가에 FDI를 진행하는 과정에서 양국 정부가 서로 자국의 이익을 보호하기 위해 특정 산업 부분의 FDI 유출(입)을

---

5) Kissinger, Henry A. 2012. *On China*. New York: Penguin Books. pp. 493-497; Yan, Xuetong. 2010. "The Instability of China-US Relations." *The Chinese Journal of International Politics*. Vol. 3. pp. 273, 281.

통제하려는 정책이 강화되었기 때문이다. 양국 정부가 서로의 국가이익에 부합되도록 FDI를 통제하는 과정에서 정부 차원의 갈등이 양산된 것이다. 2000년대를 기준으로 그 이전과 이후를 비교할 때 미·중 간의 FDI 관계에서 가장 두드러진 차이는 양국 FDI의 증가속도이다. 1990년대까지는 미국으로부터 중국으로 향하는 FDI의 증가속도가 빨랐지만 2000년대부터는 중국에서 미국으로 향하는 FDI의 증가속도가 더 빨라졌다. 1990년대 미국이 대 중국 FDI를 매년 평균 46.5%씩 증가시키는 동안 중국의 대 미국 FDI는 연평균 16.8%씩 증가하는 데 그쳤다. 그러나 2000년대에는 미국의 대 중국 FDI 성장이 연평균 21%인 데 비해 중국의 대 미국 FDI는 매년 평균 37%씩 증가했다. 특히 미국 경제가 위기국면에 접어든 2008년부터 2010년까지 3년 동안에는 중국의 대 미국 FDI가 매년 평균 78.7%씩 성장하였다. 미국에서 FDI를 통제하는 정책이 강화된 것은 중국의 대 미국 FDI가 빠르게 증가하기 시작한 것과 때를 같이 한다. 최근에는 중국도 역시 그러한 미국의 정책적 변화에 대응하여 FDI 유입에 대한 규제를 강화하기 시작했다.

그림 1. 미국과 중국의 상호 FDI 현황: 1980~2011(단위: 백만 불)

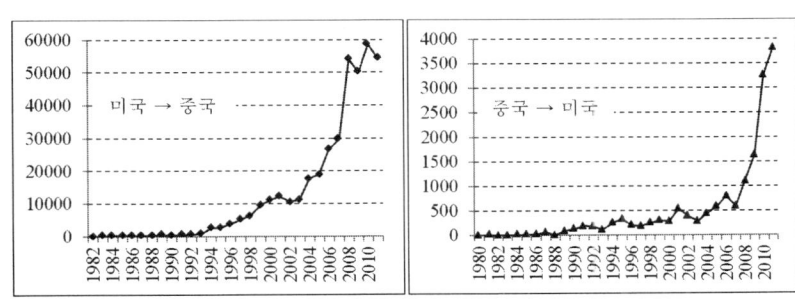

참고: 미 상무부 경제분석국(BEA) FDI 통계

그림 1은 1980년부터 2011년까지 미국과 중국의 상호 FDI 현황을 표현한 것이다. 1992년 이후부터 미국은 중국에 대한 FDI를 급격하게 확대해 왔다. 1982년부터 1991년까지 미국 기업이 FDI로 중국에 진출한 규모는 4천9백만 달러에서 4억 2천6백만 달러로 8.7배 증가했다. 1992년부터 2001년까지는 5억 6천3백만 달러에서 120억 8천백만 달러로 21.5배 증가했다. 2011년 진출 규모인 542억 3천만 달러는 1992년과 비교할 때 96.3배로서 지난 30년 동안 중국에 대한 미국의 FDI 진출이 기하급수적으로 늘어난 것을 볼 수 있다. 이로 인해 중국 경제는 제조업은 물론이거니와 군수 및 첨단산업 분야에서도 기술의 파급과 달러화 축적이라는 효과를 얻을 수 있었다.[6] 미국과 서방 선진국들로부터의 적극적 FDI 유치를 통해 기술 및 경제발전을 이룬 중국은 2000년대에 들어서면서 미국에 대한 FDI를 늘려 나가기 시작했다. 중국 FDI의 미국 진출 역시 지난 30년 동안 기하급수적으로 증가했다. 하지만 미국에서 중국으로 유입되었던 FDI와의 규모를 비교하면 중국의 대미 FDI 규모는 매우 미미한 것도 사실이다. 특히 2000년까지는 중국으로부터 미국으로 향한 FDI가 3억 달러를 넘지 못했다. 그러나 2000년 이후부터 중국 FDI의 미국 진출이 매우 급격히 증가하기 시작했다는 점은 주목할 만하며 2011년까지는 그 규모가 38억 달러 이상으로 성장했다.

---

6) Fan, Emma Xiaoqin. 2002. "Technological Spillovers from Foreign Direct Investment - A Survey." ERD Working Paper No. 33. Asian Development Bank. (December); Moran, Theodore H. 1990. "The Globalization of America's Defense Industries: Managing the Threat of Foreign Dependence." *International Security*. Vol. 15, No. 1 (Summer); US Department of Commerce. 1992. *National Security Assessment of the Domestic and Foreign Subcontractor Base: A Study of Three US navy Weapon Systems*. Washington D.C.: Department of Commerce. pp. 53-63.

1979년 외교관계를 정상화한 이후 현재까지 지속적으로 증가한 미국과 중국의 상호의존 수준은 아래 그림 2를 통해서도 알 수 있다. 이 그림은 1985년부터 2010년까지 양국의 상품 교역량이 꾸준히 증가해 왔음을 보여 주는 것으로 위의 그림 1에서 제시된 양국의 상호 FDI 규모와 매우 유사한 모양을 보여 준다. 이 두 가지 자료를 볼 때 양국의 상호의존이 1980년대 이후 현재까지 계속 증가해 왔다는 사실을 알 수 있다.

그림 2. 미국과 중국의 상품교역 규모: 1985~2010(단위: 백만 불)

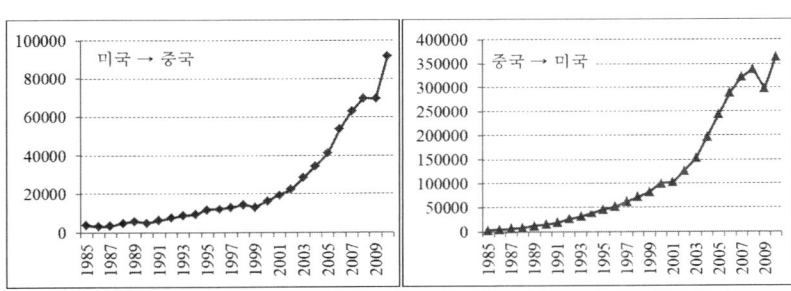

참고: 미 통계국(US Census Bureau) 국제무역 자료

　미·중 사이에서 FDI 활동의 증가는 'FDI가 국가 간의 상호의존을 심화시켜 국제관계를 평화로운 방향으로 유도하는가?'라는 이론적 문제와도 관련이 있다. 이 문제는 국제정치학이 전통적으로 관심을 가져온 국제적 상업활동과 국가 간 힘의 역학관계에 관한 논의의 연장선상에 있다. 국제적 상업활동이 평화 또는 전쟁으로 이어진다는 논쟁이 오랫동안 명쾌한 결론을 맺지 못하고 있듯이, FDI와 국가 간 관계에 대한 의문도 큰 대

척점을 유지한 채 미해결의 상태로 남아 있다.[7] 한편에서는 자유주의적 이론이 두 국가 사이에 FDI 교류가 증가하면 그들의 상호의존이 심화되어 전쟁 가능성은 줄어든다고 설명한다.[8] 그렇지만 다른 한편에서는 현실주의적 이론에 근거하여 무질서한 국제무대에서 국가는 항상 생존과 경쟁에 가장 큰 관심을 가질 수밖에 없기 때문에 FDI 교류가 증가할수록 갈등의 가능성도 증가할 것이라고 설명한다.[9]

비록 서로 상반되는 결론을 내리고 있기는 하지만 양측의 논리는 모두가 공통적으로 FDI를 독립변수로 간주한다. FDI가 국가 간의 관계를 평화 혹은 갈등으로 유도한다고 가정하는 것이다. FDI가 그 투자활동이 진행되고 있는 국가 간의 관계에 대하여 독립변수로서 역할을 수행한다면

---

7) Doyle, Michael W. 1997. *Ways of War and Peace: Realism, Liberalism, and Socialism*. New York: W. W. Norton & Company. pp. 301-314; Irwin, Douglas A. 1996. *Against the Tide: An Intellectual History of Free Trade*. New Jersey: Princeton University Press. pp. 45-63.

8) Brooks, Stephen G. 2005. *Producing Security: Multinational Corporations, Globalization, and the Changing Calculations of Conflict*. New Jersey: Princeton University Press; Rosecrance, Richard and Peter Thompson. 2003. "Trade, Foreign Investment, and Security." *Annual Review of Political Science*. Vol. 6, No. 1 (June); Gartzke, Erik, Quan Li, and Charles Boehmer. 2001. "Investing in the Peace: Economic Interdependence and International Conflict." *International Organization*. Vol. 55, No. 2 (Spring); Brooks, Stephen G. 1999. "The Globalization of Production and the Changing Benefits of Conquest." *Journal of Conflict Resolution*. Vol. 43, No. 5 (October).

9) Mearsheimer, John J. 1994/95. "The False Promise of International Institutions." International Security. Vol. 19, No. 3 (Winter); Polachek, Solomon W. and Judith A. McDonald. 1992. "Strategic Trade and the Incentive for Cooperation." in Manas Chatterji and Linda R. Forcey. *Disarmament, Economic Conversion, and Management of Peace*. New York: Praeger; Keohane, Robert O. 1990. "International Liberalism Revisited." in John Dunn. eds. *The Economic Limits to Modern Politics*. Cambridge: Cambridge University Press; Hirschman, Alfred O. 1945. *National Power and the Structure of Foreign Trade*. Berkeley: University of California Press.

국가가 FDI 활동을 늘리거나 감소시키는 정책적 방법을 통하여 국제질서의 안정성을 조절할 수 있다는 결론에 도달한다. 따라서 FDI를 다룬 연구는 국제정치학 분야에서 매우 중요한 의미를 가진다. 그렇다면 어떤 상황하에서 FDI가 국가 간의 관계를 평화로 유도하며 또 어떤 다른 조건에서 FDI가 국가 간 관계를 갈등으로 이끄는가?

1.2
미·중 간 FDI 양상과 관련 제도의 변화

지난 20여 년 동안 국제금융 시장에서 전 세계 FDI 규모는 교통 및 통신기술의 발전과 자본 이동의 자유화를 기반으로 급격한 성장세를 이루었다. 아래 그림 3은 전 세계 국가의 FDI 유출입을 통합한 것으로 FDI 규모가 1990년대를 전후로 눈에 띄게 늘어난 것을 볼 수 있다. 포트폴리오 투자가 국제적 자본흐름을 주도하던 과거와는 달리, 최근 20년은 FDI가 국제적 자본의 이동을 이끄는 주요 동력이 되었다.[10] 타 회사 지분의 10% 이상을 인수한다거나 경영권을 확보하는 투자행위 또는 그린필드 투자를 포함하여 일컫는 직접적인 투자활동이 국내시장을 넘어 국제시장에서까지 활발하게 이루어짐으로 인해 국제적인 협력과 갈등을 연구하는 국제정치학의 분야에서도 FDI는 중요한 연구대상 중 하나로 자리를 잡았다. 그러나 FDI가 국제정치체제 내에서 국가 간의 관계에 미치는 영향에 대한 이론적 정리는 여전히 발전의 여지가 많이 남아 있는 상태이다.

---

10) Graham, Edward M. and David M. Marchick. 2006. *US National Security and Foreign Direct Investment*. Washington DC: The Institute for International Economics. p. 2; IMF and OECD. 2003. *Foreign Direct Investment Statistics: How Countries Measure FDI 2001*. Washington DC: IMF. pp. 23-24; Gilpin, Robert. 2001. *Global Political Economy: Understanding the International Economic Order*. New Jersey: Princeton University Press. p. 278.

그림 3. 전 세계 FDI 유출입 현황: 1970~2009(단위: 백만 불)

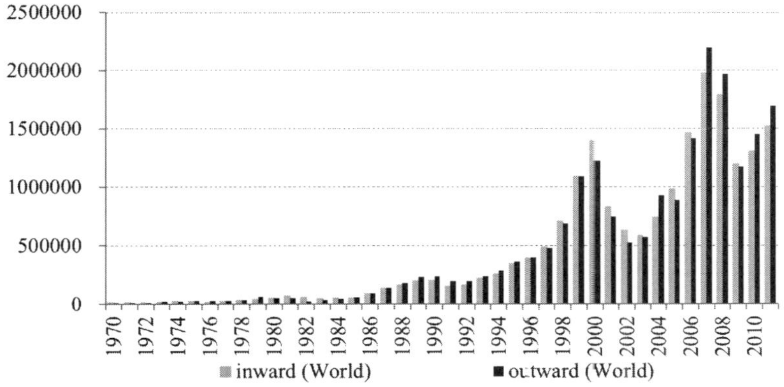

참고: 국제연합무역개발협의회(UNCTAD) FDI 통계

    FDI와 국가 간의 관계를 다룬 최근 연구들은 대부분이 FDI가 국가 간의 평화에 기여한다는 자유주의적 논리를 지지한다.[11] 최근의 연구들이 자유주의적 입장의 결론을 도출하고 있는 이유는 FDI 교류에 관하여 관찰 가능한 연구대상이 제한적이기 때문이다. 국가 간에 일대일로 거래되는 양자 간 FDI 유출입에 관한 자료는 대부분이 20세기 이후 유럽과 북미의 서구 선진국, 특히 미국을 중심으로만 구성되어 있으며 기타 개발도상국이나 저개발 국가의 자세한 자료는 입수가 곤란하다. 따라서 기존 연구는 서구 선진국이나 미국을 주된 연구대상으로 삼을 수밖에 없다. 게다가 탈냉전 이후에는 몇몇 특이한 경우를 제의하면 대부분의 국가가 미국으로부터 FDI를 유치하여 경제성장을 이루고자 했기 때문에 미국과 좋은 관계를 유지하려고 노력했다. 더구나 FDI 유치가 필요치 않

---

11) Brooks. 2005; Rosecrance and Thompson. 2003; Gartzke, Li, and Boehmer. 2001.

은 국가라 할지라도 초강대국인 미국과 갈등관계를 형성하는 것은 쉽지 않았다. 따라서 미국과 FDI를 교환하는 국가를 대상으로 진행된 연구가 양국 사이에서 우호적인 관계를 관찰하게 되는 것은 당연하다. 대표적인 사례가 일본이다. 1980년대 후반부터 1990년대 초까지 일본의 기업들은 플라자합의(the Plaza Agreement 1985)와 루브르합의(the Louvre Agreement 1987)로 인해 가치가 절상된 엔화를 앞세워 미국에 대한 FDI를 적극적으로 진행한 바 있다. 급격히 증가한 일본 FDI 유입을 견제하기 위해 미국은 보호주의적 규제를 강화하였지만 이로 인해 양국 사이에서 갈등이나 불협화음이 발생하지는 않았다. 안보와 원자재 수급 면에서 미국의 지원을 받는 일본이 미국의 강제적 '조정'(adjustment) 요구를 그대로 수용했기 때문이다.[12]

'FDI'와 '국가 간의 평화'라는 두 변수가 긍정적 관계를 형성하는지 여부를 올바로 판단하기 위해서는 군사력이나 경제력을 포함하여 여러 분야에서 가장 대등한 위치에 있는 두 국가를 짝으로 맞추어 이들 간의 FDI 양상과 국가 관계를 관찰해야만 한다. 중국은 현재 전 세계 국가들 중에서 'G-2'로 불릴 수 있을 정도로 가장 미국과 대등한 위치에 도달한 국가이다.[13] 그러므로 FDI 교류가 양국의 평화적 관계에 긍정적으로 기여하는가를 확인하기 위한 관찰대상으로서 미국과 짝을 지어 비교하기에 적합하다. 과거 두 국가의 FDI 관계는 협력의 대표적 사례 중 하나였다. 풍

---

12) 김동훈. 2011. "세계무역불균형과 미국의 대중 경제제재의 실효성." 『국방연구』제54권 제3호. (12월). p. 137.

13) Ferguson, Niall and Moritz Schularick. 2009. "Chimerica and the Global Asset Market Boom," *International Finance*, Vol. 10, No. 3. (January); Ferguson, Niall. 2009. "The Trillion Dollar Question: China or America?" The Telegraph. (June 1). 텔레그라프 웹사이트 [http://www.telegraph.co.uk/comment/ 5424112/The-trillion-dollar-question-China-or-America.html] 검색일: 2010년 12월 10일.

부한 미국의 자본이 중국의 값싼 노동력 및 지대(地代)와 생산 분업화의 조합을 이루었기 때문이다.[14]

이 같은 부존요소(factor endowments)에 기반한 양국의 생산 분업화는 국제수지 균형이라는 측면에서는 이상적이지 않았다. 양국 간의 대외 불균형이 시간이 갈수록 점차 확대되었기 때문이다. 그럼에도 불구하고 1970년대 후반부터 양국의 경제적 협력이 30년 넘게 지속된 이유는 미국이 중국의 대미 무역흑자에 대해 관대한 입장(benevolent stance)[15]을 유지했다는 점에 있다. 미국은 경제적 관계에서 손해를 감수하는 대신에 중국이 경제성장을 이루어 자유시장 중심의 국제경제 질서에 동참하도록 유도했다. 사회주의 정치체제를 가진 중국이라도 개방된 자유시장 경제질서에 참여한다면 대립이나 갈등보다는 평화적인 관계를 유지할 수 있다고 보았기 때문이다. 중국은 미국이 원했던 바대로 2001년 세계무역기구(WTO)에 가입하였으나 기존의 시장개방과 자유시장 원칙에 전적으로 따르려 하지만은 않았다. 이와 같은 입장으로 인해 중국은 WTO가 추구하는 '자유주의적 국제정치경제 질서에 대한 도전자'(rule-shaker)로 평가받기도 한다.[16]

미국과 중국 간에 오랫동안 지속되어 온 무역 불균형과 이로부터 축적된 중국의 외환보유고는 최근 미·중 갈등의 촉매재가 되고 있다. 2001년 9/11 사건으로부터 2007년 세계 경제위기를 전후로 만성적인 무역적자와 과도한 재정지출의 어려움을 겪고 있던 미국 경제에 중국이 보유

---

14) 김동훈. 2011. p. 153.
15) Kagan, Robert. 1998. "The Benevolent Empire." *Foreign Policy*. Vol. 111 (Summer). p. 26.
16) Gao, Henry. 2011. "Elephant in the Room: Challenges of Integrating China into the WTO system." *Asian Journal of WTO & International Health Law and Policy*. Vol. 6 (March). pp. 154-156.

하고 있던 달러가 거꾸로 유입되었다. 자본의 흐름이 역전되는 '루카스의 역설'(Lucas Paradox)[17]이 실현된 것이다. 양국의 갈등은 미국이 국제자본시장을 통해 유입되는 중국의 투자자본을 규제하는 것으로부터 시작되었다. 2005년에 진행된 중국해양석유총공사(中国海洋石油总公司, CNOOC: China National Offshore Oil Corporation)와 미국 정유회사 유노칼(Unocal Corporation) 간의 인수합병 거래, 2007년 있었던 중국 통신회사 화웨이(Huawei)와 미국 통신회사 3콤(3Com) 간의 인수합병 거래, 2009년에 진행된 중국의 서북비철금속국제투자유한공사(西北有色地质勘查局下属的全资投资公司, NNII: Northwest Nonferrous International Investment)와 미국 퍼스트골드(Firstgold)와의 인수합병 거래는 미국의 규제로 성사되지 않았으며 이것은 중국의 반발로 이어졌다. 이 같은 인수합병 거래는 FDI와 관련된 양국의 갈등을 잘 살펴볼 수 있는 사례이다. 따라서 중국과 미국 사이에서 진행된 FDI 활동과 양국의 정치 및 경제적 관계를 살펴보는 것은 FDI가 국가 간의 평화적 관계에 기여한다는 최근의 연구를 검증할 기회가 된다.

국내로 유입되는 중국의 투자자본을 규제한 미국의 태도는 기존의 자유시장적 국제정치경제 질서에 반하는 것이며 그동안 자유시장경제의 국제질서를 주도했던 미국 패권의 약화와도 관련이 있다. 탈냉전 이후 미국은 개방된 자유시장 중심의 경제이념과 체제를 세계로 확산시키려는 노력을 지속해 왔다. 미국이 세계무역기구(WTO), 국제통화기금(IMF), 세계은행(World Bank), 워싱턴 합의(Washington Consensus)와 같은

---

17) Alfaro, Laura, Sebnem Kalemli-Ozcan, and Vadym Volosovych. 2008. "Why Doesn't Capital Flow from Rich to Poor Countries? An Empirical Investigation." *The Review of Economics and Statistics*. Vol. 90, No. 2 (January); Lucas, Robert E. Jr. 1990. "Why Doesn't Capital Flow from Rich to Poor Countries?" *The American Economic Review*. Vol. 80, No. 2 (May).

국제기구/제도를 통하여 전 세계 국가들을 신자유주의적 세계질서에 참여하도록 유도한 이유는 다음과 같다. 세계 모든 국가가 동일한 가치나 신념체계를 바탕으로 다양한 국제 문제에 대하여 유사한 정책결정을 할 수 있는 여건, 즉 동일한 레짐(regime)을 조성해야만 패권국가의 개입이 없어도 국제질서가 안정적 형태로 유지될 수 있다는 믿음 때문이었다.[18] 그러나 최근 미국이 보여 주는 국익 우선주의와 보호주의 정책은 지난 30여 년 동안 자신이 주도하여 발전시키고 유지해 온 복합적 상호의존 체제를[19] 스스로 부정하는 사례이다. 이제 미국은 길핀(Robert Gilpin)이나 모랜(Theodore H. Moran)의 설명처럼 다국적 기업(MNC: multinational corporation)의 FDI로 인해 자신의 대권이 약화되었음을 인정하고 있는 것처럼 보인다.[20] 만약 미국이 여전히 유일한 초강대국으로서 세계의 패권에 대한 자신을 가지고 있다면 과거 중국의 일방적인 무역흑자를 용인했던 것과 마찬가지로 최근의 중국 투자자본 유입에 대해서도 너그러운 입장을 보였을 것이기 때문이다. 그렇다면 미국은 "패권 이후"(After Hegemony)[21]의 국제질서 안정을 위해 자신이 구축한 세계적 자유시장 경제질서를 잠시 뒤로하고 다시 패권안정론에 입각한 국제질서의 유지를 위해 국력을 더 강화하려는 전략을 전면에 내세우고 있는 것인가?

---

18) Keohane. 1984. pp. 57-61; Krasner, Stephen D. eds. 1983. *International Regimes*. Ithaca: Cornell University Press. pp. 2-5.
19) Keohane and Nye. 2000. pp. 254-257.
20) Moran, Theodore H. 1990. "The Globalization of America's Defense Industries: Managing the Threat of Foreign Dependence." *International Security*. Vol. 15, No. 1 (Summer); Gilpin, Robert. 1975. *US Power and the Multinational Corporations: the Political Economy of Foreign Direct Investment*. New York: Basic Books. pp. 145-197.
21) Keohane. 1984.

앞에서도 언급하였듯이 이 책은 미국과 중국이 FDI를 통해 벌이는 이익추구 활동과 그러한 활동 과정에서 나타난 양국의 갈등을 목격한 문제의식으로부터 출발했다. 물론 전쟁과 같은 수준은 아니지만 경제적 마찰도 평화에 위협적인 갈등요소가 될 수 있다. 최근 진행된 대부분의 관련 연구는 FDI와 국가 간의 평화는 긍정적 관계를 가지고 있다는 입장을 나타낸다. 탈냉전 이후 국제정치경제 질서를 이끌어 온 미국도 역시 이 같은 논리를 바탕으로 안정된 국제관계 형성을 위해 개방된 시장경제 체제의 확산에 주력해 왔다. 그러나 2000년대에 들어 미국의 정책이나 법률에서는 여러 형태로 개방된 자유시장이 아닌 보호주의를 추구하는 경향이 나타나고 있다. 특히 FDI의 상호 유출입 규모가 급격히 증가한 중국과의 관계에 있어서는 보호주의적 경향이 더 뚜렷하게 드러난다.

여기서 중요한 문제는 한 국가의 보호주의 정책이 '근린궁핍화 전략'(beggar-thy-neighbor policy)으로 발전하는 경우에 전쟁과 같은 국제질서의 심각한 불안정 상황을 야기할 수 있다는 점이다. 따라서 중국 투자자금의 유입을 규제하는 미국의 태도와 그에 대한 중국의 불만 표출을 단순하게 상업활동 과정에서 자연스럽게 나타나는 흥정 혹은 협상의 행태로만 볼 수는 없다. 사적 영역에서 발생한 경제적 마찰이 공적 영역인 국가 간의 전쟁으로까지 발전한 사례는 역사 속에서 얼마든지 찾아볼 수 있다. 전간기의 자유무역 극대화와 그 뒤를 이은 보호주의 정책의 확산으로부터 대공황과 2차 세계대전으로 이어졌던 경험이 대표적 사례이다.[22]

이 책은 이처럼 보호주의로 인한 경제적 마찰이 전쟁과 같은 더 심각한

---

22) Frieden, Jeffry A. 2006. *Global Capitalism: Its Fall and Rise in the Twentieth Century*. New York: W.W. Norton; Hirschman, Albert O. 1945.

갈등으로 발전할 수도 있다는 입장에서 FDI를 둘러싼 미·중 관계를 통시적으로 살펴봄으로써 "왜 최근에 미국이 자신의 자유주의적 이념을 바탕으로 많은 공을 들여 구축한 국제질서를 거스르면서까지 보호주의적 태도를 강화하고 있는가?"라는 질문에 답을 구하려 한다. 우선 필자는 미국의 보호주의 강화가 중국과의 관계 과정에서 발생하고 심화되었다고 본다. 미·중 관계의 여러 다양한 요소들 중에서 특히 FDI 활동을 살펴보고자 하는 까닭은 FDI 활동의 동기가 되는 생산 분업화를 위한 부존요소 조합의 변화가 과거 양국에 존재했던 협력의 가능성을 낮추는 데 의미 있는 역할을 했을 것이라고 보기 때문이다. 또한 환율 및 무역과 군사기술 등의 분야에서 최근 두드러지고 있는 양국의 갈등 양상이 지난 30년간 진행된 양국의 FDI 활동으로부터 영향을 받은 것이라는 문제의식도 양국의 FDI를 살펴보려는 중요한 이유 중 하나이다. 이처럼 미·중 간의 FDI 양상과 그로 인한 제도적 변화를 관찰함으로써 양국의 마찰과 미국에서의 보호주의 강화에 관한 의문을 해결할 수 있을 것이다. 또한 그 과정에서 국제정치학이 전통적으로 관심을 가져온 "국제적 상업활동의 국제관계에 대한 영향"이라는 문제도 함께 살펴볼 수 있으리라고 본다.

1.3
FDI를 통해 살펴본 미·중 관계 변화의 특징

우선 FDI에 대한 정의를 살펴보면 다음과 같다. IMF의 국제수지 편람(BPM5: Balance of Payments Manual, 5th edition)은 FDI를 한 국가에 주재한 기업이 다른 국가에 주재하고 있는 기업에 대하여 지속적으로 소유권을 유지하는 장기적인 투자라고 정의한다. 국제수지 편람은 또한 FDI의 목적이 타국에 주재한 기업의 경영과정에 상당한 정도의 영향력을 행사하는 것이라고 설명한다.[23] IMF와 OECD는 모두 직접투자로 볼 수 있는 외국기업에 대한 지분매입의 범위를 10%라고 규정하고 있다. 하지만 국가에 따라서는 최대 25% 이상의 지분을 취득해야만 직접투자로 규정하는 경우도 있다.[24] 그뿐만 아니라 FDI는 자본과 더불어 인력, 기술, 기업의 문화 및 가치, 시장에 대한 접근 권한 등과 같은 요소들까지 투자 국가로부터 투자유치 국가로 국경을 넘어 이전된다는 측면에서 포트폴리오 투자와는 구별되는 특성을 가진다.[25]

---

23) OECD. 2008a. OECD *Benchmark Definition of Foreign Direct Investment Fourth Edition 2008*. Paris: OECD. p. 17; IMF. 1995. *Balance of Payments Manual*, 5th edition. Washington DC: International Monetary Fund. pp. 86-90.

24) 미국, 캐나다, 호주, 한국 등 대부분의 나라에서 해외투자를 FDI의 범주로 분류하기 위한 기준으로 기업의 지분매입 한도를 10%로 인정하지만, 독일과 프랑스는 20%, 뉴질랜드는 25% 이상의 지분을 소유해야만 FDI로 분류한다. Dunning, john H. and Sarianna M. Lundan. 2008. *Multinational Enterprises and the Global Economy*. Northampton: Edward Elgar. p. 7-8, 766.

25) Dunning, John H. and John R. Dilyard. 1999. "Towards a General Paradigm of Foreign Direct and Foreign Portfolio Investment." *Transnational Corporations*. Vol. 8, No. 1 (April). pp. 4-5.

FDI의 주체인 다국적 기업(MNC: multinational corporation)은 초국적 기업(TNC: transnational corporation)으로 불리기도 하며, 둘 이상의 국가에서 부가가치를 창출하기 위하여 해외투자 활동에 참여하는 기업을 일컫는 개념이다.[26] 다양한 사업분야에서 국제적 상업활동에 참여한다는 측면에서 MNC는 국제상사(international trading firm)나 국내 다각화 기업(domestic diversified firm)과 유사한 특성을 보이기도 한다. 그러나 MNC가 서로 다른 국가에 주재한 각각의 현지법인 간에 이루어지는 내부거래를 통하여 상품에 부가가치를 부여한다는 측면에서 국제상사와 구분되며, 다양한 사업분야 중 하나 이상의 분야에서 타국에 설립된 현지법인이 부가가치를 창출하는 활동에 함께 참여한다는 점에서는 국내 다각화 기업과 구분될 수 있다.[27]

FDI를 대상으로 진행된 기존의 연구들은 대체로 FDI로 인한 경제적 효과에 초점을 맞춘 것이 대부분이다. FDI를 통하여 선진국의 앞선 기술이 전파되고 풍부한 자본이 투자됨으로써 투자 유치국의 기술개발과 경제발전이 용이하게 된다는 점에 주목한 것이다.[28] 그렇기 때문에 많은 저개발 국가나 개발도상국이 선진국으로부터 FDI를 유치하기 위해 노력을

---

26) Dunning and Lundan. 2008. p. 3; Brooks. 2005. p. 3.
27) Dunning and Lundan. 2008. p. 5.
28) 맹경뢰, 최백렬. 2012. "중국에 대한 FDI의 산업 내와 산업간 기술파급효과에 관한 연구." 『국제통상연구』 제17권 제4호; 홍장표. 2008. "해외직접투자의 경제적 효과 분석." 『경제발전연구』 제14권 제1호.

기울인다고 설명한다.[29] 국제적 경제질서의 측면에서 FDI의 현황을 살펴본 대부분의 기존 연구는 FDI가 주로 선진 산업국들 사이에서 진행되거나 혹은 선진 산업국에서 개발도상국으로 향하는 흐름을 보이며 진행되고 있다는 주장을 펼쳤다.[30] 국제적 정치질서의 측면에서 FDI가 가진 정치적 효과를 분석한 기존 연구는 투자국과 투자 유치국 간의 역학관계에 초점을 맞춘 것이 대부분이다. 경제성장이나 기술의 파급효과를 노리고 FDI를 유치하고자 하는 국가는 투자자가 원하는 수준의 시장 개방, 세제 혜택, 노동 조건 등을 제공해야 하기 때문에 국가가 가진 고유의 주권적 자율성을 침해받게 된다고 설명한다.

그러나 미국에 대한 중국의 직접투자 사례에서는 FDI의 기술적 '파급효과'(spillover effect)나 경제성장 효과에 관한 기존 연구의 설명범위를 벗어나는 몇 가지 특징이 발견된다. 첫 번째 특징은 중국이 FDI를 유치하는 것에만 초점을 맞췄던 과거의 수동적 FDI 정책을 넘어섰다는 점이다. 과거의 중국 정부는 경제성장에 필요한 자본 확보와 기술 개발을 위해 미

---

[29] Addison, Tony, George Mavrotas, and Mark McGillivray. 2005. "Development Financing through ODA: Trends, Financing Gaps, and Challenges." in Cheru, Fantu and Cilin Bradford. *The Millennium Development Goals: Raising the Resources to Tackle World Poverty*. London: Zed Books; UNCTAD. 2003. *Trade and Development Report 2003: Capital Accumulation, Growth and Structural Change*. New York: United Nations; Dunning, John H. and Khalil A. Hamdani. eds. 1997. *The New Globalism and Developing Countries*. New York: United Nations University Press.

[30] Brooks. 2005. p. 4; Prasad, Eswar, Kenneth Rogoff, Shang-Jin Wei, and M. Ayhan Kose. 2003. *Effects of Financial Globalization on Developing Countries: Some Empirical Evidence*. Washington DC: International Monetary Fund; IMF. 2003. *Foreign Direct Investment in Emerging Countries*. Washington DC: IMF; Bordo, Michael D., Barry Eichengreen, and Douglas A. Irwin. 1999. "Is Globalization Today Different than Globalization a Hundred Years Ago?" Working Paper #7195. National Bureau of Economic Research (June); Goetzmann, William N. and Philippe Jorion. 1997. "Re-emerging Markets." *Journal of Financial and Quantitative Analysis*. Vol. 34, No. 1.

국을 비롯한 서구 선진국의 투자자본에게 많은 정책적 혜택을 제공했다. 이로 인해 중국의 국내 기업들은 자신들이 외국 기업들에 비해 차별을 받고 있다는 불만을 표출하기도 했다. 이러한 현상은 『국가의 후퇴』(the Retreat of the State)나 『국민국가의 종말』(the End of the Nation State), 『궁지에 몰린 주권』(Sovereignty at Bay) 등과 같은 자유주의적 관점의 설명과 맥락을 같이한다.[31] 공산당의 통치 체제를 유지하고 있던 중국 정부도 역시 국가가 거시경제적 목표를 이루기 위하여 정책을 수립하고 시행하는 과정에 반드시 필요한 자율적 독립성과 통치권을 시장과 MNC에게 양보할 수밖에 없었다는 비판을 받았던 것이다.

그럼에도 불구하고 중국이 적극적인 FDI 유치 정책을 추진했던 이유는 FDI가 투자국으로부터 첨단기술을 비롯한 각종 전문지식을 이전하여 투자 유치국의 경쟁력을 향상시킨다는 논리를 믿었기 때문이다.[32] 중국 정부는 그렇게 향상된 경쟁력과 이전된 기술을 바탕으로 서구 선진국과의 격차를 어느 정도 해소하는 데 성공했다. 그러나 FDI의 유치에만 초점을 맞춘 정책은 선진국 기업으로부터 핵심 및 첨단기술까지 전파받을 수는 없다는 한계를 갖고 있었다.[33] 핵심기술의 이전 여부는 전적으로 그 기술을 보유한 투자자의 의지에 따라 결정되기 때문이다. 그러한 한계를 인식한 중국 정부는 최근에 들어서 자국의 기업들이 필요한 핵심 및 첨

---

31) Strange, Susan. 1996. *The Retreat of the State: the Diffusion of Power in the World Economy*. Cambridge: Cambridge University Press; Kenichi Ohmae. 1995. *The End of the Nation State: the Rise of Regional Economies*. New York: Simon & Schuster Inc.; Vernon, Raymond. 1971. *Sovereignty at Bay: The Multinational Spread of US Enterprises*. New York: Basic Books.

32) 薑瑾, 朱桂龍. 2007. "外商直接投資, 垂直聯系與技術溢出效應." 『南方經濟』 第2期. pp. 46-56.

33) 潘文卿. 2003. "外商投資對中國工業部門的外溢效應: 基於面板數據的分析." 『世界經濟』 第6期. pp. 3-7.

단기술을 보유한 선진국 기업에 자본을 직접 투자하도록 유도 및 지원하는 능동적인 전략을 채택하고 있다. 중국 정부가 최근 보여 주는 능동적인 전략은 FDI의 기술이전 효과에 관한 기존 연구들이 크게 주목하지 않았던 부분이다.

두 번째 특징은 중국의 대미 FDI가 증가하기 시작하면서 미국에서 중국으로 일방적인 흐름을 보이던 양국 FDI의 비대칭성이 감소하고 있다는 점이다. 구조주의적 관점에 입각한 종속이론은 FDI가 부의 분배를 왜곡함으로써 핵심과 주변부 사이에 이미 존재하고 있는 불균형적인 발전 상태를 더욱 악화시키는 결과를 낳는다고 본다.[34] FDI가 투자 유치국 내에서 사회적 분절과 갈등을 유발하고 투자 유치국 국민들이 투자국에 대한 적대감을 갖도록 만든다고도 주장한다. 그렇기 때문에 FDI를 교환하는 국가 상호 간에는 분쟁이 발생할 수밖에 없다고 본다. 그러나 1978년부터 개혁·개방 정책을 펼친 중국은 선진국의 FDI 투자를 적극적으로 유치하였음에도 불구하고 국가적 자본축적, 자생적 기술개발, 토착기업의 성장에 성공을 거두었다고 평가할 수 있다. 또한 현재 중국사회가 나타내는 사회적 불안정성은 MNC 활동으로 인한 사회적 분절의 결과가 아니라 경제발전 과정에서 나타나는 국민의 권리의식 향상에 의한 것이다.[35] 최근 중·미 간에 나타나는 갈등 역시 주변부와 핵심국가의 국민이 서로에 대한 적대감을 표출하는 것이라기보다는 자유화된 국제경제 체제하

---

34) Cardoso, Fernando H. 1979. *Dependency and Development in Latin America*. Berkeley: University of California Press; Galtung, Johan. 1971. "The Structural Theory of Imperialism." *Journal of Peace Research*. Vol. 8, No. 2; Gunder Frank, Andre. 1966. *The Development of Underdevelopment*. Boston: New England Free Press.

35) Przeworski, Adam and Fernando Limongi. 1997. "Modernization: Theories and Facts." *World Politics*. Vol. 49. No. 2. pp. 159-163.

에서 벌어지는 경쟁의 결과로 보아야 타당하다.

성공적인 경제성장을 통해 축적된 중국의 자본이 단성적인 무역적자, 9/11 테러와 중동에서의 전쟁, 글로벌 경제위기를 겪으며 어려워진 미국 경제에 거꾸로 유입되고 있다. FDI 정책에서 중국 정부가 보여 준 이 같은 정책적 변화는 국가 중심적 관점을 통해 설명이 가능하다. 국가중심적 관점은 국가가 MNC 활동을 통제하여 국가경제의 발전에 기여하도록 할 수 있다고 믿는다. 국가중심적 관점이 가장 관심을 기울이는 부분은 국가의 '관리능력'(managerial capability)과 '적응능력'(trans-formative capability)이다.[36] 관리능력은 국가가 최종적인 경제목표를 달성하기 위해 자국의 경제발전 수준과 산업구조에 적합한 산업정책이나 경쟁전략을 수립 및 집행할 수 있는 능력이다. 적응능력은 국제정치경제 체제로부터 오는 다양한 외부의 변화에 대응하여 국가가 기존의 경제정책이나 제도 등을 적절하게 조절하는 능력을 의미한다. 국가중심적 관점은 이와 같은 관리능력이나 적응능력이 오직 국가에게만 주어지는 것으로 간주한다. '관리/적응능력'이라는 개념은 미·중 간의 협력적 경제관계에 갈등이 발생하기 시작한 최근 상황을 설명하는 데 유용하다. 미국의 보호주의적 태도는 경쟁자로 성장한 중국경제에 대한 적응능력의 발현이며, 중국의 FDI 진출 확대는 축적된 자본을 활용하여 필요한 핵심 및 첨단기술과 천연자원을 확보함으로써 경제성장을 지속하려는 관리능력으로 해석할 수 있기 때문이다.

세 번째 특징은 중국의 대미 FDI가 천연자원 개발과 핵심 및 첨단기술 분야에 집중되고 있다는 점이다. 이러한 특징으로 인해 중국의 대미 FDI

---

36) Weiss, Linda. 1998. *The Myth of the Powerless State: Governing the Economy in a Global Era*. Cambridge: Polity Press.

는 그 규모가 여전히 크지 않은 수준에 머물고 있음에도 불구하고 미국의 투자정책에 변화를 유도할 만큼 큰 영향력을 발휘했다. 중국이 전략적으로 FDI를 천연자원 개발이나 핵심 및 첨단기술 분야에 집중하고 있기 때문이다. 2011년을 기준으로 볼 때 중국으로부터 미국에 투자된 FDI 규모는 38억 1,500만 불이었다. 이는 같은 해 미국에 유입된 전체 FDI 규모인 2,269억 3,700만 불의 약 1.7%에 해당되는 것으로 매우 낮은 비중에 불과하다. 그러나 중국의 대미 FDI가 증가하는 속도는 매우 빨라졌으며 이 점은 주목할 만하다. 2001년부터 2011년까지 중국의 대미 FDI는 5억 3,500만 불에서 38억 1,500만 불로 613%가 증가했다. 10년의 기간 동안 매년 평균 61%가 넘는 증가속도를 기록한 것이다. 같은 기간 미국에서 중국으로 진출한 FDI는 120억 8,100만 불에서 542억 3,400만 불로 연평균 34.9%의 속도로 증가했다. 특히 2007년 이후부터는 중국의 대미 FDI 증가 속도가 더욱 빨라졌다. 2007년 중국의 대미 FDI는 5억 8,400만 불이었다. 이를 2011년의 대미 FDI 규모인 38억 1,500만 불과 비교하면 4년 동안 약 553%가 넘게 성장한 것이다. 즉 미국이 경제위기를 경험한 2007년 이후부터 중국은 미국에 대한 FDI를 매년 138%씩 늘려 온 셈이다.[37]

2000년 이후 급격히 성장하고 있는 중국의 대미 FDI는 천연자원 개발이나 첨단기술 분야를 주요 목표로 설정하고 있다. 2000년부터 2012년까지 미국에 투자된 중국의 FDI의 누적액은 약 228억 불 정도가 된다. 이 중 약 53억 2,800만 불이 석탄, 석유 및 천연가스 개발 부문에 투자되었다. 여기에 기타 천연자원 개발 분야에 투자된 금액인 13억 2,700만 불을 합하면 약 66억 5,500만 불이 되어 2000년 이후 중국이 미국에 투

---

[37] 국제연합무역개발협의회(UNCTAD): FDI 통계. 부록 3, 4 참고.

자한 전체 FDI 중 약 29.2%를 차지하게 된다. 또한 자동차 및 항공기 산업과 정보통신 산업 부문에 투자된 금액은 25억 6,400만 불이다. 따라서 2000년 이후 천연자원과 첨단기술 분야에 투자된 중국 FDI의 비중은 전체의 40%가 넘는다. 이처럼 첨단기술과 천연자원 개발 분야에 집중되고 있는 중국의 대미 FDI는 9/11 이후 증가한 미국의 안보에 대한 민감성을 더욱 자극했다. 2005년 중국해양석유공사와 유노칼 간의 인수합병 거래는 미국이 중국으로부터 유입되는 FDI를 규제할 필요성을 인식하고 관련 법안을 강화하는 데 직접적인 계기가 되었다. 미국이 중국으로부터의 FDI 유입을 통제하는 것은 국가안보의 보호와 천연자원 및 기술에 대한 통제력 유지를 통해 국가이익을 추구한다는 측면에서는 자연스러운 정책적 결과이다. 하지만 그러한 정책적 변화로 인해 투자국인 중국과의 관계에서 갈등의 가능성이 높아진 것은 분명하다.

최근 중국의 FDI 정책에서 발견되는 이러한 세 가지 특징; (1) 투자유치에 집중하던 수동적 입장에서 필요한 부문에 직접 투자를 진행하는 능동적 입장으로의 전환, (2) 미국에서 중국으로 일방적인 흐름을 보였던 투자자본 흐름의 비대칭성 감소, (3) 천연자원 개발과 첨단기술 분야에 대한 집중적인 투자 진출, 등은 FDI를 대상으로 진행한 기존의 연구들이 간과했던 부분이다. 또한 경제성장을 목표로 서구 선진국의 MNC들로부터 FDI를 유치하기 위한 노력을 기울여 온 다른 개발도상국들에게는 발전전략을 수립함에 있어 새로운 전략의 개발 가능성과 정책적 의미를 부여하는 것이기도 하다.

1.4
책의 구성

이 책은 여섯 개의 장으로 구성된다. 서론 부분인 1장에서는 미국과 중국 간의 FDI와 이에 관련된 투자정책의 변화를 살펴봄으로써 양국 간의 정치적 갈등을 국제정치학의 시각에서 분석하고 그 원인을 설명한다는 연구의 목적과 연구문제를 제시했다. 다음으로 이러한 연구를 진행하게 된 배경에 대하여 설명하고 이 같은 연구가 진행되어야만 하는 필요성을 주장했다.

2장에서는 연구를 진행하는 데 필요한 분석적 틀을 제시했다. 연구의 분석틀을 제시하기 위해서 우선 기존의 연구동향이 정리되었다. 이는 국제정치경제학 분야에서 기존의 연구자들이 FDI를 어떻게 다루고 해석하여 왔으며 FDI와 국가 간의 평화적 관계에 관해서는 어떤 논의가 진행되었는지를 살펴보기 위한 작업이다. 기존의 연구들을 살펴보는 과정에서 이 연구를 진행하는 데 필요한 주요 개념과 변수들을 찾을 수 있었다. 구조로서의 국제정치경제 체제와 그 구조의 변화, 국가의 경제적 능력, 대외환경의 변화에 대한 인식, 천연자원, 국제적 분업 등이 FDI를 통해 미국과 중국 간의 관계가 변화된 양상을 설명하는 데 중요한 개념과 변수들이었다. 다음으로는 미국과 중국 간의 관계가 변화된 것과 양국 간의 FDI는 어떻게 상호작용을 하고 있는지에 대한 연구가설을 제시한 뒤에 그 가설을 뒷받침하기 위하여 어떻게 연구를 진행할 것인지에 관해 설명했다.

3장에서는 중국 기업들의 FDI가 미국에 진출한 현황을 살펴보았다. 또한 중국 기업들의 미국에 대한 FDI가 2000년대 이후 매우 급속하게 증가할 수 있었던 배경을 설명했다. 개혁과 개방으로 인한 성공적인 경제발전 성과는 중국 정부가 막대한 규모의 외환보유고를 축적하는 기회를 제공해 주었다. 축적된 외환보유고는 중국 기업들이 필요한 기술과 자원을 획득하기 위해 해외 기업들을 매수하는 투자자본으로 재활용되고 있다. 세계적 경제위기로 인한 기업들의 자산가치 하락은 그러한 중국 기업들의 대외 투자활동에 유리한 조건을 마련해 주었다. 중국의 부상과 미국 패권의 상대적 약화는 미국이 중국을 경쟁상대로 인식하게 하는 계기가 되었다. 미국이 중국에 대해 취했던 과거의 너그러운 태도도 점차 강경한 견제의 태도로 변화되고 있는 모습을 보여 준다. 이러한 배경에서 미국은 중국으로부터 유입되는 FDI를 통제하기 위한 제도를 강화하게 되었다. 2000년대 중반 이후 중국으로부터 유입되는 FDI에 대한 미국의 투자정책 변화는 양국의 정치 및 경제적 경쟁관계가 증가한 상황을 반영하는 것이라고 할 수 있다.

4장에서는 미국과 중국의 FDI 정책을 역사적으로 살펴보았다. FDI와 관련된 양국의 전반적인 경제정책 변화 과정을 살펴보는 과정에서 최근 미·중 간의 갈등에 직접적 계기가 되고 있는 보호주의적 특성이 강화된 현상을 발견할 수 있었다. 2007년 미국은 기존의 '엑슨-플로리오 수정안'(the Exon-Florio Amendment)을 "외국인 투자와 국가안보에 관한 법"(FINSA: Foreign Investment and National Security Act of 2007)으로 확대 및 강화하여 연방정부 차원에서 외국인 투자자금이 국내로 유입되는 것에 대한 통제를 강화했다. 중국은 자국기업의 미국에 대한 투자가 여러 차례 실패로 돌아간 경험과 미국의 FINSA 법안 제정을 중국 자본에 대한 차별 및 무역장벽으로 인식했다. 이에 대한 대응으로 중국도 역시 2011년에 "외국투자자 경내기업 합병 안전심사 제도"(外國投資者幷購境內企業安全審査制度)를 마련하고 그와 관련된 몇 가지 법안을 새롭게 제정했다. 이러한 외국인 투자규제 법률 강화 움직임은 양국의 경쟁적 입장이 제도화되고 있다는 사실을 보여 주는 것이다.

5장에서는 경제성장에 성공을 거둔 중국이 기업을 앞세워 미국에 진출한 FDI 사례에 대하여 살펴보았다. 2000년대 이전까지 양국 사이에서 진행되었던 FDI는 전반적으로 미국에서 중국으로 향하는 일방적인 흐름을 보였다. 이러한 자본 흐름의 비대칭성은 중국의 저렴한 노동력과 지대를 활용하여 비용절감을 꾀한 미국 기업들의 이윤추구 동기와 경제발전에 필요한 자본을 충당코자 했던 중국 정부의 발전전략이 맞물린 결과였다. 때문에 미·중 양국 정부는 서로의 관계에서 국가안보 또는 정치 및 경제적 경쟁 등의 요소를 고려할 동기가 거의 존재하지 않았다. 미국에서 중국으로 향하는 FDI가 증가할수록 양국의 우호와 협력도 함께 증진되는 양상을 보인 것이다. 그러나 2000년대 이후 급격하게 증가한 중국 기업의 대미 FDI는 과거 양국 간 자본 흐름의 비대칭성을 빠르게 감소시키고 있다. 또한 중국의 대미 FDI 진출은 단순히 경제적 이익을 추구하는 것 이외에 핵심기술과 주요 천연자원을 확보하려는 중국 정부의 전략적 목표를 내포하고 있다. 해양석유공사와 유노칼, 화웨이와 3콤, 서북비철금속과 퍼스트골드의 인수·합병 협상은 중국으로부터 미국에 유입되는 FDI가 상업적 계산보다는 정치 및 사회적 논리에 근거하여 정부 차원에서 규제되었던 대표적인 사례들이다.

결론인 6장에서는 우선 본문에서 살펴본 양국의 FDI와 그로 인한 양국 투자 정책의 변화를 간단히 요약했다. 이렇게 요약된 내용은 2장에서 구성한 국제정치경제학의 이론적 틀 안에서 FDI가 미국과 중국의 관계에 어떤 영향을 미쳤는지 정리되었다. 다음으로는 미·중 관계에 국한되어 정리된 FDI의 영향력을 좀 더 일반적인 국제정치경제학의 영역으로 확장시켜 보았다. FDI가 국가 간의 평화적 관계에 기여하는 조건은 무엇인가라는 이론적 문제가 이에 해당된다. FDI를 통한 국제적 분업화의 필요성이 크고 양국 간의 국력차이가 현저하면 FDI가 국가 간의 평화적 관계에 긍정적으로 작용한다. 하지만 양국의 국력 격차가 크지 않고 국제적 분업화의 동기도 낮으면 FDI가 평화적 관계에 기여할 가능성도 낮아진다는 것이 이 연구의 이론적 함의라고 할 수 있다.

제2장
국제정치학에서의 FDI

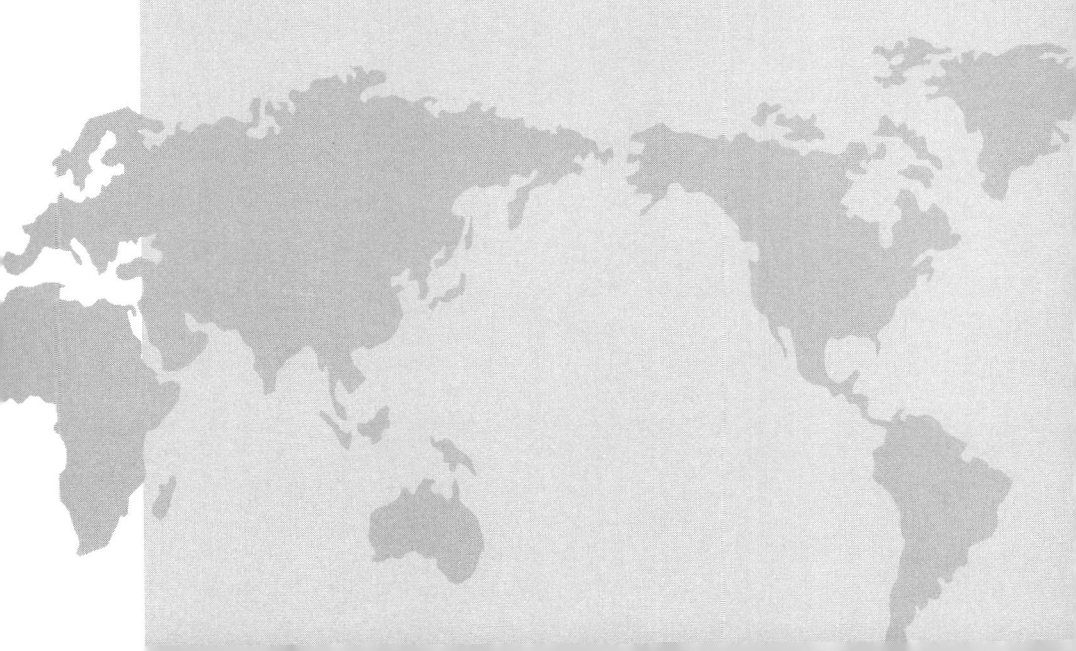

2.1
국제관계에서 국제적 상업활동의 영향

FDI는 여러 국가에서 기업활동을 추진하는 MNC의 대표적인 투자활동 중 하나이다. 또한 국부를 창출하기 위해 국가가 활용할 수 있는 정책적 도구로도 간주된다. 국경을 초월한 상업활동을 국제정치적 관점에서 다루려 한 시도는 비교적 오래전부터 존재해 왔다. 국가 간의 상업활동이 협력과 우호관계를 만들어 낸다는 자유주의적 견해는 서기 100년경 그리스의 플루타르크(Plutarch)에게서도 발견된다. 그러나 『국부론』(1776) 이전의 유럽에는 주로 정부 주도의 교역 제한이나 수입관세 적용과 같은 중상주의적 견해가 각국 경제정책의 근간을 이루었다. 이러한 중상주의적 경향은 17세기에 이르러 유럽 국가들 사이에서 절정에 도달했다. 중상주의에 대한 비판적 견해가 생겨나기 시작한 것은 16세기 말이었다. 당시 대외무역의 독점현상에 대해 논의하던 영국의회에서는 반독점의 의미로 '자유무역'(free trade 또는 freedom to trade)이라는 개념이 등장하였고, 미셀든(Edward Misselden), 바이올렛(Thomas Violet), 포트레이(Samuel Fortrey)와 같은 몇몇 영국 저술가들이 자유무역의 이점을 인식한 글을 쓰기 시작했다. 18세기 후반 아담 스미스(Adam Smith)의 저술 이후에는 국가의 경제적 부를 축적하는 데 있어 자유무역이 보호주의에 비해 월등한 정책이라는 명제가 대부분의 고전주의 경제학자들에게 수용되었다.[38] 몽테스키외(Montesquieu)와 칸트(Immanuel Kant)는 상업활동과 평화의

---
38) Irwin. 1996. pp. 3, 11, 45-46.

관계를 명확히 지적하였다. 몽테스키외는 『법의 정신』(1748)에서 국제적 상업활동의 증대가 전쟁비용을 증가시키기 때문에 국제적 상업활동이 자연스럽게 국가 간 관계를 평화로 이끈다고 설명했다. 칸트 역시 『영구평화론』(1795)에서 전쟁과 공존할 수 없는 상업의 정신이 머지않아 모든 국가에서 우세하게 될 것이라고 주장했다.[39]

국부의 증진이나 경제성장, 고용 확대, 국내 산업의 보호 등과 함께 국가의 힘을 증대하려는 목적으로 국가가 무역활동을 통제할 필요가 있다는 주장이 "중상주의"(mercantilism)라는 명칭을 얻게 된 것은 16세기였다. 토마스 스미스(Thomas Smith)의 "영국 복지에 대한 논고"(1549)가 중상주의에 입각하여 쓰인 최초의 논문으로 알려져 있다. 그 이후로 문(Thomas Mun), 밀레스(Thomas Milles), 차일드(Josiah Child) 등에 의해 무역에 종사하는 상인들이 국가안보와 번영의 선봉으로서 고귀한 직업이라는 칭송을 받기에 이른다.[40] 당시 중상주의자들의 주장에서는 두 가지 중요한 특징이 발견된다. 첫째는 대외무역 규모의 확장과 해외 탐사였다. 무역상인들의 주도로 확대된 대외무역은 해당 상인들에게도 엄청난 이익이었지만 그들이 속한 국가에도 많은 이익을 제공했다. 둘째는 민족국가의 등장이었다. 국제무대에서 가장 근본적인 정치적 실체인 민족국가의 출현으로 무역활동에도 명확한 경계가 형성되었다. 당시의 중상주의적 관점에서는 국가에 부가 축적되어야만 대외무역에서 이득을 얻은 것이라고 판단했다. 중상주의적 견해는 자국의 경제적 이득이 타국의 손실로부터 나온다는 기본 사상으로 인하여 경쟁관계에 있는 국가들 사이에서 더 뚜렷하게 나타났다. 경쟁국 간의 중상주의적 상업활동이 초래하는 결과는 해밀턴(Alexander

---

39) Brooks, Stephen G. 2005. p. 1.
40) Irwin, Douglas A. 1996. pp. 26-31.

Hamilton)이 작성한 여섯 번째 "연방주의자 논고"(1787)에서 잘 설명되었다. 그는 상업의 정신이 예절을 둔화시키고 유머감각을 잃게 함으로써 인간을 종종 전쟁으로 이끈다고 지적하면서 수많은 전쟁이 상업적 동기에 기초하여 발생했다고 주장했다.[41]

FDI를 국가 간의 관계에 영향을 미칠 수 있는 직접적 요소로 보고 진행된 최근의 연구로는 로즈크랜스(Richard Rosecrance) 및 톰슨(Peter Thompson)과 브룩스(Stephen G. Brooks)의 저작을 들 수 있다. 로즈크랜스와 톰슨의 실증적 연구는 FDI가 평화적 국가관계에 기여한다는 자유주의적 관점의 결론을 제시하고 있다.[42] 이들은 FDI를 교환하는 국가들이 평화적 관계를 형성하는지를 살펴보기 위해 1950년부터 1992년까지 미국과 FDI를 교환한 국가들의 경험적 자료를 활용하여 두 변수를 회귀분석에 적용하였다. 그로부터 얻은 결과는 비록 낮은 수준(p〈0.1)이긴 하지만 FDI 교류가 해당 양 국가의 평화에 긍정적인 영향을 미친다는 가설을 뒷받침하였다. 그러나 이들이 회귀분석에서 활용한 FDI 교류에 관한 자료는 미국에만 국한된 것이었기 때문에 결과를 그대로 받아들이는 것에는 무리가 따른다. 군사력과 경제수준뿐만 아니라 모든 면에서 동등한 위치에 있지 않은 국가들이 미국과 갈등관계를 형성하기는 쉽지 않았을 것이기 때문이다.

로즈크랜스와 톰슨은 회귀분석으로부터 얻은 결과를 바탕으로 미·중 관계에 대한 설명을 시도하였다. 이들은 미국의 중국에 대한 투자가 안보 측면에서 중국과의 관계를 안정화하는 데 도움을 주었다고 보았으며

---

41) Manis, Jim. 2001. *The Federalist Papers*. The Pennsylvania State University Electronic Classics Series Publication. pp. 23-27.
42) Rosecrance, Richard and Peter Thompson. 2003. "Trade, Foreign Investment, and Security." *Annual Review of Political Science*. Vol. 6 (June).

중국과의 정치적 관계를 호전시켜 양국 사이에 경쟁관계 형성을 피하려는 미국의 목적이 달성되었다고 평가했다.[43] 이와 같은 평가는 이들이 분석에 사용했던 자료의 범위가 1950년부터 1992년까지였다는 점을 감안하면 너무나도 당연하다. 이 기간 동안에는 천안문사태를 제외하면 미·중 간에 특별한 갈등이 없었기 때문이다. 그러나 1990년대 후반부터는 대만 문제나 주(駐)유고슬라비아 중국대사관 오폭사건 등의 심각한 외교적 갈등 상황을 경험했으며 2000년대에 들어서도 무역불균형이나 환율 등의 문제로 지속적인 마찰을 빚고 있다. 그러나 이러한 마찰과 갈등의 와중에도 양국의 FDI는 꾸준히 증가하고 있다. 이 책에서 살펴보려 하는 해양석유공사-유노칼, 화웨이-3콤, 서북비철금속-퍼스트골드 사례는 로즈크랜스와 톰슨의 설명에 대한 좀 더 직접적인 반증이 된다. 이들은 회귀분석 결과를 근거로 일방적인 FDI에 비하여 쌍방의 FDI가 더 평화적 국가관계에 기여한다고 설명했지만 실제로 중국이 미국을 향한 FDI를 증가시켜 쌍방향 FDI의 성격이 강해지면서 오히려 양국 사이에 갈등이 커지는 경향이 나타나고 있다.

필자가 로즈크랜스와 톰슨의 연구에서 주목한 부분은 스톨퍼-사무엘슨 모델(the Stolper-Samuelson model)에 관한 언급이다. 이들은 스톨퍼-사무엘슨 모델에 근거하여 미국과 중국의 FDI가 양국의 관계를 안정적으로 유도한 까닭은 개방된 자유시장 국제경제질서하에서 미국에게 풍부한 자본과 중국에 풍부한 노동력이 잘 조합되었기 때문이라고 설명한다.[44] 스톨퍼-사무엘슨 모델을 활용하여 국제적 상업세력과 국내 정치세력의 연합 양상을 설명한 로고스키(Ronald Rogowski)의 연구에 의하

---

43) *Ibid.* p. 391.
44) *Ibid.* pp. 391-394.

면 비교우위를 차지한 요소는 자유무역을 통해 이득을 얻지만 열등한 요소는 손해를 보기 때문에 보호무역을 선호한다는 점을 알 수 있다.[45] 따

---

[45] Rogowski, Ronald. 1989. *Commerce and Coalitions: How Trade Affects Domestic Political Alignments*. Princeton: Princeton University Press. pp. 68-71; Stolper, Wolfgang F. and Paul A. Samuelson. 1941. "Protection and Real Wages." *The Review of Economic Studies*. Vol. 9, No. 1 (November). FDI 활동의 양상을 경제적 측면에서 설명하려 한 기존 연구는 주로 국제상거래(IBS: International Business Studies) 분야에서 진행되었다. 이들은 MNC가 해외에 투자하는 이유와 방법, 투자장소 선정과 같은 효율적 투자의 결정요인을 자본비용, 산업조직, 기업의 국제화, 전략적 경영관리 등과 같은 경제적 요소에 초점을 맞추어 분석하거나, 주로 북미와 유럽연합을 비롯한 동아시아 지역을 중심으로 이 지역의 기업과 국가가 경쟁력 향상을 위해 첨단기술 등의 특정 부문에 대하여 취하고 있는 산업정책을 설명한다. Froot, Kenneth A. and Stein Jeremy C. 1991. "Exchange Rates and Foreign Direct Investment: an Imperfect Capital Markets Approach." *The Quarterly Journal of Economics*. Vol. 106, No. 4 (November); Michael, Allen and Shaked Israel. 1986. "Multinational Corporations versus Domestic Corporations: Financial Performance and Characteristics." *Journal of International Business Studies*. Vol. 17, No.7 (Autumn); Contractor, Farok J. 1981. *International Technology Licensing Compensation, Costs and Negotiation*. Lexington: Lexington Books; Telesio, Piero. 1979. *Technology Licensing and Multinational Enterprise*. New York: Praeger; Magee, Stephen P. 1977. "Multinational Corporations, the Industry Technology Cycle and Development." *Journal of World Trade Law*. Vol. 2, No. 4; Hymer, Stephen H. 1976. *The International Operations of National Firms: a Study of Direct Foreign Investment*. Cambridge: MIT Press; Vernon, Raymond. 1966. "International Investment and International Trade in the Product Cycle." *The Quarterly Journal of Economics*. Vol. 80, No. 2; Posner, Michael V. 1961. "International Trade and Technical Change." *Oxford Economic Papers*. Vol. 13, No. 3 (October). IPE 분야에서도 '제품수명주기'(PLC: product life cycle), '불균형 발전'(UED: uneven development), '국제적 노동분업'(IDL: international division of labor) 등의 이론을 적용한 연구는 FDI 활동을 정치보다는 경제적 측면에 초점을 두고 진행된 것으로 평가할 수 있다. Caves Richard E. 1996. *Multinational Enterprises and Economic Analysis*. Cambridge: Cambridge University Press; Dunning John H. 1988. Explaining *International Production*. London: Unwin Hyman; Vernon, Raymond. 1979. "The Product Life Cycle Hypothesis in a New International Environment." *Oxford Bulletin of Economics and Statistics*. Vol. 41, No. 4; Vernon, Raymond. 1966; Hymer, Stephen H. 1972. "The Multinational Corporations and the Law of Uneven Development." in Bhagaeati, Jaqdish N. *Economics and World Order from the 1970's to the 1990's*. London: MacMillan; Eden, Lorraine and Evan H. Potter. 1993. *Multinationals in the Global Political Economy*. London: Macmillan. pp. 32-33.

라서 만약 무역관계를 유지하고 있는 양국의 국내정치가 모두 보호무역을 선호하는 세력에 의해 점유된 경우에는 서로의 보호주의정책으로 인한 갈등을 빚어낼 가능성이 높아진다. 이 같은 설명을 미·중 관계에 적용하면 2000년대 이후 FDI로 인한 양국의 갈등을 이해하는 데 도움이 된다. 중국의 노동과 미국의 자본이 부존요소(factor endowment)로서 조합을 이루었던 과거와 달리 급격히 증가한 중국 자본과 상대적으로 침체된 미국 자본이 부존요소의 충돌 상황을 형성하여 양국 관계에서 갈등을 만들어 내고 있는 것으로 해석할 수 있다.

브룩스 역시 2005년 저서에서 FDI가 국가 간의 관계를 평화로 유도한다고 설명한다. 그의 설명은 다음의 세 가지 논리에 근거한 것이다: (1) FDI는 군사기술에서도 파급효과를 가져오기 때문에 어느 한 국가가 첨단무기를 바탕으로 군사적 절대우위를 유지하기가 어려워진다. (2) FDI를 통해 필요한 자원을 획득하는 것이 가능하기 때문에 타국을 침략해야 할 필요나 동기가 약화된다. (3) FDI는 지역적 자유무역협정을 유도하여 지역 내의 국가들이 협력할 동기를 제공한다.[46] FDI를 유치해야만 경제발전을 이룰 수 있는 개발도상국의 경우에는 지역 단위의 협력체제를 구축했을 때 투자자금을 유치하는 것이 훨씬 더 용이할 수 있기 때문에 경쟁이나 갈등관계에 있는 상대와도 협력하려 할 것이라는 것이 브룩스의 설명이다.

이 책에서 살펴볼 해양석유공사-유노칼, 화웨이-3콤, 서북비철금속-퍼스트골드 사례는 브룩스가 제시한 첫 번째와 두 번째 논리에 대한 반증이 될 수 있다. 여타 제조업 기술과 마찬가지로 군사나 첨단 분야의 기술도 일정 부분은 FDI를 통해 이전되는 것이 사실이지만 핵심기술은 이전

---

46) Brooks. 2005. pp. 5-7, 57-79.

되지 않는다. 그렇기 때문에 화웨이는 필요한 핵심기술 획득을 목표로 3콤을 인수합병하려 했던 것이고 미국은 군사 및 핵심기술이 유출되는 것을 막기 위해 화웨이와 3콤의 거래를 차단하였다. 또한 국가는 자신의 자원이 유출되는 것을 언제까지나 무한정으로 용인하지는 않는다. 해양석유공사의 유노칼 인수합병은 중국이 멕시코만과 동남아시아 등 세계 여러 곳의 석유시추권을 확보하기 위한 시도였다. 서북비철금속의 퍼스트 골드 인수합병은 중국이 네바다주에 위치한 광산에서 금과 희귀광물을 채굴하기 위한 시도였지만 이들의 거래 역시 이루어지지 않았다. FDI가 군사기술의 보편화나 자원확보의 효율성에 기여하여 전쟁발생의 가능성을 막는다는 브룩스의 설명은 현실적으로 실현되기에 어렵다. 브룩스의 설명이 실현되려면 모든 국가가 안보와 지속가능성은 고려하지 않으면서 완전한 자유시장경제 체제가 유지되어야만 한다. 그러나 중국과 미국의 FDI 관계는 국가가 항상 자유시장 경제질서만을 따르지 않고 때로는 보호주의적 입장을 취하기도 한다는 사실을 보여 주고 있다.

브룩스의 연구가 필자의 의문 해결에 기여하는 부분은 그가 제시한 결론이 아니라 FDI가 어떻게 평화에 기여하는가를 설명하는 논리이다. 만약 완전한 자유시장경제체제하에서 국가안보나 경쟁력 약화를 걱정할 필요가 없다면 모든 국가는 FDI를 무한정 확대해 나갈 것이고 결국은 군사 및 첨단기술의 격차가 완전히 해소되고 자원도 평등하게 분배될 것이다. 그러나 미국과 중국이 FDI를 통제하고 외국인 투자에 대한 규제법률을 강화하는 이유는 현재 우리가 살고 있는 국제무대가 자유시장경제 질서를 온전히 따르지 않으며 국가는 안보와 경쟁력의 우위를 유지할 필요가 있는 체제이기 때문이다. 미국은 기존의 패권을 계속 유지하길 원하고 중국은 그 패권에 도전하려는 욕망을 가졌기 때문에 서로가 FDI 유입을 통제하거나 FDI를 활용하여 기술 및 자원을 확보하려고 노력하는 것이라고 볼 수 있다.

미국의 패권과 관련된 연구는 크게 두 가지로 분류된다. 첫 번째 이론은 킨들버거(Charles P. Kindleberger), 길핀(Robert Gilpin), 크래스너(Stephen D. Krasner) 등에 의해 형성된 패권안정(hegemonic stability) 이론이다.[47] 이들은 개방된 국제정치경제 체제가 안정을 이루기 위해서는 우월한 정치, 군사, 경제적 힘을 가지고 자유주의적 이념을 지속적으로 전파할 수 있는 패권국가의 존재가 필수적이라고 본다. 패권국가는 자유로운 무역 및 자본이동, 위기시의 유동성 공급 등과 같은 공공재를 제공할 수 있는 능력과 의지를 갖추고 있으면서 다른 국가의 무임승차에도 어느 정도 너그러울 수 있을 만큼 충분한 능력을 갖추어야 한다. 길핀은 1차대전 이후의 영국과 1970년대의 미국에서 그러한 패권이 약화된 사실을 발견하였다.[48] 필자 역시 1970년대의 길핀과 마찬가지로 미국이 2008년 금융위기를 전후로 패권국으로서 공공재를 공급할 능력에서 한계를 드러내고 있다는 사실을 발견하였다.

두 번째 이론은 코헤인(Robert O. Keohane)과 나이(Joseph S. Nye) 등이 주장한 신자유주의적 제도주의 이론이다.[49] 이들은 미국의 패권이 예전에 비해 쇠퇴했다는 길핀의 주장을 인정하기는 하지만 비록 패권국

---

47) Kindleberger, Charles P. 1986. *The World in Depression 1929-1939*. Berkeley: University of California Press. p. 292; Krasner, Stephen. D. 1976. "State Power and the Structure of International Trade." *World Politics*. Vol. 28, No. 3 (April). pp. 319-323; Gilpin. 1975.

48) Gilpin. 1975. pp. 138, 197.

49) Keohane and Nye. 2000. pp. 254-257; Keohane, Robert O. 1989. *International Institutions and State Power: Essays in International Relations Theory*. San Francisco: Westview Press. p. 64; Keohane. 1984. pp. 57-61.

가가 존재하지 않더라도 국가의 행위를 규율할 수 있는 국제적인 가치나, 규칙, 의사결정 과정, 국제기구 등이 특정한 형태의 레짐(Regime)으로 존재한다면 국제질서가 안정적으로 유지될 수 있다고 주장한다. 패권국가의 주도하에서 형성된 레짐에 따라 복합적 상호의존을 심화한 국가들은 패권국가가 존재하지 않게 된 상황에 도달하더라도 기존의 레짐이 지속되기를 원할 것이라고 보기 때문이다. 이러한 신자유주의적 제도주의에 근거하여 정책결정이 이루어진다면 미국은 이미 개방된 자유시장 중심의 국제경제 레짐에 참여한 중국으로부터 FDI가 유입되는 것을 통제할 이유가 없다. 최근 나타나는 미국의 보호주의적 경향은 자신의 패권이 약화되었음을 인정하고 약화된 패권을 다시 회복하기 위한 노력의 일환으로 보는 것이 타당하다.

패권안정이론과 신자유주의적 제도주의 이론은 어느 한 국가가 국제정치경제 체제 안에서 패권국가로서 지위를 유지하기 위해 필요한 조건에 대하여 언급하고 있다. 이들이 제시한 패권국가의 5가지 조건은; (1) 천연자원, (2) 자본, (3) 시장에 대한 통제력, (4) 고부가가치 상품 생산에서의 우월한 경쟁력, 그리고 (5) 자신이 가진 월등한 능력을 국제질서 유지를 위해 기꺼이 사용할 의지이다.[50] 이 책에서 살펴보고자 하는 중국과 미국의 FDI 관계는 이러한 5가지 요소 중, 패권국으로서 역할을 수행할 의지를 제외한 나머지 4개 요소를 통합적으로 살펴볼 수

---

50) Kindleberger, Charles P. and Robert Z. Aliber. 2005. *Manias, Panics, and Crashes: A History of Financial Crises*. New Jersey: John Willey & Sons; Keohane and Nye. 2000. p. 44; Keohane. 1984. pp. 32-34; McKeown, Timothy J. 1983. "Hegemonic Stability Theory and 19th Century Tariff Levels in Europe." *International Organization*. Vol. 37, No. 1 (Winter). p. 78; Wallerstein, Immanuel. 1980. *The Modern World-System II: Mercantilism and the Consolidation of the European World-Economy, 1600-1750*. New York: Academic Press. p. 38; Krasner. 1978. pp. 349-352.

있도록 해 준다. 최근의 미국은 세계 경제위기를 겪으면서 혼자의 힘만으로는 전 세계 자본과 시장을 통제할 수 있는 능력이 부족함을 드러냈으며 첨단기술의 독점적 우위 역시 비교적 약화된 상황이다. 새로운 패권국가로 등장하려는 중국은 첨단기술과 천연자원의 확보를 위해 FDI를 활용하려 하고 있으며 그러한 중국의 노력에 대한 대응으로 미국은 중국으로부터의 FDI 유입을 견제하고 있다고 볼 수 있다.

2.2
국제무대의 구조와 결정 요인

    FDI 활동과 관련된 미국과 중국 간의 관계를 국제정치경제학의 영역 안에서 이론적으로 분석하기 위해서는 국제체제와 국내정치를 함께 고려해야 한다.[51] 우선 국제정치 수준에서는 양 국가가 국제정치경제 체제에서 차지하고 있는 지위에 관하여 살펴보아야 한다. 또한 국내정치 수준에서는 대외환경인 국제정치체제와 상대국가에 대하여 정책결정자들이나 정치인 혹은 일반여론이 어떤 인식을 가지고 있는지를 알아보아야 할 필요도 있다. 이러한 작업은 국제정치의 행위자로서 중국과 미국이 구조인 국제정치경제 체제 안에서 벌이는 특정 행동을 이해하는 데 도움이 된다. 중국이 미국에 대한 FDI를 증가하고 있는 양상과 미국이 중국으로부터 유입되는 직접투자 자금을 통제하려는 노력으로 인해 발생하는 양국 정부 간의 갈등 이해하기 위해서는 어떤 환경의 변화로 인하여 그러한 정책이 형성되었는가를 살펴보아야 하는 것이다.

    소련연방이 붕괴되고 미국이 세계 초강대국으로 유일한 지위를 차지

---

51) Frieden, Jeffry A. and Lisa L. Martin. 2003. "International Political Economy: Global and Domestic Interactions." In Ira Katznelson and Helen V. Milner. *Political Science: the State of the Discipline*. New York: W.W. Norton; Putnam, Robert D. 1988. "Diplomacy and Domestic Politics: The Logic of Two-Level Games." *International Organization*. Vol. 42, No. 3 (Summer); Gourevitch, Peter. 1986. *Politics in Hard Times: Comparative Responses to International Economic Crises*. Ithaca: Cornell University Press; Gourevitch, Peter. 1978. "The Second Image Reversed: the International Sources of Domestic Politics." *International Organization*. Vol. 32, No. 4 (Autumn).

하면서 국제정치경제 체제는 절대적 우위만을 중요하게 여기던 환경에서 상대적 우위도 함께 중시하는 환경으로 변하고 있다. 이 같은 변화는 현재의 미·중 관계를 이해하고 앞으로의 양국관계를 예측하는 데 중요한 방향을 제시한다. 냉전이 종식된 이후로 '국제관계에 있어서의 영향력'(global distribution of capabilities)은 제로섬 게임에 입각한 절대적 군사력보다는 오히려 상대적 경제력에 더 많이 의존하고 있다.[52] 냉전기간 동안에 중요하게 여겨졌던 군사력과는 다른 종류의 '능력'(capability)이 강조되고 있는 것이다. 이렇게 변화된 국제정치경제 체제 안에서 중국은 과거처럼 국제무대의 주변부에 머무르지 않고 성장된 경제적 능력을 바탕으로 하여 중심부에서 중요한 힘 또는 영향력을 행사하는 국가로 자신의 지위를 향상시키려 하고 있다. 반면에 미국은 냉전 붕괴 이후 20년 가까이 누려온 유일한 초강대국으로서의 지위를 지속하고자 한다. 영향력 혹은 힘의 근원이 군사력이라는 절대적 우위로부터 천연자원, 기술, 경제력 등과 같은 상대적 우위로까지 확장됨에 따라 중국이 원하는 국제무대에서의 지위 향상 가능성은 더욱 높아졌다. 미국은 챔피언으로서 패권을 향한 중국의 도전을 받아들여야만 하는 입장에 놓여 있다.

  세계 유일의 초강대국으로서 미국의 지위가 앞으로도 비교적 장기간 지속될 것이라는 예측도 존재한다. 1990년대 후반 세계 주요 강대국의 군사 및 경제력 분포를 비교한 월포스(William C. Wohlforth)는 일본과 중국이 경제 분야에서 미국의 경쟁자로 근접해 있기는 하지만 여전히 미국의 절반 수준 정도밖에 미치지 못하는 점을 지적하였다.[53] 그는

---

52) Gilpin, Robert. 2001; Waltz, Kenneth N. 2000. "Structural Realism after the Cold War." *International Security*. Vol. 25, No. 1 (Summer); Strange, Susan. 1994. *States and Markets*. London: Printer Publishers Limited.

53) Wohlforth, William C. 1999. "The Stability of Unipolar World." *International Security*. Vol. 24 (Summer). pp. 14-15.

소련연방의 붕괴로 형성된 국제정치경제의 단극체제(unipolar system)가 정치와 경제를 비롯한 모든 다른 상황에 깊이 연결되어 있으므로 앞으로도 수십 년간은 지속될 것으로 보았다. 리버(Keir A. Lieber)와 프레스(Daryl G. Press)는 냉전 붕괴와 더불어 핵무기 기술의 균형이 미국으로 완전히 기울어진 현상을 분석했다.[54] 미국의 핵무기 기술과 조기경보체제의 정밀성이 러시아 및 중국의 핵무기 기술을 압도하여 이들의 2차 타격 기능을 무력화시킬 능력을 보유했다는 것이 리버와 프레스의 분석결과이다. 이와 더불어 이들은 2002년 발표된 미국의 "국가안보전략"(National Security Strategy)을 근거로 미국이 핵무기의 절대적 우위에 바탕을 두고 전 세계의 질서와 안보 유지를 위해 군사우위 전략을 지속할 것으로 평가했다.

국가의 정책결정자가 가진 인식과 사고체계도 국가가 정책을 형성하고 외교행위를 수행하는 데 중요한 역할을 하기 때문에 국제관계를 분석하는 중요한 요소이다. 미국과 중국이 가진 국제정치경제 체제에서의 자기 위치에 대한 인식, 정치적 영향력 행사에 대한 입장, FDI를 경제발전에 기여할 수단 중 하나로 여기는 시각 등은 양국관계를 설명하는 요소가 될 수 있다. 지리적 요인 또한 국제관계에 있어 변하지 않는 불변의 구조적 요소로서 중요한 의미를 가진다. 지정학적 위치 자체에 대한 관찰과 행위자의 지정학적 위치에 대한 인식을 살펴보는 것은 기존 양면게임적 접근의 폭을 넓혀 주는 효과가 있다.

---

54) Lieber, Keir A. and Daryl G. Press. 2006. "The Rise of US Nuclear Primacy." *Foreign Affairs*. Vol. 85, No. 2. (March/April).

2.2.1 구조의 변화

지리적인 요인이 영구적으로 변함없이 한 국가의 정치에 영향을 미치는 것과 마찬가지로 국제정치경제 체제의 구조는 그 내부의 행위자가 행동하는 데 지속적인 영향을 준다. 구조 그 자체만이 아니라 구조 내의 행위자들 간에 상호의존의 정도 또한 행위자의 행동에 영향을 주는 중요한 요소이다. 국제관계에 있어서 현실주의나 자유주의 등과 같은 다양한 패러다임은[55] 20세기를 거치며 구조와 상호의존 정도가 행위자의 행동에 어떤 영향을 미치며 행위자의 행동은 다시 상호의존과 구조에 어떤 영향을 미치는가를 잘 설명할 수 있도록 발전해 왔다. 국제정치에 관한 모든 패러다임이 국가이익과 힘이라는 요소를 이론화하려고 노력하고 있으며 그중에서도 현실주의와 신현실주의 이론은 신자유주의 이론과 함께 국제정치학 분야에서 가장 널리 사용되고 있는 패러다임이다. 구조적 현실주의로도 불리는 신현실주의 이론을 구성하는 가장 기본적인 요소는 군사력으로 이해되는 힘(power)과 함께 스스로 부와 안보를 보장해야 한다는 목표를 가진 국가이익(national interest)으로 구성된다. 구조적 현

---

55) 왈츠(Waltz)는 패러다임을 국가 행위의 반복적 패턴이나 국제정치의 법칙을 설명하는 것으로, 홀리스(Hollis)와 스미스(Smith)는 행위자의 머릿속을 이해하거나 행동을 설명하고 예측할 수 있는 것으로, 와이트(Wight)는 국가 간의 관계와 국가가 힘을 추구하는 양상을 설명하는 데 도움을 주는 것으로 설명한다. 도넬리(Donnelly)는 국제관계에서의 패러다임을 '사고의 분파'(schools of thought), '전통'(traditions), '담화'(discourse)를 의미하는 것으로 설명한다. 따라서 패러다임은 연구를 수행하거나 사고체계를 구성함에 있어서 일정한 길잡이 역할을 수행할 수 있는 관점이나 모형, 혹은 규칙으로 규정될 수 있다. Waltz, Kenneth N. 1979. *Theory of International Politics*. New York: McGraw Hill; Hollis, Martin and Steven M. Smith. 1990. *Explaining and Understanding International Relations*. Oxford: Oxford University Press; Wight, Martin. 1991. *International Theory: The Three Traditions*. Leicester: Leicester University Press; Donnelly, Jack. 2001. "Realism." in Burchill, Scott, Andrew Linklater, Richard Devetak, Jack Donnelly, Matthew Paterson, Christian Reus-Smit and Jacqui True (eds.) *Theories of International Relations* (3rd Edition). New York: Palgrave Macmillan.

실주의는 힘과 국가이익이라는 두 가지 기본요소를 바탕으로 국제정치체제의 구조에 의해 조성된 상황하에서 국가들 간의 관계가 어떻게 발생하는가를 설명하기 위한 이론인 것이다.

힘과 이익 중심의 신현실주의적 사고를 가능하게 하는 데는 다음과 같은 몇 가지 가정이 존재한다: (1) 국제정치체제가 무정부적 상태라는 점(anarchy), (2) 체제 안에 존재하는 주요 행위자는 국가라는 점(statism), (3) 국가의 최우선 목표는 생존이라는 점(survival), (4) 생존을 위해서는 오직 자기 자신만을 믿을 수 있다는 점(self-help)이다. 그렇기 때문에 국제정치체제 안에서 국가는 항상 힘의 극대화를 위한 노력을 지속한다.[56] 이는 국제정치체제의 구조가 그 체제 내에 포함된 행위자의 행동에 영향을 준다는 사실을 설명한 것이다. 이에 더하여 왈츠는 구조 내에 존재하는 행위자들이 질서를 형성하는 원칙과, 행위자들의 공통적 특성, 그리고 행위자들 사이에서 능력이 분배되는 현상을 설명한다.[57] 이는 행위자가 구조로부터 일방적으로 영향을 받기만 하는 것이 아니라 행위자들 간의 상호작용이 그들의 외부환경인 국제정치체제에 영향을 주기도 한다는 것을 뜻한다. 여기서 행위자들 사이의 능력분배는 물질적 자원의 분배와도 밀접한 관련이 있으며, 물질적 자원은 군사적 자원뿐만 아니라 경제적 자원도 포함하는 것으로 볼 수 있다.

국가는 자신의 이익을 향상시킬 목적으로 외교정책을 통하여 영향력의 범위를 형성하며, 때에 따라서는 필요한 시간과 장소에 군사력을 행

---

56) Waltz, Kenneth N. 1979. pp. 106-114; Viotti, Paul R. and Mark V. Kauppi. 1999. *International Relations Theory: Realism, Pluralism, Globalism, and Beyond*. Boston: Allyn and Bacon. pp. 64-65; Baylis, John and Steve Smith. 2001. *The Globalization of World Politics: An Introduction to International Relations*. New York: Oxford University Press. pp. 184-186.

57) Waltz, Kenneth N. 1979. pp. 88-90, 97, 98.

사하기도 한다. 한 국가의 군사력은 경제력과 밀접한 관련이 있다. 케네디(Paul Kennedy)의 지적처럼 경제성장이 중요한 이유는 경제부문에서 생겨난 부를 군사부문의 강화에 활용할 수 있고 강화된 군사력을 이용해 국제무대에서 영향력을 제고할 수 있기 때문이다.[58] 냉전 종식 직후인 1993년 왈츠는 소련연방의 붕괴로 인해 기존의 양극체계가 어떤 식으로 전환될 것인지 그리고 그러한 전환이 국제정치체제에 어떤 효과를 나타낼 것인지를 고민했다. 일본이나 중국, 혹은 독일 등과 같이 성장 중인 국가가 유일한 초강대국으로 남은 미국에 도전하여 균형을 이루기 위해서는 그들 자신만의 정치력과 경제력에 의존해야만 한다고 지적했다.[59] 이후 왈츠는 2000년에 저술한 그의 논문에서 변화가 구조로서의 국제정치체제 내부에서만 발생한 것이 아니라 구조 자체도 변화의 과정에 놓여 있다고 주장했다. 즉 구조의 변화가 국가의 행동에 영향을 주었을 뿐만 아니라 국가들 간의 상호작용이 만들어 내는 결과에도 영향을 주었다는 것이다.[60]

2.2.2 경제적 능력의 중요성 증가

냉전과 탈냉전 시기의 국제정치체제에서 찾을 수 있는 가장 뚜렷한 차이는 강대국들 사이에서 힘의 균형이 형성되는 방법이다. 전통적 관점에서 바라보는 힘인 군사력과는 다른 종류의 힘이 존재하기 때문이다. 핵무기의 존재도 재래식 군사력을 통한 강대국들 간의 관계 설정을 무의미

---

58) Kennedy, Paul. 1988. *The Rise and Fall of the Great Powers: Economic Change and Military Conflict from 1500 to 2000*. London: Unwin Hyman Limited. pp. xv-xvii.
59) Waltz, Kenneth N. 1993. "The Emerging Structure of International Politics." *International Security*. Vol. 18, No. 2 (Autumn). pp. 76-77.
60) Waltz, Kenneth N. 2000. pp. 39-40.

하게 만든 요인 중 하나이기는 하지만, 소련연방의 붕괴가 군사력 때문이 아닌 경제부문의 문제에 의해 발생한 것이었다는 점은 군사력에 기초한 절대적 우위 못지않게 경제력에 기초한 상대적 우위가 국가 간의 경쟁에서 중요한 요소로 부각되는 이유이다.[61] 국제정치체제 내에서 국가가 여전히 주요 행위자로 남아 있기는 하지만 다국적 기업과 같은 경제적 비국가 행위자를 중심으로 국가들 사이의 상호의존성이 강화됨으로써 기존의 현실주의적 관점이 가지고 있던 국가의 본질과 힘의 개념에 변화가 생기기 시작했다. 더 이상 국가가 국제정치체제 내의 유일한 행위자가 아니고 비국가 행위자와 시장도 의미 있는 역할을 하는 행위자라는 인식을 하게 된 것이다.[62]

탈냉전 이후의 국제정치현상을 설명하려면 국가의 정치활동을 살펴보는 것만으로는 충분하지 않게 되었다. 국제정치체제에서 비국가 행위자와 시장의 역할이 증가하고 있는 현상에 대해 길핀(Robert Gilpin)은 "현대사회에서 국가와 시장의 병존이 정치경제를 만들어 냈다"라고 언급했다.[63] 그는 자신이 연구하고 있는 "국가들 간의 관계에 세계시장경제가 미치는 영향과 각 국가가 자신의 이익을 추구하기 위하여 시장세력에 영향력을 행사하는 방법"에 관한 일련의 문제들을 지칭하기 위해 '정치경제'(political economy)라는 개념을 사용한 것이다.[64] 국제정치경제 체제를 연구하는 다양한 이론들은 복잡한 국제문제를 설명하려면 국가 간의 관계와 경제적 요소가 통합적으로 고려되어야 한다는 점에서 의견을 같이한다.

---

61) Strange, Susan. 1994; Waltz, Kenneth N. 2000; Gilpin, Robert. 2001.
62) Strange, Susan. 1996. p. 31; Keohane, Robert O. and Joseph S. Nye. 2000.
63) Gilpin, Robert. 1987. *The Political Economy of International Relations*. New Jersey: Princeton University Press. p. 8.
64) *Ibid*. p. 24.

에너지 관련 기업의 자원확보 및 에너지 생산수준과 전자정보통신 관련 기업의 기술수준은 국가의 수출전략을 형성하는 데 결정적인 역할을 한다. 기업들이 만들어 내는 이윤은 국가의 경제발전을 보장하는 중추적 역할을 하기 때문에 기업의 기술개발과 자원확보 등의 문제에는 늘 국가의 역할이 관련되어 있다. 자원확보와 기술개발을 의해 소요되는 대규모 자본을 충당하기 위해서는 세계은행(World Bank)이나 국제통화기금(International Monetary Fund), 각종 국제투자은행, 또는 국가로부터 자금의 유입이 필수적이기 때문이다. 오늘날의 국제정치경제 체제에서는 국가가 절대적 우위 확보를 위해 노력하는 것보다 상대적 우위 확보에 더 노력하는 경향이 있는데 이는 경제력이 장기적 관점에서 군사력과 재정적 영향력으로 전환된다는 생각에서 비롯된 것이다.[65] 경제력은 국가의 경제발전은 물론이거니와 다른 정책적 능력에도 영향을 준다. 국가는 경제력의 주요 지표 중 하나인 국가계정에 직접적으로 관여하기도 하지만 정부소유 공기업이나 정부가 통제 가능한 기업 등과 같은 위임기관을 통해서도 간접적으로 영향력을 행사한다.

국가의 힘이 군사력뿐만 아니라 재정적 능력, 제조업 생산기술, 지적자산 등을 통해 국제무대에서 발휘되는 양상을 설명하는 대는 '구조적 권력'(structural power)과 '관계적 권력'(relational power)이라는 개념이 유용하다.[66] 구조적 권력은 국제정치경제 체제 내의 모든 부문, 즉 국

---

65) Kennedy, Paul. 1988. p. xxiv; Strange, Susan. 1994. pp. 29-32
66) Strange, Susan. 1989. "Toward a Theory of Transnational Empire." in Ernst-Otto Czempiel and James N. Rosenau (eds.) *Global Changes and Theoretical Challenges: Approaches to World Politics for the 1990's*. Lexington: Lexington Books. pp. 165-166; Guzzini, Stefano. 1993. "Structural Power: the Limits of Neorealist Power Analysis." *International Organization*. Vol. 47, No. 3 (Summer); Strange, Susan. 1994. pp. 23-42; Helleiner, Eric. 2005. "Structural Power in International Monetary Relations." EUI Working Papers. RSCAS No. 2005/10. p. 5.

가, 제도, 기업, 각 분야의 전문가 등이 반드시 따를 수밖에 없는 전 세계적 규모의 규칙이나 가치 또는 행동양식을 형성 및 결정하는 영향력을 의미한다. 관계적 권력은 어느 한 국가나 기업 혹은 전문가 집단이 다른 국가, 기업, 전문가 집단의 행동을 좌우할 수 있는 영향력이다. 극히 소수의 패권국가만이 소유하고 장기적으로 지속할 수 있는 구조적 권력에 비해 관계적 권력은 특정 상황이나 조건에 따라 바뀔 수 있는 단기적 성격을 갖는다. 구조적 권력과 관계적 권력은 모두가 힘을 행사할 수 있는 능력의 측면에서 증가와 감소가 나타날 수 있고 그러한 능력의 증가 혹은 감소가 한 국가의 다른 국가에 대한 상대적 지위에 영향을 미친다. 이때 비국가 행위자인 기업이나 전문가 집단 등도 비록 국가처럼 독점적인 능력을 행사할 수는 없지만 중요한 역할을 수행한다는 사실은 분명하다.[67]

군사력뿐만 아니라 경제력도 역시 관계적 권력을 향상시키고 구조적 권력을 획득하는 데 중요한 역할을 수행한다. 국가의 지적자산과 제조업 생산능력은 금융자산 축적으로 이어지고 축적된 금융자산은 다시 생산능력 향상과 지식자본의 개발, 그리고 다시 금융자산의 축적에 기여한다. 풍부한 천연자원을 소유하는 것 역시 국가 경제력의 잠재적 원천으로 볼 수 있다. 국가경제와 천연자원 간의 관계에 대하여 스트레인지(Susan Strange)는 에너지의 소유 여부를 국력에 간접적으로 영향을 미치는 부분이라고 언급했다.[68] 모겐소(Hans Morgenthau) 역시 현대 경제에서는 에너지 확보 혹은 천연자원 확보와 관련된 능력이 반드시 필

---

67) Krasner, Stephen D. 1978. *Defending the National Interest: Raw Materials Investments and US Foreign Policy*. New Jersey: Princeton University Press. pp. 8, 14; Burchill, Scott. 2005. *The National Interest in International Relations Theory*. Hampshire: Palgrave Macmillan. pp. 28-30; Porter, Michael E. 1998. *The Competitive Advantage of Nations*. New York: Free Press.

68) Strange, Susan. 1994. pp. 139-140, 190-191.

요한 요소이며 궁극적으로는 국력으로 전환될 수 있는 잠재적 요소라고 지적하고 있다.[69] 이처럼 국가의 비교우위를 점하려는 노력이나 이에 관련된 능력은 경제적 도구를 사용하여 자신의 이익을 위해 국제정치체제 내에서 영향력을 행사하는 국가의 능력과 밀접하게 관련되어 있기 때문에 국가 간의 관계라는 관점에서 살펴볼 필요가 있다. FDI를 역시 자국의 이익을 위해 국가가 활용할 수 있는 경제적 도구라고 간주한다면 국가 간의 관계 속에서 살펴볼 필요가 있는 것이다. 앞에서도 언급한 바와 마찬가지로 탈냉전 이후의 국제정치경제 체제 안에서 국가는 절대적 이득보다 상대적 이득에 더 많은 관심을 가지는데 이는 경제적 비교우위로부터 얻는 이득이 장기적으로는 군사력과 같은 전략적 우위로 발전될 수 있기 때문이다. 구조적 권력이나 다양한 유형의 관계적 권력을 조합하여 영향력을 행사할 수 있는 국가는 국제정치경제 체제 안에서 규칙 제정자(rule-setter)[70]로서의 역할을 담당할 수 있다.

중국의 경우에는 외환보유고로 축적된 달러화가 중국의 비교우위를 발전시키는 기회를 제공할 수 있을 것이다. 미국을 제외하고 가장 많은 달러를 보유한 중국은 정부가 가진 자금력을 활용하여 주요 천연자원을 확보하기 위한 노력의 일환으로 전 세계 곳곳의 각종 에너지 관련 기업을 매수하거나 관련 분야에 투자하고 있다. 또한 제조업 분야의 국영기업들은 정부의 지원하에 필요기술 확보를 위한 인수합병을 진행 중이다. 이러한 노력을 통해 중국은 산업분야의 빠른 발전을 이루고 있다. 그러나

---

69) Morgenthau, Hans J. 1965. *Politics among Nations: The Struggle for Power and Peace*. New York: Alfred A Knopf. pp. 113-116.

70) Roxborough, Ian. 2007. "Weary Titan, Assertive Hegemon: Military Strategy, Globalization, and US Preponderance." in Mazlish, Bruce, Nayan Chanda, and Kennneth Weisbrode(eds.) *The Paradox of a Global USA*. California: Stanford University Press. p. 124.

산업분야의 발전만으로는 스트레인지(Susan Strange)가 설명한 구조적 권력을 형성하는 데 한계가 있다. 현재 산업수준을 더욱 발전시킬 고급 기술과 안정적인 에너지 자원 확보가 필요할 뿐만 아니라 금융부문을 발전시키는 데 필요한 효과적인 경제정책들도 필요하다. 이에 더하여 현재 가진 경제적 부를 다른 형태의 힘으로 전환시킬 수 있어야만 국제정치경제 체제 내에서 구조적 권력을 형성하는 것이 가능하다.

국가가 힘을 추구하는 과정에서는 천연자원, 제조업 분야의 기술, 금융 노하우 등과 같은 경제적 요소들을 활용하여 타국에 대한 상대적 우위를 점유하려는 노력이 나타난다. 상대적 우위는 국제정치경제 체제 안에서 영향력을 발휘하기 위해 국가가 선택 가능한 정책적 옵션을 증가시키는 것과 관련이 있다. 여전히 군사력이 국경문제나 지정학적 쟁점에서 중요한 해결도구로 사용되는 것이 사실이기는 하나 냉전 이후 변화된 구조에서는 국가 간의 상호의존성이 증가하여 영향력 행사에 있어 군사적 우월성보다 경제적 수단에 의존하는 것이 더 효과적인 경우가 많다. 세계화된 국제정치경제 체제에서 경제적 비교우위는 자국의 이익에 기여하는 게임규칙을 마련하거나 타국이 자국에 대해 의존할 수밖에 없는 구조를 형성하는 능력을 통하여 정치적 영향력으로 전환될 수 있다.[71] 경제적 상호의존이 증대된 상황에서 국가는 자신의 경제력을 가지고 경제적 혹은 전략적으로 중요한 자산에 대한 소유권을 확보함으로써 국제무대에서 나타나는 정치 및 경제적 문제들을 해결할 능력을 갖게 되는 것이다.

---

71) Grieco, Joseph M. 1988. "Anarchy and the Limits of Cooperation: a Realist Critique of the Newest Liberal Institutionalism." *International Organization*. Vol. 42. No. 3 (Summer).

2.2.3 환경변화에 대한 인식

국제관계에서 경제부문이 국가의 영향력과 힘으로 전환된다는 사실을 인정하더라도 경제적 요소가 어떻게 행위자의 행동을 변화시킬 수 있는지를 설명하는 데는 여전히 한계가 존재한다. 예를 들어 구 소련연방이 1991년에 붕괴되긴 했지만 냉전체제하에서 소련연방의 태도변화는 1980년대 중반부터 진행되기 시작했다. 미국과 소련 사이에 유지되던 힘의 균형과 냉전체제 자체에 대하여 기존과는 다르게 인식하는 지도자가 소련에서 등장한 결과였다. 1985년 고르바초프(Mikhail Gorbachev)의 등장과 함께 미국과 소련의 관계는 즈금씩 변하기 시작했고 1991년에 소련연방이 붕괴하면서 2차 세계대전 이후 50년 가까이 유지되었던 국제정치의 양극체제 구조가 단일극 체제로 변화되었다. 행위자로서의 한 국가가 국제정치경제 체제와 그 체제 안에서 활동하는 다른 행위자에 대해 어떻게 인식하느냐가 구조에 대한 자신의 관점과 행동을 형성하는 데 기여한다는 것을 보여 준 사례이다.

영향력 또는 힘이라는 개념은 어떤 행위자가 자신을 둘러싸고 있는 환경이나 타 행위자에 대해 가지고 있는 인식 및 사고체계를 포함한다.[72] 어떤 행위자의 군사력과 경제력을 물질적 힘(material power)으로 볼 수 있다면 인식이나 사고체계는 비물질적 힘(immaterial power)과 관련이 있는 것으로 볼 수 있다. 국제정치에서 비물질적 영역에 관심을 가지고 물질적 영역에만 초점을 맞추었던 기존의 설명을 극복하려는 노력

---

72) Andrew, David M. (eds.) 2006. *International Monetary Power*. Ithaca: Cornell University Press. p. 2; Simon Herbert A. 1953. "Notes on the Observation and Measurement of Political Power." *The Journal of Politics*. Vol. 15. No. 4 (November) pp. 503; Lasswell, Harold D. and Abraham Kaplan. 1950. *Power and Society: A Framework for Political Inquiry*. New Haven: Yale University Press. pp. 55-62.

이 시작된 것은 1980년대부터이다. 길핀은 국제관계에서 각 행위자의 물질적 및 비물질적 이익이 여러 행위자들 간의 상호작용 과정에서 표출되는 현상을 관찰하여 "국제정치경제 체제가 형성되는 이유는 다른 어떤 사회체제나 정치체제가 만들어지는 것과 마찬가지"라고 언급하고 "행위자들은 자신의 정치 및 경제 혹은 기타 이익을 추구하기 위하여 사회적 관계에 참여하고 사회적 구조를 형성한다"라고 설명했다.[73] 웬트(Alexander Wendt)는 국가도 인간과 마찬가지로 사회적 존재라고 본다. 그래서 국가가 가진 구조에 대한 인식체계는 국가가 전략적 목적을 형성하도록 하며 결국에는 특정한 행동이나 특정 정책을 구사하도록 영향을 미친다는 것이다.[74] 인식체계는 웬트가 사용한 정체성이라는 개념과도 관련이 있다. 어떤 국가가 국제정치경제 체제 내에서 자신의 지위 향상을 원하고 그것이 가능하다는 생각을 가지고 있으면 혹은 패권국이 되고 싶거나 될 수 있다고 믿는다면 그러한 생각이 그 국가의 행위에 영향을 미친다는 것이다.

현실주의적 관점에서 국가는 생존, 자주성, 경제적 번영에 주로 관심을 집중하므로 국가의 이익은 군사력이나 경제력과 같은 물질적 영역에 밀접한 연관을 가진다. 개별 행위자들 간의 군사 및 경제적 능력이 어떻게 분포되는가에 따라 국제정치경제 체제의 형성 양태가 달라진다. 이러한 물질적 능력은 비물질적 요소와 조합되는 양상에 의해 국제정치경제 체제의 변화를 억제하기도 하고 촉진하기도 한다. 국가는 자신이 가진 신

---

73) Gilpin, Robert. 1981. *War and Change in International Politics*. Cambridge: Cambridge University Press. p. 9.
74) Wendt, Alexander. 1992. "Anarchy is What States Make of It: The Social Construction of Power Politics." *International Organization*. Vol. 46. No. 2. pp. 394-395, 406, 415.

념이나 욕망의 바탕 위에서 주어진 물리적 상황을 적절히 활용하는 것을 고민하고 그 결과로 어떻게 행동할 것인가를 결정하는 것이다. 이러한 논리에서 국가의 이익은 단지 유형적 요소뿐만 아니라 인식체계와 같은 비물질적 요소와도 맞물려 형성된다고 볼 수 있다.

국가의 행위에 영향을 미치는 요소로 인식체계와 같은 행위자의 내적 요인을 포함하는 것은 구조적 현실주의가 가진 설명력의 한계를 보완한다. 탈냉전 이후의 국제정치경제 체제 변화를 설명하기 위해서는 양극체제에서 일극체제로의 전환이라는 물질적 관점과 더불어 주요 행위자의 인식체계 변환이라는 비물질적 요소까지를 고려해야만 더 적절한 설명이 가능하다. 국제정치경제 체제의 형성이 물질적 요소들 못지않게 무형의 요소에도 영향을 받기 때문이다. 무형의 요소인 행위자의 인식체계는 행위자가 가진 신념과 욕구로 구성되고 인식체계로부터 영향을 받아 표출되는 국가의 특정한 행위는 타국의 반응 행동을 이끌어 냄으로써 국가 간의 관계가 형성된다. "욕망이 야망으로 바뀌고, 야당은 중대한 이익이 된다"[75]라는 케이건(Robert Kagan)의 말은 국가 간의 관계에서 영원한 친구는 있을 수 없고 영원한 이익만 존재한다는 것을 시사한다. 이해관계가 영원하다고 해서 영원히 변하지 않는 것은 아니다. 케이건은 권력관계의 변화에 대한 인식으로 인해 기존에 가지고 있던 이해관계도 바뀐다는 사실을 지적하였다. 예를 들어 어떤 국가가 자신의 힘이 충분히 강해졌다고 인식하면 그 국가는 새로운 야망을 가지게 되고 그 야망을 충족시키기 위한 행동을 드러내게 된다는 것이다.

웬트는 국가의 인식체계를 '정체성'(identity)과 '이익'(interest)으로

---

75) Kagan, Robert. 2008. *The Return of History and the End of Dreams*. New York: Vintage Books. pp. 17-18.

구분하여 설명한다. 정체성은 구조 내에서 행위자가 가진 자신의 위치에 대한 신념을 의미하며 이익은 행위자의 욕망을 뜻한다. 행위자의 특정한 행동은 신념(정체성)과 욕망(이익)이 결합하여 나타난다. 이익이 없으면 정체성은 단독으로 행위의 동기가 되기에는 충분치 않으며, 정체성이 없이는 이익이 단독으로 행위의 방향을 설정하기에 역시 충분치 않다고 볼 수 있다. 특히 웬트는 정체성을 '내적 정체성'과 '외적 정체성'으로 나누고 내적 정체성은 다시 '유형 정체성'(type identity)과 '개별 정체성'(personal identity), 외적 정체성은 '역할 정체성'(role identity)과 '집단 정체성'(collective identity)으로 분류한다: (1) 유형 정체성은 국가가 국내정치를 어떻게 형성하는가와 관련되어 있다. 예를 들어 어떤 국가는 자본주의적 민주주의 체제를 이루지만 다른 국가는 국가주도의 자본주의 체제를 형성하는데 이것이 유형 정체성에 해당된다. (2) 개별 정체성은 국가가 국제정치경제 체제 안에서 독자적인 행위자로서 주권을 유지할 필요를 느끼는 것과 관련이 있다. 지역주의와 다양한 다자간 협력이 강화된 상황에서 여전히 독립적 주권을 유지하려는 국가의 동기는 개별 정체성에 해당한다. (3) 역할 정체성은 구조 속에서 국가가 자신을 어떻게 인식하는지와 타국에게 어떻게 인식되고 있는지, 또 어떻게 인식되고 싶어 하는지의 문제이다. 타국과의 관계에서 형성되는 역할 정체성은 국가의 전략이 수립되는 데 직접적인 영향을 미친다. (4) 집단 정체성 역시 타국과의 상호관계 과정에서 형성된다. 국가가 국내의 정치상황이나 지정학적 위치 혹은 물질적 이해관계 때문에 동맹을 형성하고 우호적인 국가를 찾으려 하는 노력이 집단 정체성을 이끌어 낸다.[76]

---

[76] Wendt, Alexander. 1999. *Social Theory of International Politics*. Cambridge: Cambridge University Press. pp. 224-233; Wendt, Alexander. 1992. pp. 392, 398.

국가가 활동하는 국제무대가 무질서한 무정부상태의 세계라는 사실은 분명하지만 무질서한 환경을 인식하는 정도는 행위자마다 달라질 수 있다.[77] 국제정치경제 체제의 무질서한 성격을 규정하는 대는 주로 홉스, 로크, 칸트의 관점이 활용된다. 이들 중 어느 관점에 다르는가에 따라 행위자들은 무질서한 국제질서를 조금씩 다르게 인식하는 것이다: (1) 홉스의 관점에서 국가는 평화를 유지하기 위해 가장 먼저 군사력을 증강시켜야만 한다. 국가가 활동하는 국제무대는 끊임없는 투쟁의 장이다. 그 안에서 활동하는 행위자들은 영원한 죄수의 딜레마에 갇혀 있는 것으로 인식하기 때문에 국가는 끝없는 투쟁과 배신으로부터 살아남기 위해 필요에 따라 전쟁을 선택하기도 한다고 본다. (2) 로크의 관점을 따르는 국가는 자국의 생존을 고민하는 것과 동시에 타국의 생존과 이익을 함께 고려한다. 개별 국가는 모두가 하나의 구조 안에서 선의의 경쟁자나 적대국으로 활동하기 때문에 타국의 이익 또는 힘은 상대적인 관점에서 자국의 이익 또는 힘과 비교된다. 공통의 이해관계를 가진 국가들 사이에서는 협력의 가능성도 존재한다고 본다. (3) 칸트의 관점에서 살펴보면 국제정치체제는 행위자들 간의 협력관계로 유지된 구조이다. 국가는 국제정치경제 체제 안에서 타국과 동맹을 이루어 협력하거나 유사한 정치체제를 가진 국가들끼리 협력적인 행동을 구사한다.

개별 행위자의 구조에 대한 인식체계는 다양하다. 어떤 국가는 국제정치경제 체제를 제로섬 게임의 장으로 인식하는 반면 다른 국가는 단순히 자신의 상대적 이익을 극대화하는 것에만 집중할 수 있다. 구조를 제로섬 게임으로 인식한 국가는 그렇지 않은 국가보다 군사력 향상에 더 관심을 가질 것이고 상대적 이익을 중시하는 국가는 경제성장과 국제교

---

77) Wendt, Alexander. 1999. Ch. 6; Wendt, Alexander. 1992 p. 424.

역 증가에 더 많은 노력을 기울인다. 행위자가 구조를 볼 때, 홉스의 틀을 사용하는지 아니면 칸트의 틀을 사용하는지는 외부세계에 대한 행위자의 인식, 즉 행위자가 어떤 신념(정체성)과 욕망(이익)을 가지고 있느냐에 달려 있다.

2.2.4 천연자원의 중요성

행위자가 구조에 대해 어떤 생각을 가지고 어떻게 행동하는지는 국가의 전략을 결정하는 과정이라고 볼 수 있다. 한 국가가 국가전략을 결정하는 데는 구조로부터의 영향과 국가의 인식체계뿐만 아니라 국가의 고유한 지리적 여건도 영향을 미친다. 특히 지리적 여건이 포함하고 있는 천연자원을 어떻게 활용할 수 있는가의 문제가 국가의 전략이 결정되는 데 중요한 요소로 작용한다. 국가전략의 범위를 생존과 관련된 국가안보의 보장으로 제한한다면 여전히 군사적 능력이 가장 중요한 요소임에는 틀림없지만, 안보가 확보된 기반 위에서 국가의 영향력을 확장시키는 것으로 범위를 확대한다면 군사력 이외에 다른 요소도 중요하게 된다. 비교우위에 기반을 둔 경제적 능력이나 기술력과 안정적 에너지 수급을 위한 천연자원에 대한 통제능력 등도 국가전략을 결정하는 데 영향을 미칠 수 있기 때문이다.[78]

맥킨더(Halford J. Mackinder)는 국제무대에서 국가가 영향력을 키우는 데 있어 천연자원의 중요성을 지적한 바 있다. 그는 20세기가 시작된

---

78) Schweller, Randall L. 1999. "Realism and the Present Great Power System: Growth and Positional Conflict Over Scarce Resources." in Ethan B. Kapstein and Michael Mastanduno (eds.) *Unipolar Politics: Realism and State Strategies after the Cold War*. New York: Columbia University Press. pp. 34-35; Morgenthau, Hans J. 1965. pp. 113-116; Spykman, Nicholas J. 1944. *The Geography of the Peace*. New York: Harcourt, Brace and Company. pp. 28-31.

1904년에 이미 미국과 러시아를 강대국으로 간주하였는데 그 이유는 이들 국가가 영토 내에 매장된 막대한 천연자원을 국가차원에서 전체적으로 통제할 수 있는 능력을 가졌다고 보았기 때문이다. 특히 러시아가 아시아와 유럽의 중심에 위치한 국가(pivot state)로서 풍부한 자원을 활용하여 군대를 양성할 수 있고 아시아와 유럽의 주변부에까지 진출함으로써 세계의 패권국가로 발전할 수 있다고 예상했다. 미국은 러시아를 통해 유럽지역에 대한 간접적 영향력을 행사하거나 파나마 운하를 건설하여 대서양 연안에서 개발한 자원을 태평양에서 활용할 수 있게 됨으로써 패권국가로 성장할 수 있을 것으로 예상되었다.[79] 스파이크맨(Nicholas J. Spykman)도 심장부(heartland)라는 개념을 사용하며 맥킨더의 중심지역(pivot region) 이론에 의견을 같이하였다.[80] 유럽과 아시아 지역에 대한 영향력을 가지고 그 지역에 매장된 천연자원을 성공적으로 통제할 수 있는 국가가 세계의 패권을 장악할 수 있다는 맥킨더와 스파이크맨의 견해에는 브래진스키(Zbigniew Brzezinski)도 동의한다. 브래진스키는 심지어 탈냉전 환경하에서라도 아시아와 유럽이 힘의 균형을 추구하는 투쟁의 장인 국제정치무대에서 가장 중요한 체스판으로 남아 있다고 주장하였다. 또한 천연자원에 대한 접근권과 그것이 가져올 잠재적 부가 행위자의 야망을 자극하여 제국주의나 국제적 경쟁구드를 부활시킬 동기가 된다는 점도 지적했다.[81]

교통 및 통신기술의 발달과 무역량의 증가로 물리적 거리나 국경 등

---

79) Mackinder, Halford J. 2004. "The Geographical Pivot of History." *The Geographical Journal*. Vol. 170. No. 4 (December) pp. 312-313.
80) Spykman, Nicholas J. 1944. pp. 38-40.
81) Brzeninski, Zbigniew. 1997. *The Grand Chessboard: American Primacy and Its Geostrategic Imperatives*. New York: Basic Books. pp. 31-35, 125.

의 지리적 요인이 국가의 행동에 미치는 영향은 과거보다 현저히 감소한 반면에 영토 및 영해에 매장된 천연자원의 중요성은 더욱 증가하였다. 천연자원은 국가가 차지하고 있는 일정한 영역 내에 존재하는 것으로서 기술력이나 경제적 능력, 군사력 등에 비해 국가가 인위적으로 조절 및 통제하기 어려운 특성을 가진다. 그러나 국가가 자신의 기술 및 경제, 군사적 능력을 발전시키는 데 반드시 필요한 요소이다. 이러한 이유 때문에 웬트는 천연자원을 "가공되지 않은 물질적 힘"(brute material forces)[82]으로 표현하고 있다. 국가는 자기 영토 안에 가지고 있는 천연자원 현황을 인식하는 정도에 따라서도 국제정치경제 체제 내에서 자신이 어떻게 행동할 것인가를 결정한다는 것이 웬트가 언급하고자 하는 부분이다.

절대적 우위를 강조하는 관점에서 행위자가 자신이 보유한 천연자원을 조절 및 통제할 수 있는 방법은 군사력에 기반한 것일 수밖에 없다. 천연자원의 부족을 인식한 행위자가 충분한 천연자원을 확보하고 싶어 한다면 자신보다 약하면서 풍부한 자원을 보유한 국가를 정복하려 할 것이다. 반대로 천연자원이 풍부한 국가는 자신의 자원을 지키기 위해 충분한 군사력을 보유해야만 한다. 상대적 이익과 협력 가능성을 강조하는 관점에서는 부족한 천연자원의 통제가 교역을 통해 가능하다고 여긴다. 자신에게 풍부한 천연자원을 수출하고 부족한 자원을 수입하려는 노력은 국제정치경제 체제에 대한 신념과 자국의 자원상황을 통제하려는 욕망으로부터 비롯된 행위인 것이다. 세계화로 상호의존이 강화된 국제정치경제 체제 내에서 천연자원 확보를 위해 군사력에 의존하는 방법은 매우 제한적이며 교역에 의한 천연자원의 조절 및 통제 역시 교

---

82) Wendt, Alexander. 1999. p. 111.

역 상대 국가와의 관계나 자국의 경제사정에 따라 다양한 어려움이 발생할 수 있다.

이처럼 통제가 어려운 천연자원에 대하여 영향력을 유지하려는 행위자의 욕구는 지정학적 전략(geo-strategies)으로 발전하고 다양한 수단에 의해 구현된다. 천연자원에 대한 필요성으로 인해 특정한 이해관계와 욕망을 가지게 된 국가는 그러한 인식체계를 적절한 정책으로 전환시키기 때문이다. 경제발전과 비교우위를 확보하기 위한 산업분야의 필요 때문에 천연자원을 확보하려는 국가의 노력이 외교정책과 관련을 가지는 이유가 이러한 논리로 설명될 수 있다. 무력에 의한 정복이나 교역을 통하여 천연자원을 확보하는 방안에 존재하는 제한점을 극복하기 위해서 국가는 다른 제3의 방법을 강구해야만 한다. 1980년대 중반부터 진행되어 온 국제금융통화시장의 자유화가 천연자원 확보를 위한 제3의 방법과 관계가 있다.

1980년대는 선진 산업화 국가들을 시작으로 자본에 대한 통제가 급격히 철폐되는 경향을 보인 시기였다. 자본 자유화의 경향은 1979년 영국이 40년간 지속되어 온 자본규제 제도를 철폐한 것으로부터 시작되었다. 호주와 뉴질랜드가 각각 1984년과 1985년에 영국을 따라 자본규제를 완화하였고 1990년까지 많은 유럽 국가들과 일본에서 자본 자유화가 진행되었다. 서구의 선진 산업국들을 중심으로 먼저 진행된 자본의 국제적 움직임에 대한 탈규제화는 1989년 5월 OECD가 단기간 금융거래를 포함한 모든 종류의 국제적 자본이동에 대하여 "자본이동 자유화에 대한 OECD 규범"(OECD Code of Liberalization of Capital Movements)을 마련하는 계기가 되었다. 이 같은 자본 자유화 움직임의 이면에는 미국과 영국, 일본의 세계금융시장에 대한 이해관계, 신자유주의적 경향의 강화, 경쟁적인 각국의 탈규제 전략 등과 같은 정치적 요소가 존재했다.[83] 자본의 이동이 자유롭게 된 국제정치경제 체제하에서 천연자원의 확보를 위해 각국의 자본은 자원에 대한 접근권을 가진 기업들에 대한 지분확보와 인수합병 노력을 강화할 수 있었다.

2.2.5 국제적 분업화

생산의 국제적 분업화는 개별 국가의 경제가 세계화되는 과정에서 나타난 기업활동의 특징을 일컫는 개념이다. 생산의 국제적 분업화는 주로 다국적 기업들의 활동에서 찾아볼 수 있다. 다국적 기업은 상품이나 서비스의 판매에서 이윤을 극대화하기 위한 방안으로 생산, 판매, 연구개발 등의 활동을 여러 국가에서 진행하고 있다. 이 과정에서 기업의 자본이나 국가의 노동력 및 제도와 같은 각종 생산기능과 경제적 요소가 국가의 경계를 넘어 지리적 측면에서 세계로 확산되었다. 그 결과로 세계경제는 기업의 생산체제라는 유기적 네트워크로 통합되는 현상이 발생했다. 이러한 생산의 국제적 분업화는 '생산의 세계화' 또는 '경제의 세계화'로도 불린다.[84]

가장 초기 형태의 국제적 분업은 식민지 개척시대에서 발견된다. 서구의 선진 공업국들이 아시아, 남미, 아프리카 등에 개척한 식민지로부터 1차 산업의 상품과 노동력을 공급받아 제조업 상품을 생산한 형태가 그것이다. 본격적인 생산의 국제적 분업화는 2차 세계대전 이후 개발도상국과 선진 산업국 사이에서 나타났다. 식민지 시대에 나타났던 1차 산업

---

83) Helleiner, Eric. 1994. *States and the Reemergence of Global Finance: from Bretton Woods to the 1990s*. Ithaca: Cornell University Press. pp. 146-147, 166.
84) Dicken, Peter. 2004. *Global Shift: Reshaping the Global Economic Map in the 21st Century*. New York: The Guilford Press. p. 9.

과 2차 산업 간의 단순한 교역 수준을 넘어 제조업 분야의 생산 과정에서 부품의 부분 가공이나 위탁 가공과 같은 세계적 규모의 생산 네트워크가 형성되기 시작한 것이다.[85] 한국이나 대만, 홍콩, 싱가폴, 멕시코, 동유럽 국가 등이 생산의 국제적 분업화에 참여하여 경제발전에 성공을 거두었다.

중국 또한 생산의 국제적 분업화를 통해 성공적으로 경제를 발전시킨 대표적 국가이다. 중국은 한국이나 대만과 같은 국가들에 비해서 국제적 분업화에 대한 참여가 늦었다. 하지만 경제개방의 속도가 가속화된 1990년대부터는 '세계의 공장'으로 불릴 만큼 생산의 국제적 분업화에서 가장 대표적인 국가로 자리를 잡았다. 중국에서 진행된 국제적 분업화의 특징은 분업의 대상이 생산 분야에만 국한되지 않았다는 점이다. 일찍이 1960년대부터 제조업 분야의 상품 생산에서 국제적 분업화에 참여한 한국이나 대만 등은 1990년대에 들어서는 제품의 연구개발 분야에서까지 선진국 기업들과 분업화를 형성할 수 있었다. 한국이나 대만, 홍콩, 싱가폴 등에서 제품 생산 분야의 뒤를 이어 제품의 연구거발 분야로까지 확장된 국제적 분업화는 '혁신의 세계화' 또는 '글로벌 혁신 네트워크'로도 불렸다.[86] 이들의 경험을 관찰한 중국은 경제개방의 초기부터 생산과 혁신의 두 분야에서 국제적 분업화를 병행하는 전략을 선택했다.

---

85) Dicken, Peter, Phillip F. Kelly, Kris Olds, and Henry Wai-Chung Yeung. 2001. "Chains and Networks, Territories and Scales: Towards a Relational Framework for Analysing the Global Economy." *Global Networks*. Vol. 1, No. 2; Henderson, Jeffrey, Peter Dicken, Martin Hess, Neil Coe, and Henry Wai-Chung Yeung. 2002. "Global Production Networks and the Analysis of Economic Development." *Review of International Political Economy*. Vol. 9, No.3. (August).

86) Ernst, Dieter. 2002. "Global Production Networks and the Changing Geography of Innovation Systems: Implications for Developing Countries." *Economics of Innovation and New Technology*. Vol. 11, No. 6.

생산의 세계화와 혁신의 세계화를 동시에 추진한 중국의 발전 전략은 중국보다 먼저 국제적 분업화에 참여했던 한국이나 대만 등이 경험한 경제발전의 기간과 단계를 단축시키기 위한 것이었다. 경제의 세계화와 국제 분업에 관한 김석관의 연구는 기업이 이윤을 극대화하기 위해 국경을 초월하여 진행하는 활동을 다음과 같이 세 가지 범주로 구분했다.[87] 첫 번째 범주는 판매 단계로 이 단계에서 국제적 분업에 참여한 기업들은 '세계적 교역망'(GTN: global trade network)을 형성한다. 역사적으로 이러한 세계적 교역망을 형성한 초기의 사례는 식민지 개척 시대로 볼 수 있다. 두 번째 범주는 생산의 단계이다. 이 단계에서 국제적 분업에 참여한 기업들은 '세계적 생산망'(GPN: global production network)을 형성한다. 1960년대 한국과 대만, 홍콩, 싱가폴 등이 서구 선진국의 기업들과 형성한 하청 생산이나 위탁가공의 형태가 이에 해당된다고 볼 수 있다. 세 번째 범주는 연구개발 단계이다. 이 단계에서 기업들은 새로운 제품을 기획하거나 그에 필요한 기술과 디자인을 개발하는 데 있어 '세계적 혁신망'(GIN: global innovation network)을 형성한다. GPN을 통해 생산에서의 기술과 노하우를 축적한 한국이나 대만 등의 신흥국 기업들이 1990년대에 들어 선진국 기업 제품의 설계까지 담당할 수 있게 된 것은 GIN의 실현이라고 볼 수 있다.

이 같은 세 가지 범주는 경제의 세계화 또는 국제적 분업화의 역사적 전개라는 측면에서 볼 때 GTN으로부터 GPN을 거쳐 GIN으로 점차 확장되어 왔다. 한 국가의 경제발전과 세계화 경로를 고려할 때도 역시 판매 단계에 가장 먼저 참여하고 다음으로 생산 단계에 대한 참여를 거쳐 기술

---

[87] 김석관. 2012. "경제의 세계화와 국제 분업에 관한 이론적 쟁점: 통합적 분석 틀의 모색." 『지역연구』 제28권 제2호. (6월) p. 116.

및 노하우의 축적과 경제발전이 어느 정도 진행된 이후에야 비로소 연구개발의 단계에 참여할 수 있게 된다. 상대적으로 경제수준이 낮고 국제적 분업화에 대한 참여가 늦었던 중국은 뒤처진 경제발전 수준을 빠르게 극복하기 위한 방안으로 생산 단계와 혁신 단계에 대한 참여를 병행하려고 노력했다. 낮은 임금 수준에 매력을 느껴 중국으로 진출하려는 해외 기업들에게 R&D 센터의 설립을 의무요건으로 부과하고 R&D 센터에 대한 대대적인 혜택을 제공한 것은 중국 정부의 그러한 의도가 반영된 정책이었다. 이러한 적극적인 유인 정책으로 인해 중국은 국제적 분업화에 참여한 목적을 비교적 성공적으로 성취할 수 있었다.

국제적 분업화로 선진국 경제와 기업들은 비용 절감과 이윤의 상승효과를 얻을 수 있었다. 개발도상국 경제와 기업들도 경제수준의 향상과 기술의 발전 기회를 획득하게 되었다. 이러한 장점에도 불구하고 국제적 분업화에는 부작용도 존재했다. 먼저 개발도상국이 국제적 분업화에 참여하기 위해서는 선진국 투자 기업들의 요구를 충족시키기 위하여 때로는 정부가 원치 않는 정책적 조정을 이행해야 할 필요도 있었다. 선진국 경제는 국제적 분업화로 인하여 제조업의 공동화 현상이 발생하고 노동력의 수요가 감소하여 실업률 상승을 경험하게 되었다. 선진국 경제가 경험한 국제적 분업화의 더 큰 부작용은 개발도상국이 혁신 역량을 발전시킴으로 인하여 전통적으로 유지되어 왔던 선진국과 개발도상국 간의 비대칭성이 감소했다는 점이다. 이 같은 비대칭성의 감소는 판매 단계에서 생산 단계, 그리고 연구개발 단계로 진행될수록 더욱 심각하게 진행되는 경향을 보였다.

미국 역시 중국과의 국제적 분업화 과정에서 동일한 부작용을 경험했다. 다년간의 국제적 분업화 결과로 중국은 이미 전자, 가전 등의 소비재 제조업 분야뿐만이 아니라 정보 및 통신, 자동차, 조선 등의 첨단기술 분야에서도 미국의 기업들을 위협하는 위치에 이르렀다. 그 때문에 미국의 정부와 기업들은 현재의 격차를 최대한으로 유지하기 위해 중국에 대한 견제의 필요성을 인식하고 핵심기술의 보호에 강한 관심을 가지게 되었다. 더 이상 미국 기업들의 대 중국 투자로 형성되는 국제적 분업으로부터 기술의 파급효과를 기대할 수 없게 된 중국은 투자정책의 변화를 모색했다. 필요한 핵심기술과 자원을 가진 기업에 투자를 진행함으로써 국제적 분업화를 형성한다는 것이다. 그러나 국제적 분업은 투자 기업과 투자 유치 기업의 이해관계가 조화를 이루어야만 성립이 가능하다. 첨단기술이나 천연자원 개발 분야의 중국 기업에게는 대미 투자가 시장의 확대, 기술 및 자원의 획득이라는 측면에서 매력적일 수 있다. 그러나 이 분야의 미국 기업들에게 중국 기업의 투자는 비용 절감이나 기술 획득, 자원 확보 등의 효과를 전혀 기대할 수 없는 것이며 시장 확대의 효과도 매우 미미한 실정이다.

2.3
국제무대의 구조와 행위자의 인식

국제정치경제 체제 안에서 중국과 미국이 차지하고 있는 지위, 그리고 이들이 가지고 있는 체제에 대한 인식을 분석하기 위해서는 행위자와 구조를 함께 살펴보는 이론이 필요하다. 구조적인 관점은 국제관계의 구조 안에서 행위자가 자신의 행동을 결정하도록 영향을 미치는 환경적 요소를 파악할 수 있게 한다. 환경적 요소를 파악함으로써 탈냉전 이후의 시대에 새롭게 중요성이 증대된 상대적 우위가 기존의 절대적 우위만큼이나 행위자의 행동을 결정하는 데 주된 역할을 하고 있다는 설명이 가능하게 된다. 행위자 중심의 관점은 특정 행위자가 구조에 대하여 어떤 신념을 가지고 무엇을 원하는가를 살펴봄으로써 그 행위자가 나타내는 행동을 이해할 수 있도록 한다. 한 국가가 국제정치경제 체제의 무정부적 특성을 홉스적 시각으로 인식하는지, 로크적 시각으로 인식하는지, 그렇지 않으면 칸트의 시각으로 인식하는지에 따라 그 국가의 정체성은 다르게 형성될 것이기 때문이다.

FDI와 관련된 중국과 미국의 입장과 구체적 정책을 살펴보려 하는 필자의 구조적 관점에 입각한 분석은 양국의 군사력이나 경제력과 같은 물질적 측면을 살펴보고, 행위자 중심의 관점에 의존한 분석은 양국의 인식체계나 정체성과 같이 주로 비물질적 측면을 살펴보는 효과를 가져온다. 탈냉전 이후 상호의존이 심화된 국제정치경제 체제하에서 생존의 문제는 더 이상 외부로부터의 군사적 침입에 대비하는 것만으로는 해결할 수 없다. 한정된 천연자원의 안정적인 확보와 비교우위를 지닌 고급기술 확보를 통해 경제발전을 지속할 수 있는 국가만이 독립된 국가로서 자율적인 주권을 유지할 수 있으며, 더 나아가 초강대국으로의 부상 또는 초강대국으로서의 지위를 유지할 수 있다. 미국과 중국은 모두가 이처럼 달라진 국제정치경제 체제에 대한 인식의 변화를 겪고 있으며 국제무대에서 자국의 위치와 영향력을 강화하기 위한 노력을 기울이고 있다.

상대적 우위의 중요성이 증대된 구조하에서 미국은 탈냉전 이후 유지해 온 유일한 초강대국으로서의 지위에 위협을 받고 있음을 인식하는 반면 중국은 일본이나 유럽연합 등과 더불어 미국에 대한 힘의 균형을 이룰 축으로 성장할 가능성을 자각하고 있다. FDI는 중국과 미국 모두에게 각자의 전략적 목표를 이루기 위한 도구로 활용될 수 있다. 지속적 경제성장에 반드시 필요한 천연자원의 안정적 확보와 제조업 관련 기술을 획득하기 위해 중국은 세계 각국의 관련 기업에 투자하거나 인수·합병하려는 시도를 하고 있다. 미국은 중국으로부터 유입되는 직접투자 자금을 국가안보 측면에서 해석하고 유일한 초강대국으로서의 지위를 유지하기 위해 통제하려는 입장을 보인다. 국제정치경제 체제의 패권을 유지하려는 미국과 그 패권에 도전하려는 중국의 전략이 해외직접투자 활동이라는 정책을 통하여 구현되고 있는 것이다.

이 책은 미국과 중국이 FDI를 통해 얻는 정치 및 경제적 효과와 그러한 효과로 인해 변화된 양국의 국제정치적 역학관계가 FDI를 매개체로 하여 표출되는 현상을 관찰한다. 미국과 중국은 FDI를 통한 생산의 분업화로 인하여 협력적인 관계를 유지해 왔다. 하지만 2000년대에 들어서면서 미국은 중국으로부터 유입되는 FDI를 규제하려는 보호주의적 정책을 강화하였다. 중국도 역시 미국의 보호주의 정책을 비판하면서 FDI 유입을 통제하는 제도를 마련하였다. 미국과 중국이 상대방으로부터 유입되는 FDI에 대하여 보호주의적 입장을 강화함으로써 양국의 경제 관계에서 갈등이 발생할 가능성은 더욱 증가했다. 갈등 가능성의 증가에도 불구하고 미국과 중국은 어째서 서로의 FDI에 대하여 보호주의적 입장을 강화하고 있는지 그 원인을 설명하는 것이 필자의 주된 목적이다. 또한 양국 관계에서 갈등의 가능성이 증가한 현실은 미국을 중심으로 형성된 기존의 단극적 국제정치경제 질서가 변화하고 있음을 반영하는 사례로도 볼 수 있다. 중국의 대 미국 FDI가 증가함으로써 미극이 보호주의적 경제정책을 강화하고 이에 대한 대응으로 중국도 보호주의적 제도를 새로 마련함으로써 양국의 관계에서 갈등의 가능성이 증가하고 있는 현실은 "국제적 상업활동이 국가 간의 평화에 기여하는가?"라는 국제정치경제학의 오래된 이론적 논쟁과도 연결된다. 따라서 미·중 간의 FDI 관계를 국제정치학 이론의 틀 안에서 살펴보는 필자의 연구는 다음과 같은 세 가지 효과를 거둘 수 있다. 첫째, 양국 관계가 변화된 양상을 살펴볼 수 있다. 둘째, 양국 관계의 변화를 통하여 향후 국제정치 체제의 변화를 가늠할 수 있다. 셋째, 국제적 상업활동이 국가 간의 평화에 기여한다는 기존의 국제정치적 시각을 제고하는 기회를 가질 수 있다.

먼저 미국이 중국으로부터 유입되는 FDI를 규제하도록 정책을 강화한 원인은 크게 세 가지로 나누어 설명할 수 있다. 첫째, 기국 내 경쟁기업들의 로비에 의한 결과라는 것이다. 중국의 기업들은 경제개방 이후 FDI를 유치함으로써 서구 선진국 기업들로부터 기술과 경영 노하우를 획득하여 경쟁력을 확보해 왔다. 이렇게 성장한 중국 기업들이 2000년대에 들어서면서부터는 정부의 전략적 지원하에 미국에 대한 FDI를 급격히 늘려 나가기 시작했다. 새로운 도전자와의 경쟁에 직면한 미국의 기업들은 중국 기업들을 견제하기 위해 여론을 조정하고 의회와 정책결정자에 대한 로비를 진행했다. 그 결과로 미 의회와 정책결정자들은 민감한 산업 분야에서의 FDI 유입을 규제하게 되었다는 설명이다. 이 설명은 국내 정치과정인 정부와 이익집단 간의 상호관계에 초점을 맞춘 것이다. 이 설명을 통해 우리는 정책결정자들의 인식이 변화되는 과정을 이해할 수 있다. 미국의 정책결정자들은 중국 경제의 성장이라는 외부요소를 국내 정치행위자인 이익집단과의 관계 과정에서 인식하게 되었다. 그러한 정책결정자들의 인식 변화가 중국으로부터 유입되는 FDI를 규제하는 정책적 변화로 이어진 것이다.

둘째, 미국 정부의 경제적 동기에서 비롯된 결과라는 것이다. 미국의 경제 당국자들은 중국과의 무역 불균형 해소를 가장 중요한 경제적 당면과제 중 하나로 인식하고 있다. 이를 위한 방안으로 미국은 중국에 대해 위안화의 평가절상을 지속적으로 요구해 왔다. 하지만 중국 정부는 미국의 요구대로 위안화의 가치를 급격하게 상승시키기보다는 점진적으로 절상한다는 입장을 견지했다. 그러한 중국의 미온적 태도를 압박하고 자신의 자체적 노력을 통해 무역불균형을 해소하기 위해 미국 정부가 중국으로부터 유입되는 FDI를 규제한다는 설명이다. 이러한 설명은 국내 문제 해결하려는 정책적 목표가 대외관계에까지 영향을 미치게 되는 과정을 보여 준다. 미국 정부는 경제위기를 극복하기 위해 중국과의 무역 불균형 해소를 목표로 삼았다. 무역 불균형 문제를 해소하기 위해서는 미국이 국내 경제의 경쟁력을 강화하는 방안을 강구할 수도 있었다. 하지만 미국의 정책결정자들은 중국에게 정책을 수정토록 요구하는 방법을 선택했다. 자신의 경제문제 해결을 위한 조정비용을 과거 일본이나 독일의 경우처럼 중국에게 부담시키려 했지만 중국은 미국의 요구를 수용하지 않았다. 따라서 미국 정부가 중국으로부터 유입되는 FDI에 대한 규제를 강화한 것은 경제 구조를 조정함에 있어 자신이 부담해야 하는 비용을 최소화하기 위한 노력이다.

셋째, 국가안보를 고려한 결과라는 것이다. 미국은 국제정치경제 체제에서 자신이 가진 패권의 독점을 유지하고자 한다. 반면에 중국은 국제무대에서 자신의 지위를 향상시켜 지도적 영향력을 확보하고 싶어 한다. 중국이 국제무대에서 지금보다 더 많은 영향력을 확보하기 위해서는 기존의 높은 경제성장 속도를 앞으로도 계속 유지하는 것이 필요하다. 따라서 중국은 경제성장을 지속하기 위해 필수적인 천연자원에 대한 통제력과 첨단기술 개발을 위해 FDI를 활용한다는 전략을 갖게 되었다. 반면 미국은 기존의 패권적 우위를 지속하고 잠재적 경쟁자인 중국과의 격차를 계속 유지하려는 동기에서 중국으로부터의 FDI를 규제하고 있다는 설명이다. 이 설명은 미국이 중국의 성장이라는 외부 요소를 자신이 가진 패권이 상대적으로 약화될 수 있다는 안보적 이해관계와 결부시키고 있음을 보여 준다. 자신의 패권이 확고하여 단극적 국제질서가 안정적이라고 믿었던 시기에 미국은 국가안보와 관련된 이해관계를 '비영합'(positive-sum)적 관점에서 인식했다. 이러한 인식은 미국이 개방된 자유시장 경제질서와 민주주의적 가치를 전 세계에 확산시키는 데 주력할 수 있도록 했다. 하지만 21세기에 들어선 이후 9/11 테러, 경제위기, 경쟁세력의 부상과 같은 현실을 경험하면서 미국은 국가안보를 '영합'(zero-sum)적 관점에서 인식하기 시작했다. 영합적 게임의 관점에서 패권을 유지하는 방법은 타국의 패권 가능성을 제거하는 것이다. 미국이 보호주의적 FDI 정책을 강화한 것은 자신과 패권을 놓고 경쟁할 가능성이 가장 높은 중국을 주요 천연자원과 핵심 첨단기술로부터 차단하기 위한 전략적 의지가 반영된 것이다.

　이처럼 미국의 FDI 유입 규제 강화는 중국의 성장을 견제하려는 정치적인 의도를 내포하고 있었기 때문에 중국 기업들에게 가장 많은 영향을 끼쳤다. 이는 중국 정부의 항의와 반발로 이어졌고 양국 정부가 정치적 갈등을 만들어 낸 원인으로 작용했다. 미국과 중국 간에 FDI와 관련된 갈등의 원인은 다음과 같이 두 가지로 나누어 설명할 수 있다. 첫 번째 원인은 양국의 경제력 차이가 좁혀졌다는 점이다. 경제를 비롯한 모든 면에서 격차가 분명했던 시기에는 미국이 중국을 견제할 필요성을 느끼지 않았고 비교적 너그러운 입장을 유지했다. 중국도 역시 대만문제를 제외하면 미국의 요구를 대부분 수용하는 모습을 보였다. 그러나 미국에 이어 세계 2위의 경제대국으로 성장한 중국은 정치적으로도 그에 상응하는 위상을 차지하고 싶어 한다. 또한 과거와 같은 수준의 경제성장 속도를 지속하기 위해 FDI를 활용하여 천연자원과 첨단기술에 대한 통제력을 확보하기 위한 노력을 기울이고 있다. 미국은 국제정치경제 체제에서 패권을 유지하기 위해 중국의 성장을 견제할 필요성을 느끼고 있다. 그러므로 미국은 잠재적 경쟁자인 중국과의 경제 및 기술적 격차를 가능한 한 오랫동안 크게 유지하려는 입장이라고 볼 수 있다. FDI를 통해 자원과 기술을 확보하려는 중국과 이를 저지하려는 미국의 이해관계가 충돌하여 갈등이 발생하고 있는 것이다.

　두 번째 원인은 양국의 생산 분업화 구조에 변화가 나타나기 시작했다는 점이다. 경제개방 이후로 중국은 값싼 노동력과 토지, 세제혜택 등을 제공하면서 경제성장에 필요한 서구 선진국의 자본을 유인했다. 이러한 경제성장 전략이 맺은 결실은 2000년대에 들어서면서 나타났다. 2006년부터 일본을 앞질러 세계 최대의 외환보유국 지위에 오른 중국은

2012년 연말을 기준으로 3조 3천억 불의 외화자산을 보유하고 있다. 제조업 상품 수출에 있어서도 중국은 2006년 미국의 수출규모를 앞질렀으며 2009년에는 독일을 넘어서 세계 최대의 제조업 상품 수출국이 되었다. 2001년 WTO에 가입한 이후 중국은 국제규범에 따라 외국 투자자본에게 제공하던 혜택을 폐지해야 했지만 자본 부족과 같은 경제적 충격을 경험하지는 않았다. 이미 중국 경제는 외국 투자자본에 특혜를 제공하지 않아도 될 만큼 충분한 자본을 보유한 상태였기 때문이다. 미국과의 생산 분업화에 있어서 과거에는 미국의 자본과 중국의 노동력이 양국의 부존요소로서 분업화의 조합을 형성하고 있었다. 하지만 2000년대에 들어선 후, 특히 경제위기 이후부터는 미국의 자본이 중국의 자본과 경쟁해야 하는 상황이 발생하고 있다. 때문에 양국에서는 서로의 FDI 투자 유입을 규제하는 움직임이 나타나기 시작했고 이로 인하여 환율조정, 보호주의 정책 완화 등과 같은 쟁점으로 정부차원의 갈등이 양산되고 있다.

    따라서 FDI로 인한 미·중 간의 갈등과 관계변화 사례를 FDI가 해당 국가 상호간의 평화적 관계에 기여하는가라는 IPE 이론의 문제에 적용한다면 다음과 같은 두 가지 조건을 고려한 설명이 가능하다. 첫째, FDI가 국가 간의 평화적 관계에 기여할 수 있으려면 해당 극가 사이에는 현저한 국력 격차가 존재하여 정치적 경쟁의 가능성이 낮아야 한다는 점이다. 한국과 미국 또는 일본과 미국의 관계가 이에 포함될 수 있다. 한국이나 일본은 군사적 동맹으로서 국가안보의 일정 부분을 미국에 의지하고 있는 입장이므로 미국과 정치적 경쟁구도를 형성할 의지와 능력을 모두 절대적으로 결여하고 있다. 따라서 설령 한·미 또는 미·일 간에 FDI를 규제하는 보호주의적 경향이 존재하더라도 그것이 정부차원의 정치적 불협화음이나 전쟁과 같은 더 심한 갈등으로 발전할 가능성은 매우 낮다. 미국의 패권이 강력하여 국제정치 질서가 확고하게 안정을 유지하던 시절에는 중국도 미국의 패권을 암묵적으로 인정할 수밖에 없었으므로 미·중 간에 갈등의 여지는 크지 않았다.

둘째, 해당 국가 사이에 국력의 격차가 적어 정치적 경쟁의 가능성이 높아질 수 있더라도 양국의 부존요소가 달라 국제적 분업화의 필요성이 높다면 FDI는 양국의 평화적 관계에 기여할 수 있다. 1990년대 초반까지 미·중은 생산 분업화의 필요성에 대한 이해관계가 일치했다. 미국 경제는 중국의 값싼 노동력과 지대를 이용하여 생산원가를 낮출 필요가 있었고 중국 경제는 경제를 성장시키기 위해 미국으로부터 투자자본을 유치하는 것이 필요했다. 이 때문에 양국 FDI의 전반적 흐름은 미국으로부터 중국으로 향하는 양상을 보였다. 그러나 성공적인 경제성장을 이루며 충분한 자본을 확보한 최근의 중국 경제는 미국의 자본에 의지해야 할 필요성이 과거에 비해 훨씬 줄어들었다. 2000년대 이후에는 오히려 정부가 확보한 자본을 지원받아 중국의 기업들이 미국에 대한 FDI를 급격히 늘려 가고 있는 실정이다. 중국의 대미 FDI 증가 속도가 미국의 대중 FDI 증가 속도보다 더 빨라진 것이다. 그러나 미국 경제는 중국으로부터 유입되는 FDI를 받아들여 생산의 분업화를 형성할 만한 동기가 충분치 않다. 미국에서 경제위기가 발생한 직후 짧은 기간 동안에는 중국으로부터의 투자자본 유입이 필요한 상황도 있었지만 이 같은 상황은 곧 양적완화 정책으로 극복되었다. 특히 첨단기술이나 주요 자원개발 분야에서 유입되는 중국의 FDI는 미국 경제에 생산 분업화를 위한 협력의 대상이라기보다 새로운 경쟁자의 시장진출이라는 위협요소로 인식되고 있다. 이러한 배경에서 미국이 중국으로부터의 FDI 유입을 규제하게 되었고 중국은 자유로운 시장개방의 원칙을 앞세워 미국 정부에 강한 반발 움직임을 보이는 것이다. 따라서 FDI가 국가 간의 평화적 관계에 기여할 수 있으려면 양국 사이에는 생산 분업화의 필요성이 존재해야만 한다.

표 1. FDI와 국가 간 평화 형성의 관계

		부존요소(factor endowment)의 조합	
		조화	부조화
국제무대에서	경쟁	평화	갈등
정치적 관계	비경쟁	평화	평화

위의 표는 FDI가 두 국가 사이의 갈등 증가에 영향을 미치는 경우는 두 가지 조건이 동시에 맞물린다는 사실을 보여 준다. 첫째, 양국 부존요소의 조합이 부조화를 이루어 상대방 국가와 상업적 관계 감소나 단절로 인한 영향이 크지 않아야 한다. 둘째, 양국이 국제정치 무대에서 패권을 다투는 경쟁관계에 놓여 있어야 한다. 국력의 차이가 현저하거나 동맹관계를 통하여 비경쟁적 관계에 있는 국가 간에는 부존요소의 조합이 조화를 이루지 않더라도 갈등을 만들어 낼 가능성이 낮다. 따라서 FDI가 국가 간 관계를 평화로 유도한다거나 아니면 갈등으로 유도한다는 기존 국제정치 이론의 주장은 이 같은 두 가지 전제조건을 고려할 때 보다 충분한 설명력을 갖게 된다.

그러나 위와 같은 2×2 테이블에 의한 설명은 국가 간의 관계가 변화되는 양상을 설명하는 데 있어서는 약점을 가진다. 이 책의 연구목적은 미국과 중국 간의 관계가 변하는 국면전환의 원인을 설명하는 것이다. 양국 관계는 상호의존이 증가함에 따라 일정 기간 동안 평화가 강화되는 추세를 보였지만 어느 순간부터 다시 갈등이 증가하는 양상을 나타내고 있다. 이러한 추세 변화 양상의 원인을 설명하려는 연구의 목적을 달성하기 위해서는 위에 제시된 "FDI와 국가 간 평화 형성의 관계"에 관한 2×2 표에 시간변수를 더하여 양국 관계를 역사적 관점에서 좀 더 자세히 살펴볼 필요가 있다.

 FDI가 두 국가의 평화적 관계를 증진시킨다는 자유주의적 국제정치 이론에 가장 이상적인 상황은 양국의 국력 격차가 크고 생산 분업화의 필요성이 높은 두 가지 요인이 동시에 결합된 경우이다. 이와는 반대로 만약 양국의 국력 격차가 크지 않고 생산 분업화의 필요성이 낮은 경우라면 양국 사이에서 진행되는 FDI가 서로의 보호주의적 정책을 자극하여 정부 차원을 갈등을 유발할 가능성이 높아진다. 이러한 상황은 FDI가 두 국가의 평화에 기여한다는 자유주의적 국제정치 이론에서 벗어난 것이다. 결국 자유주의적 관점의 FDI와 국가 간 관계에 대한 예측은 국제무대의 질서를 충분히 조정 통제할 수 있는 유일한 패권국가가 존재함을 가정한 이론일 수 있다고 판단된다. 또한 자유주의적 이론은 냉전시대와 같이 두 세력이 균형을 이룬 구조하에서도 적용이 가능할 수 있다. 그러나 그 적용은 어느 한 진영 내에서만으로 국한된다. 만약 FDI가 서로 균형을 이루는 상대들 사이에서 진행된다면 그로 인해 갈등이 일어날 가능성이 높아질 것이기 때문이다.

 이 책에서 필자의 목적은 FDI로 인해 미국과 중국 사이에서 갈등의 가능성이 증가하기 시작한 배경, 즉 국면전환의 원인을 설명하는 것이기도 하다. 위와 같이 국력의 격차와 생산의 분업화라는 두 변수만을 이용해 단순화된 설명은 그러한 국면전환의 양상을 설명하는 데에는 약점을 가진다. 양국 관계는 상호의존이 증가함에 따라 일정 기간 동안 평화가 강화되는 추세를 보였지만 어느 순간부터 다시 갈등이 증가하는 양상을 나타내고 있다. 양국의 관계에서 이러한 추세 변화의 원인을 설명한다는 목적을 달성하기 위해서는 양국 관계를 역사적 관점에서 좀 더 자세히 살펴볼 필요가 있는 것이다.

미국과 중국의 상호의존 수준은 1979년 외교관계를 정상화한 이후 현재까지 지속적으로 증가했다. 1장에서 제시된 그림 1과 그림 2는 1980년대 이후부터 현재까지 미국과 중국의 상호의존 수준이 계속 증가하고 있음을 양국 간에 진행된 FDI와 교역량으로 보여 주는 근거이다. FDI 규모와 상품교역 규모가 보여 주는 바와 같이 상호의존은 지속적으로 증가하였음에도 불구하고 양국의 관계는 평화를 향상시키는 방향으로만 일정하게 전개되지는 않았다. 1980년대부터 1990년대 전반까지는 상호의존의 증가와 함께 양국관계에서 갈등이 감소되는 추세였다. 그러나 2000년대를 전후로는 다시 갈등이 증가하는 경향을 나타내고 있다.[88]

그림 4. 구글 검색엔진 키워드 검색결과 빈도

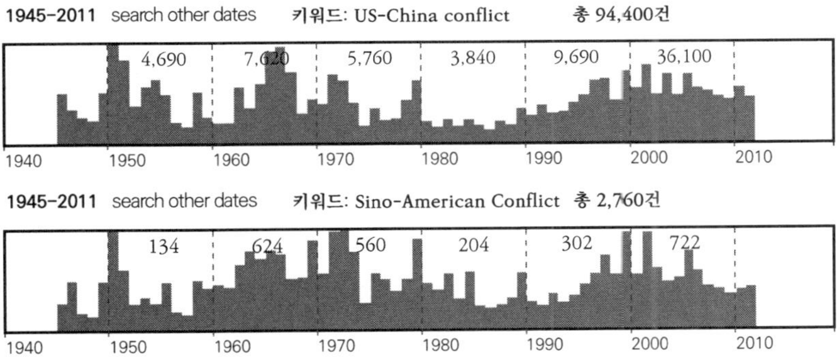
1945-2011 search other dates
키워드: US-China conflict
총 94,400건
4,690
7,620
5,760
3,840
9,690
36,100
1940
1950
1960
1970
1980
1990
2000
2010
1945-2011 search other dates
키워드: Sino-American Conflict
총 2,760건
134
624
560
204
302
722
1940
1950
1960
1970
1980
1990
2000
2010

위 그림은 구글 검색엔진을 이용하여 1945년부터 2011년 사이에 영

88) Kissinger. 2012. pp.493-497; Yan. 2010. pp. 273, 281.

문으로 작성된 신문기사와 논문, 웹페이지 등을 "미·중 갈등"(US-China conflict, Sino-American conflict)이라는 키워드로 검색한 결과이다. "US-China conflict"에 대한 전체 검색 건수 총 94,400건 중, 1980년대와 1990년대 전반의 검색 건수가 가장 적고, 그 이전과 이후 기간에 대한 검색 건수는 상대적으로 많다. "Sino-American Conflict"에 대한 검색 결과도 전체 2,760건 중, 1980년대와 1990년대 전반의 건수가 가장 적다. 1960~1970년대와 그 이전이 디지털 자료화의 수준 면에서 1980년대 이후에 비해 상대적으로 낮은 시기임을 감안하면 미·중 간의 갈등이 1980년대와 1990년대에 가장 낮았음을 간접적으로 알 수 있다. 냉전시대의 갈등이 양국의 국교 정상화를 계기로 완화되었다가 중국의 부상 및 미국 패권의 약화를 계기로 다시 악화되는 경향을 보이고 있다.

비록 냉전 시기이긴 했지만 외교관계 정상화는 양국 간의 협력 가능성을 열어 주는 계기가 되었다. 관계정상화 이후부터 현재까지 미국과 중국의 관계는 시간 흐름에 따라 상호의존과 갈등수준이라는 두 개념을 이용하여 아래 그림과 같이 표현할 수 있다. 1장에서 제시된 문제의식은 아래 그림에서 빗금으로 표시된 국면전환 부분과 관련되어 있다. 양국 외교관계의 국면전환에 대한 원인은 앞의 〈표 1. FDI와 국가 간 평화 형성의 관계〉에서 제시된 두 변수인 '국제정치적 관계'와 '부존요소의 조합'으로 설명이 가능하다.

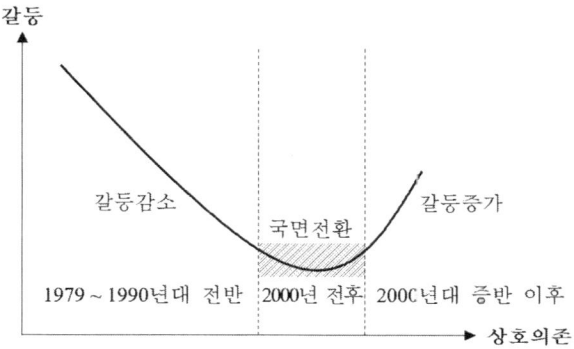

그림 5. 미·중 간 상호의존과 갈등 관계

　　미국의 자본과 중국의 노동력이 부존요소의 조합을 이루어 생산의 분업화가 심화되면서 1990년대 중반까지 양국은 협력의 수준을 점차 증가시켜 나아가는 추세를 나타냈다. 낙후된 중국을 경쟁의 대상으로 인식하지 않았던 미국은 자신이 주도하는 개방된 자유시장 질서에 중국 경제를 편입시키겠다는 전략하에 계속되는 중국과의 무역 불균형을 용인하였다. 중국도 미국의 패권을 암묵적으로 인정하는 대신에 미국이 제공하는 경제적 혜택을 바탕으로 급격한 경제성장을 이루었다. 1980년대부터 적자로 전환된 미국 경제의 재정과 무역수지는 1990년대 이후부터 적자 폭을 더욱 크게 넓혀 나갔다. 이와 더불어 2001년 9/11을 계기로 시작된 테러와의 전쟁에 소요된 대규모 전쟁자금은 이미 누적된 재정적자와 함께 미국 경제를 어렵게 만들었다. 대내외 불균형을 지속해 온 미국 경제와 빠른 성장을 지속해 온 중국 경제 사이에는 점차 경쟁적 요소가 증가하기 시작했다. 특히 2007년의 경제위기를 계기로 양국 경제의 경쟁적 관계는 극대화되었고 경제 부문의 경쟁은 상업적 경쟁의 수준에만 머무른 것이 아니라 정부차원의 갈등으로까지 확산되기어 이르렀다.

2.4
FDI로 인한 상호의존과 갈등

   사회과학 연구의 가장 주된 목표는 사회현상을 설명하고 그 현상에 대한 인과관계를 추론해 내는 것이다. 이 책의 연구목적도 역시 미국과 중국 간의 관계에서 갈등의 가능성이 증가하게 된 양상을 설명하고 양국 관계의 변화에 관한 인과적 추론을 진행하는 것이다. 이 같은 목적을 달성하기 위해서는 필요한 자료를 수집하고 그 자료의 특성을 간명하게 표현할 연구모델을 구성하는 것이 필요하다. 킹과 코헤인, 버바(Gary King, Robert O. Keohane, and Sidney Verba)는 모델이 변수와 연구단위, 관찰대상을 포함하고 있어야 한다고 설명한다.[89] 앞의 2장 3절에서 제시한 〈그림 5. 미·중 간 상호의존과 갈등 관계〉는 미국과 중국의 상호의존이 증가함에 따라 양국 정부 사이의 갈등 가능성이 어떻게 변화하고 있는가를 보여 주는 것이다. 이 그림을 통하여 필자가 관심을 가지는 변수와 연구단위를 알 수 있다. '상호의존'과 '갈등수준'을 각각 독립변수와 종속변수로 볼 수 있으며, 같은 절 〈표 1. FDI와 국가 간 평화 형성의 관계〉에서 제시된 '국제무대에서의 정치적 관계'와 '부존요소의 조합'은 조건변수가 된다. 정부 혹은 국가로서의 미국과 중국이 연구단위로 간주되어야 한다. 양국 간의 FDI는 독립변수인 상호의존을 간접적으로 측정하기 위한 관찰대상이다. 종속 변수인 갈등 수준은 FDI에 대한 양국 정부의 정

---

[89] King, Gary, Robert O. Keohane, and Sidney Verba. 1994. *Designing Social Inquiry: Scientific Inference in Qualitative Research*. New Jersey: Princeton University Press. p. 51.

책 변화를 관찰함으로써 간접적으로 추론될 수 있다. 미·중의 FDI에 대한 정책에서 보호주의적 경향이 강화될수록 양국 정부 간의 갈등이 증가할 가능성도 높아질 것이기 때문이다.

국가 간의 상호의존과 갈등수준의 인과적 관계를 추론하기 위하여 미국과 중국의 사례를 관찰하는 것은 단일사례 연구의 약점(the n = 1 problem)을 가진다. 단일사례 연구를 사용하여 국가 간의 상호의존 증가가 갈등수준을 감소시켜 양국 관계를 평화롭게 한다는 기존 이론을 검증하거나 문제를 제기하려면 다음과 같은 네 가지 한계에 직면하게 된다: (1) 본질적 가변성(Fundamental Variability), (2) 인과적 추론의 불확실성(Uncertainty of the Causal Inference), (3) 독립변수와 통제변수 간의 공선성(Collinearity between the Causal Variable and the Control Variable), (4) 독립변수의 변동성(the Variance of the Values of the Causal Explanatory Variable).[90] 킹과 코헤인, 버바는 단일사례 연구가 위와 같은 한계를 극복하기 위한 세 가지 대안을 제시하였다: (1) 다양한 연구단위의 관찰(Same Measures, New Units), (2) 단일 연구단위 내에서의 다양한 측정(Same Units, New Measures), (3) 연구단위와 측정의 다양화(New Measures, New Units).[91]

단일사례 연구의 단점을 해소하기 위하여 필자가 활용한 방법은 위의 세 가지 대안 중 두 번째에 해당된다. 미국과 중국이라는 연구단위는 그대로 유지한 채 양국의 상호의존과 갈등수준을 국면전환 시점을 기준으로 그 이전과 이후로 나누어 관찰하기 때문이다. 이처럼 단일한 연구단위 내에서 측정의 다양화를 추구하면 본질적 가변성과 독립변수의 변동성

---

90) King, Gary, Robert O. Keohane, and Sidney Verba. 1994. pp. 213-216.
91) *Ibid.* pp. 219-228.

에 관련된 한계가 극복될 수 있을 것으로 기대된다. 조건변수인 국제무대에서의 정치적 관계 및 부존요소의 조합과 독립변수인 상호의존 사이에 존재하는 공선성의 문제도 측정의 다양화를 통해 확인이 가능하다. 단일 측정의 경우에는 조건변수의 변화를 확인할 수 없지만 시점변화에 따른 측정의 다양화로 인해 미국과 중국의 국력 격차가 큰 수준에서 적게 변화되고 생산 분업화의 필요성도 높은 수준에서 낮은 수준으로 바뀌는 양상을 관찰할 수 있기 때문이다. 독립변수와 조건변수 사이에 공선성이 존재한다는 것은 두 변수의 관계가 긍정과 부정 중 어느 한 방향으로 일정하게 유지된다는 의미이다. 그러나 미·중 간의 관계에 있어서 상호의존은 계속 증가하는 일정한 경향을 유지하지만 양국 국력의 격차나 생산 분업화의 필요성은 그 경향이 반대로 바뀌는 양상을 보인다. 이는 독립변수와 조건변수 사이에 공선성이 존재하지 않음을 확인할 수 있는 근거가 된다.

 FDI와 국가 간 평화 관계에 관한 기존의 이론적 틀 안에서 냉전 종식 이후부터 현재까지 미·중의 FDI 교류 현황과 FDI로 인한 갈등, 그리고 FDI 규제의 강화를 살펴보는 작업은 다음과 같은 두 가지 효과를 얻을 수 있다. 우선 미국과 중국 간의 관계가 국제정치경제 질서 속에서 어떻게 전개되어 왔는지 전반적인 양상을 살펴볼 수 있다. 또한 FDI를 통한 양국의 협력적 조합에서 변화가 발생하기 시작하는 계기를 발견할 수도 있다. 해양석유공사-유노칼, 화웨이-3콤, 서북비철금속-퍼스트골드의 사례를 살펴보는 작업은 양국 관계가 FDI를 통하여 협력뿐만 아니라 갈등의 양상도 보여 준다는 사실을 관찰할 수 있게 한다. 2005년 해양석유공사가 유노칼을 인수합병하려던 시도와 2007년 화웨이의 3콤에 대한 인수합병 협상, 2009년 서북비철금속의 퍼스트골드 인수합병 협상에서 미국은 안보적 측면을 고려하여 중국으로부터 직접투자 자금이 유입되는 것을 통제하였고 중국은 그러한 미국의 입장이 중국 기업에 대한 차별이라는 비판을 제기했다.

이러한 사례들과는 달리 중국투자유한책임공사(CIC: China Investment Corporation, 中國投資有限責任公司)의 투자에 있어서는 금융위기에 직면한 미국경제가 유동성 공급의 필요성으로 인해 중국으로부터 유입되는 투자자금을 규제하지 않았다. 이 같은 경험은 민간영역인 경제행위에도 국가의 정치적 판단이 개입될 수 있으며 그로 인하여 국가적 차원의 갈등과 협력이 형성될 수도 있음을 보여 준다. 따라서 FDI가 국가 간의 관계를 평화와 갈등 중 어느 한 방향으로만 유도한다는 논리를 제시한 기존 이론은 양측 모두가 자신의 설명을 뒷받침하기 위한 특정한 조건을 보다 명확하게 제시할 필요가 있다.

이러한 맥락에서 해양석유공사-유노칼, 화웨이-3콤, 서북비철금속-퍼스트골드의 투자활동에 관한 자세한 관찰은 기존 이론에 대한 "해석적 사례연구"(DICS: the Disciplined Interpretive Case Study)가 될 수 있다. 또한 관찰시점의 변화는 없이 관찰대상인 중국과 미국 내에 존재하는 다른 특성을 살펴볼 수 있기 때문에 "공시적 단일개체 관찰 사례연구"(SOSU: a Synchronic Observation of a Single Unit)로도 분류할 수 있다.[92]

미국과 중국이 각각 2007년과 2011년에 강화한 외국인 투자 규제 법률은 양국이 서로 상대방 국가와의 FDI 교류를 규제하기 위한 노력

---

92) DICS에 관하여 Odell, John S. 2001. "Case Study Methods in International Political Economy." *International Studies Perspectives*. Vol. 2 No. 2 (May). pp. 163-165; Verva, Sidney. 1967. "Some Dilemma in Comparative Research." *World Politics*. Vol. 20, No. 1 (October). pp. 114-115를 참고. SOSU에 관하여 Gerring, John. 2004. "What is a Case Study and What is It Good for?" *American Political Science Review*. Vol. 98, No. 2 (May). p. 343을 참고.

을 제도화하고 있다는 사실을 보여 준다. 기존 액슨-플로리오 법(the Exon-Florio Amendment)의 수정안인 "외국인 투자와 국가안보에 관한 법"(FINSA: Foreign Investment and National Security Act of 2007)은 FDI를 통해 안보 관련 주요 기술과 자원이 외국으로 유출되는 것을 더 이상 허용하지 않겠다는 미국의 정책적 입장을 보여 주는 것이다. 이에 대한 반응으로 중국이 마련한 "외국투자자 경내기업 합병 안전심사 제도"(外国投资者并购境内企业安全审查制度 2011)와 이에 관련된 추가적인 입법활동은 중국 역시 자신의 주요 자원과 기술을 유출시키지 않겠다는 의지를 보여 주는 것이다. 양국에서 진행된 이러한 경제분야 법률의 강화 및 신설 움직임을 살펴봄으로써 FDI와 관련된 갈등이 일시적이고 단발적인 현상이 아니라 지속적이고 규칙적인 현상이 될 수 있다는 사실을 발견할 수 있을 것이다.

양국의 FDI 관련 현황을 살펴보기 위해 다음과 같은 자료를 이용했다. FDI의 세계적 추세를 살펴볼 수 있는 자료는 국제연합무역개발협의회(UNCTAD: United Nations Conference on Trade and Development)의 FDI 통계자료를 중심으로 국제통화기금(IMF: International Monetary Funds)과 경제협력개발기구(OECD: Organization for Economic Cooperation and Development)의 통계를 활용했다. 또한 양 국가의 개별적 FDI 통계자료는 미국 상무부의 경제분석국(BEA: Bureau of Economic Analysis)과 중국 상무부(中华人民共和国商务部)가 제공하는 자료를 사용했다. FDI와 관련된 중국과 미국의 대외전략 및 양국 관계에 관련된 자료를 살펴보기 위해서는 미 의회 분석보고서(CRS report: Congress Research Service report)를 중심으로 관련 서적과 학술논문, 뉴스기사를 참고했으며, 미국과 중국의 외국인 투자규제 법률에 관한 자료는 미 의회 도서관(Library of Congress)과 중국 중앙인민정부(中华人民共和国 中央人民政府)가 제공하는 법률안내 서비스를 참고했다.

제3장
중국 FDI의 미국 진출

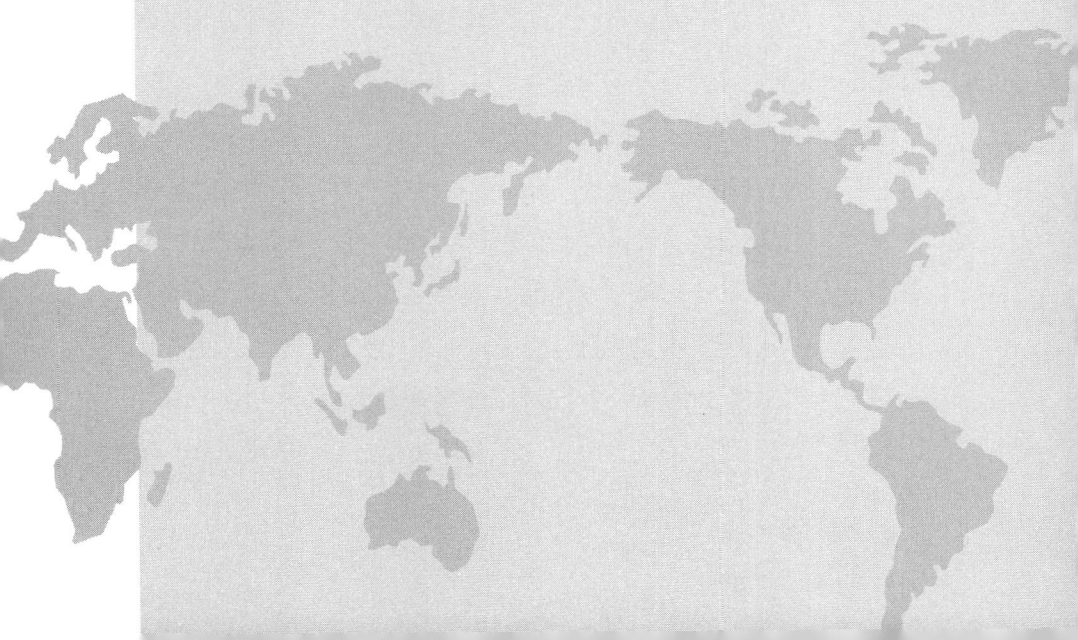

3.1
서론

　이번 장에서는 중국 기업들의 대미 FDI 진출 현황과 중국의 대미 FDI가 최근에 급격히 증가하게 된 배경을 설명한다. 또 그러한 중국의 성장에 영향을 받아 미국이 가진 중국에 대한 인식과 태도가 변하게 된 과정을 살펴볼 것이다. 2000년대에 들어와 중국의 기업들이 미국에 대한 FDI를 활발히 진행하면서부터 양국 간에는 FDI를 둘러싼 갈등이 증가하기 시작했다. 국가 발전과 국력 신장을 위해 과거의 빠른 경제성장을 지속해야 하는 중국 정부는 첨단기술과 천연자원 분야를 전략 산업으로 선정하고 이 분야에서 기업들의 FDI 진출을 집중적으로 지원하고 있다. 미국도 역시 첨단기술이나 에너지 및 희귀광물 개발과 같은 분야를 안보에 매우 중요한 산업으로 간주한다. 국가이익에 민감한 그와 같은 핵심 산업 분야에서 미국 정부는 중국 기업의 FDI 진입을 통제하려 노력하고 있다. 중국은 그러한 미국 정부의 태도가 자유무역에 기반한 국제경제 질서의 규범을 위반하는 것이라고 비판했다.

　닉슨(Richard Nixon) 대통령이 1972년 베이징을 방문한 후 미국은 정치뿐만 아니라 경제적 측면에서도 줄곧 중국에 대해 온건한 입장을 취해 왔다. 그 결과 중국과의 교역에서 발생한 무역적자는 아래 그림 6에서 볼 수 있는 바와 같이 1985년 약 600만 불에서 2012년 3,150억 불까지 지속적으로 증가하였다. 중국과의 상품교역 적자는 2012년을 기준으로 볼 때 미국의 전체 상품교역 적자인 7,279억 불에서 43%가 넘는 규모이다. 이 비율은 1990년 10%에서 1995년 19.5%, 2000년 18.5%, 2005년 25.8%, 2010년 43%로 점차 늘었으며 특히 2000년 이후에는 더 빠르게 증가했다.[93]

그림 6. 미국의 대중국 상품교역 적자 규모: 1985~2012(단위: 백만 불)[94]

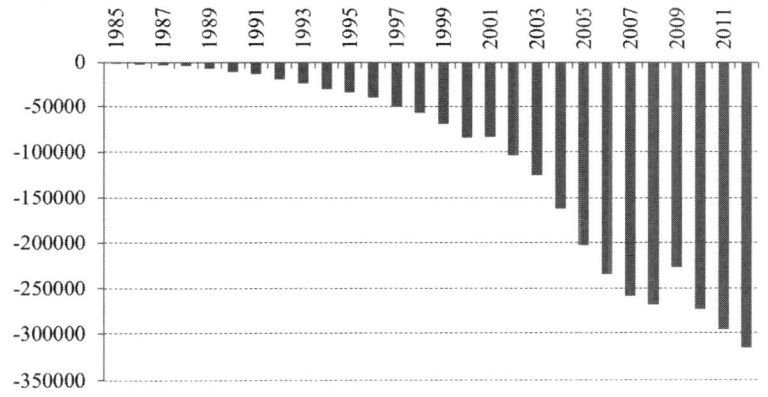

참고: 미 상무부 통계국

중국에 대해 유지해 왔던 미국의 너그러운 태도는 중국이 강대국으로서의 면모를 갖추면서 변화하기 시작했다고 볼 수 있다. 미국의 제조업계와 노동계가 중국의 경제정책과 중국 기업들의 시장활동에 대해 큰 불만을 가지게 되었다는 점 또한 미국의 중국에 대한 태도변화에 영향을

---

93) 미 상무부 통계국이 발표한 자료에 의하면 미국의 전체 상품교역 적자규모와 대중국 상품교역 적자규모의 구체적 액수는 각각 다음과 같다: 1990년 1,017억 불 – 104억 불, 1995년 1,734억 불 – 338억 불, 2000년 4,522억 불 – 838억 불, 2005년 7,827억 불 – 2,022억 불, 2010년 6,349억 불 – 2,731억 불.

94) US Department of Commerce. "Trade in Goods with China." 미 상무부 통계국 웹사이트 해외무역 자료. [http://www.census.gov/foreign-trade/balance/c5700.html] 검색일: 2013. 3. 3.

준 원인 중 하나이다. 2000년대에 들어서면서 미국의 노동계와 재계는 미국 정부가 중국에 대하여 관대함을 유지해야 할 시대는 이미 지났다고 지적하며 정부와 정치인들을 압박했다. 미 의회는 그러한 여론에 편승하여 2005년부터 중국의 경제활동을 견제할 다수의 법안을 새로 마련하는 등 다양한 노력을 시도하였다. 저평가된 위안화, WTO 규정 이행, 상쇄관세 부과, 지적재산권 보호, 국가안보 등이 미 의회가 마련한 법안들에 포함된 주요 쟁점이었다.

미 행정부도 중국의 경제성장과 국력신장에 대한 적절한 전략을 모색하기 위해 노력하였다. 중국의 WTO 가입과 발전된 경제로 인하여 미국과 중국의 관계가 새로운 국면에 접어들었음을 인식한 것이다. 미무역대표부(USTR: the United States Trade Representative)는 2006년 2월 Top-to-Bottom Review를 통해 중국과의 무역에 관한 의회와 행정부의 파트너십 강화를 요구하였다.[95] 이 보고서는 USTR이 앞으로 의회에 대하여 중국과의 경제관계에 관한 정기적 보고서를 제출하겠다는 약속과 동시에 중국 내에서 상주하며 직접 중국의 경제상황을 모니터링할 전문인력이 추가로 필요함을 강조했다.

---

95) United States Trade Representative. 2006. "US-China Trade Relations: Entering a New Phase of Greater Accountability and Enforcement." *Top-to-Bottom Review*. (February).

그림 7. 세계 4대 무역국(중·독·일·미) 상품 수출 규모 비교(단위: 백만 불)

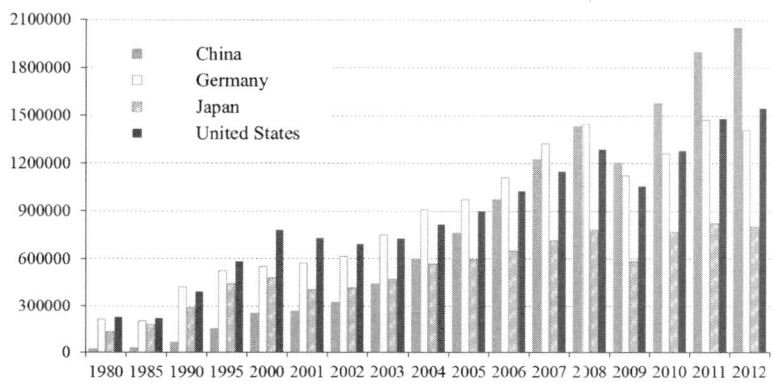

참고: 국제연합무역개발협의회(UNCTAD) 국제무역 통계

정재계와 노동계를 비롯한 미국 사회 전반에서 중국 경제를 견제하려는 분위기가 확산된 배경은 위의 그림 7을 통해서도 알 수 있다. 이 그림은 세계적으로 무역 규모가 가장 큰 국가인 중국, 독일, 일본, 미국의 상품 수출 규모를 비교한 것이다. 중국은 2004년에 9천1백억 불의 상품을 수출하여 일본의 수출 규모를 넘어섰으며, 2007년에는 1조 3천억 불로 미국보다도 많은 제조업 상품 수출을 기록했다. 또한 2009년에는 독일의 수출 규모까지 뛰어 넘어 1조 2천억 불의 상품을 세계시장에 수출했다. 2012년 중국은 상품 수출에서만 2조 불을 넘겨 세계 최대의 제조업 상품 수출 국가로서 미국 경제의 뒤를 바짝 뒤쫓고 있다.

무역활동으로 인한 미국과 중국 간의 갈등은 섬유 및 의류산업 분야로부터 시작되었다. 2005년 1월 1일을 기해 다자간 섬유협정이 종료되자 미국의 섬유 및 의류업계는 저렴한 중국 제품의 유입을 저지하기 위해 의회에 로비를 하는 등의 적극적인 노력을 진행했다. 2006년 미국 노동 총연맹 산업별 조합회의(AFL-CIO: American Federation of Labor and Congress of the Industrial Organization)가 부시 행정부에 제출한 청원서가 중국의 의류 및 섬유업계에 대해 지적한 문제점은 노동시장에 관한 것이었다. 중국의 기업들이 근로자들에게 최소한의 노동여건만을 제공하고 있으며 노동조합 설립과 파업을 금지함으로써 노동권을 침해하고 있다는 내용이었다. 이러한 열악한 노동조건으로 인해 중국의 기업들은 노동비용을 절반 이하 수준까지 낮출 수 있어 미국의 경쟁자들에 비해 낮은 가격 경쟁력과 높은 수익을 얻고 있다는 점이 지적되었다. 이를 시작으로 양국의 무역갈등은 가구, TV, 자동차 부품 등 다른 제조업 분야로도 확산되었다.

　미국 정부의 경제 당국자들도 그러한 국내 제조업계의 주장에 공감했다. 미국 정부의 경제 관료들은 2005년을 기준으로 2천억 불을 넘어선 중국과의 상품교역수지 적자가 6백억 불에서 8백억 불 수준까지 감소되기 위해서는 가장 먼저 위안화의 가치가 조정되어야 한다고 보았다. 이후 달러와 위안화 간의 환율 문제는 양국의 경제관계에서 가장 첨예한 갈등의 쟁점 중 하나가 되었다. 중국은 2005년 7월 이후부터 2012년까지 23% 이상의 위안화 평가절상을 점진적으로 진행하였다. 하지만 중국의 입장에서는 미국을 비롯한 서방의 위안화 평가절상 압력을 전적으로 수용하기만 할 수는 없기 때문에 위안화 평가절상의 속도를 늦추거나 보류하고 또는 역행하는 방식으로 평가절상의 속도를 조정하고 있다.

그림 8. 달러화 대비 위안화 가치 지표: 2005~2011[96]

환율을 둘러싼 양국의 줄다리기는 2011년 프랑스 칸에서 개최된 G20 정상회의에서도 그대로 드러났다. 정상회의 첫 날에 행해진 기조연설에서 후진타오 중국 국가주석이 미국과 서방 국가들을 향하여 위안화 평가절상에 대한 압력을 중단하라는 취지의 발언을 한 것이다.[97] 그러나 미국과 서방 국가 정상들의 입장은 중국과 달랐고 결국 후진타오 주석은 자신의 주장에서 물러설 수밖에 없었다. 이 회의의 마지막 날에는 위안화의 평가절상을 위해 주요 20개국이 함께 노력한다는 정상들의 합의

---

96) 중국환구무역(中国环球贸易) 웹사이트. "Chinese Yuan/US Dollar Exchange Rate Index, July 2005 – Nov 2011." [http://www.chinaglobaltrade.com/fact/us-china-trade-data-yuan-dollar-exchange-rate-index] 검색일: 2013. 4. 1.

97) 경향신문 인터넷판. 2011.11.4. " '위안화 평가절상 압력 말라' 후진타오 주석 G20 기조연설." [http://news.khan.co.kr/kh_news/khan_art_view.html?artid=201111042139145&code=970100] 검색일: 2013. 3. 10.

가 이루어졌으며 이 합의는 공동 선언문으로 채택이 되었다.[98] 위의 그림 8은 중국이 위안화의 평가절상을 시작하기 직전인 2005년 7월 21일을 기준으로 그 이후 위안화의 가치 상승을 미 달러화에 대비하여 표시한 것이다.

---

98) 동아일보 인터넷판. 2011.11.5. "위안화 평가절상 노력 G20 공동선언문 채택." [http://news.donga.com/Issue/List/01000000000070/ 3/01000000000070/20111105/41653936/1] 검색일: 2013. 3. 10.

3.2
중국의 대미 FDI 현황

　중국 상무부(中华人民共和国商务部)는 2008년까지 미국에 진출한 중국의 FDI 규모가 4억 6천2백만 불에 달했다고 발표했다. 이는 미국이 중국 FDI의 9번째 투자 대상국임을 보여 주는 것이다. 미국 경제분석국(BEA: The US Bureau of Economic Analysis)이 발표한 자료는 그보다 훨씬 높은 수치로 2008년에 미국에 투자한 중국의 FDI 규모를 약 12억 불로 추산했다. 양국의 관련 부처에서 이처럼 FDI 규모를 산정하는 데 큰 차이를 보이는 이유로는 크게 두 가지를 지적할 수 있다. 첫째, 중국 상무부의 FDI 통계는 투자자의 자발적인 신고에 기반을 두고 있다. 따라서 실제로 미국에 진출한 경우라 하더라도 상무부에 보고되지 않은 FDI는 통계에 포함되지 않을 수 있다. 둘째, 홍콩을 비롯하여 전 세계의 조세회피국으로 진출한 중국의 투자자본 중 상당 규모가 미국에 FDI의 형태로 유입되었기 때문이라고 볼 수 있다.

표 2. 중국 상무부와 미국 경제분석국의 중국 FDI 규모 통계 비교(2008년)

⟨중국 상무부: 중국 FDI의 국가별 진출⟩			⟨미국 경제분석국: 각국 FDI의 미국 유입⟩		
순위	국가	US$ 십억	순위	국가	US$ 십억
1	Hong Kong	38.64	1	UK	454.12
2	South Africa	4.81	2	Japan	259.57
3	British Virgin Islands	2.10	3	Netherlands	259.39
4	Canada	1.89	…	…	…
5	Singapore	1.55	28	Hong Kong	3.97
6	Cayman Islands	1.52	29	Taiwan	3.90
7	Macau	0.64	30	UAE	2.74
8	Kazakhstan	0.50	31	Australia	2.41
9	USA	0.46	32	China	1.24

참고: 중국 상무부, 미국 경제분석국

예를 들어 홍콩에 투자된 FDI의 약 2/3가량이 애초부터 다른 지역을 목적지로 염두에 두고 홍콩을 경유지로 삼아 중국으로부터 이동한 자금이라는 견해가 지배적이다.[99] 투자이윤의 본국 송환 시에 부과되는 세금을 회피하기 위한 방법으로 중국의 투자자금이 홍콩의 기업이나 투자자를 경유하여 최종 목적지로 재투자되는 투자 행태를 띠고 있는 것이다. 위의 표 2는 중국 상무부와 미국 경제분석국이 제시한 FDI 관련 통계자료를 정리한 것이다. 이 표를 통해 미국에 진출한 중국의 FDI 규모를 양국 정부가 달리 산정하고 있음을 알 수 있다.

아래의 그림 9는 2010년 중국의 전체 FDI 규모 680억 불이었음을 보여 준다. 이는 2009년과 비교해 8.4%가 상승한 것이며, 1982년 이

---

99) The American Chamber of Commerce in Shanghai. 2010. "Viewpoint." *China Trends*. (June).

후로 매년 평균 약 67%씩 매우 급격한 성장을 보여 주고 있다. 중국의 전체 FDI 중 미국에 대한 투자 규모는 1.8% 정도에 불과하여 매우 적은 비중을 차지한다. 그러나 2000년대 이후 중국이 미국 경제에 중요한 투자자로 등장한 것은 분명한 사실이며 그 증가세 또한 뚜렷하다.[100] 1999년 3억 불에 못 미치던 중국의 대미 투자가 2008년에는 12억 불을 넘어 4배 넘는 성장을 기록했다. 특히 홍콩이나 케이맨 제도(Cayman Islands)와 같은 텍스헤븐(tax heaven)을 경유하여 공식적으로 중국의 투자자본임을 확인하기 어려운 중국의 2009년 대미투자 규모는 39억 불에서 64억 불로 계산되기도 한다.[101] 또한 이 그림은 2007년 이후 시작된 전 세계 경제침체로 인한 미국 달러의 유동성 축소가 중국의 투자자본에게는 새로운 기회가 되고 있음을 보여 준다. 그 기회는 투자 규모라는 양적 측면에서만이 아니라 질적인 측면에서도 중국에게 매우 유리하게 작용했다.

---

100) Chin, Gregory and Eric Helleiner. 2008. "China as a Creditor: A Rising Financial Power?" *Journal of International Affairs*. Vol.62, No. 1 (Fall).
101) The American Chamber of Commerce in Shanghai. 2010. p. 3; 비공식적 통계로 영국의 조세 회피처 반대운동 NGO인 '조세정의 네트워크'(Tax Justice Network)에 의해 추산된 중국의 자금이 1조 2천억 불에 달하는 점을 감안하면 텍스헤븐을 경유하여 미국으로 투자된 중국의 FDI 규모는 더 커질 수도 있을 것으로 판단된다.

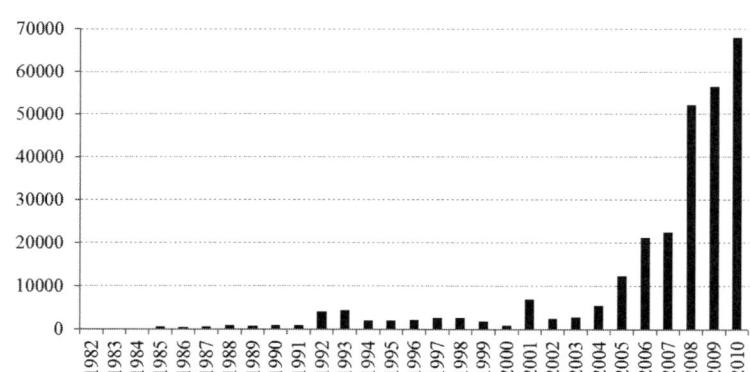

그림 9. 중국의 전 세계 FDI 규모: 1982~2010(단위: 백만 불)

참고: 국제연합무역개발협의회(UNCTAD) FDI 통계

아래의 표 3은 2000년 이후부터 2012년까지 미국에 진출한 중국 기업의 FDI를 산업별로 구분해 정리한 것이다. 이를 살펴보면 중국의 기업들은 IT 분야와 전자 및 가전, 항공 및 자동차, 에너지 분야에서 가장 활발하게 미국으로의 진출을 추진하고 있음을 알 수 있다. 이는 단순한 시장 진출의 차원을 넘어 해당 분야에서 미국 기업들이 보유한 기술이나 노하우를 획득하고자 하는 중국 기업들의 의도를 보여 주는 현상이다. 또한 투자 규모 면에서는 에너지 부문에 대한 진출이 압도적이다. 특히 글로벌 금융위기 이후인 2008년부터 에너지 부문에 투자된 액수는 83억 5천만 불로 2000년 이후 투자된 전체 금액인 87억 6천만 불의 95% 이상을 차지한다.

표 3. 중국의 대미 FDI 산업별 현황: 2000~2012

산업분야	건수	비율(%)	금액(백만 불)	비율(%)
IT	114	18.04	1413	6.11
전자/가전	94	14.87	2053	8.87
항공/자동차	86	13.61	1783	7.71
에너지	75	11.87	8758	37.85
소비재	74	11.71	2239	9.68
금융	48	7.595	764	3.30
기본소재	39	6.171	1450	6.27
보건/의료	37	5.854	550	2.38
교통/건설	25	3.956	37	0.16
부동산/오락	24	3.797	3973	17.17
농림수산/식품	16	2.532	120	0.52
합계	632	100	23140	100.00

참고: 미 상무부 통계국

미국에 진출한 중국 기업의 FDI는 2009년 한 해 동안에 진행되었던 사례만을 살펴보더라도 그 면면이 매우 화려하다. 중국의 국영기업인 북경 자동차 그룹(北京汽车集团, BAIC: Beijing Automotive Industry Holding Co. Ltd.)은 GM이 소유한 SAAB의 중소형 자동차 부문을 2억 불에 인수·합병하였다. 이어서 경서중공(京西重工, BWI: Beijing West Industries Co. Ltd.)도 자동차 부품 생산업체인 델파이(Delphi Corporation)사의 두 개 사업을 1억 불에 인수했다. 경서중공은 델파이를 인수하기 위하여 정부와 민간이 합작투자 형식으로 설립한 기업이었다. 이 합작투자 계약에는 중국의 서우강그룹(首钢集团, Shougang

Group)이 51%의 지분을 가졌고, 베이징 지방 정부와 티엔바오 그룹 (天宝集団, Tempo Group)이 각각 25%와 21%의 지분으로 참여했다. 중국 최대의 호텔기업인 진쟝주점(上海錦江酒店國際(集團)有限公司, Shanghai Jinjiang International Hotels Holdings Co. Ltd.)은 미국의 세이어(Thayer Lodging Group)와 공동으로 인터스테이트 호텔 (Interstate Hotel and Resorts)을 3억 1천만 불에 인수하기도 했다. 또한 중국투자공사(中国投资有限责任公司 CIC: China Investment Corporation)는 재생에너지 기업인 AES Corporation의 지분을 15% 인수했다. AES의 지분 15%는 CIC가 인수할 당시에 1억 2천6백만 불이 었지만 불과 1년 뒤에는 16억 불로 상승하여 엄청난 투자이익을 발생시켰다. 이후에 CIC는 추가로 5억 7천만 불을 투자하여 AES의 풍력발전 사업에 35%의 지분을 확보하게 된다.

CIC는 중국 정부가 보유한 2조 달러 이상의 외환보유고를 활용하기 위하여 2007년 9월부터 설립하여 2,890억 불을 자산으로 보유한 세계 최대의 국부펀드 중 하나이다. 미국증권거래위원회(SEC: Securities and Exchange Commission)의 자료에 따르면 CIC가 2009년 미국 기업에 투자한 사례는 84건으로 금액으로는 총 96억 불을 초과한다.[102] CIC는 투자의 대부분을 에너지 및 자원, 금융 및 부동산, 첨단기술과 같은 특정 분야에 집중하였다. 에너지 및 자원 분야에서는 대표적으로 텍-리소스 (Teck Resources Ltd.)에 35억 불, 베일 SA(Vales SA)에 4억 9천8백억 불, 금융 및 부동산 분야에서는 모건 스탠리(Morgan Stanley)에 18억 불, 블랙락(Blackrock)에 17억 불, 첨단기술 분야에는 애플(Apple)과 모

---

102) 미국증권거래위원회(USSEC: US Securities and Exchange Commission)의 EDGAR System. 2010. "Quarterly Report Filed by Institutional Managers, Holdings Acc-no: 0000950123-10-009135. (34 Act)." Filings no. 13F-HR. (February 5).

토로라(Motorola), 화이자(Pfizer), 존슨앤존슨(Johnson & Johnson)에 2천2백만 불이 투자되었다.

이처럼 미국에 FDI를 진행한 중국 기업들은 다음과 같은 두 가지 효과를 얻을 수 있었다. 첫 번째 효과는 기업의 자산을 확보하게 되었다는 것이다. 두 번째 효과는 양적 및 질적인 측면에서 기업활동의 기회를 증대했다는 점이다.[103] 기업이 가진 자산에는 기술이나 노하우, R&D 시설, 지적 재산권, 경영 전문성, 인적 및 물적 자원, 브랜드 파워, 판매망 등이 포함된다. 중국 기업들은 이러한 자산을 미국 기업을 인수·합병함으로써 비교적 손쉽게 획득할 수 있었다. 또한 새롭게 획득한 자산을 활용하여 기존의 제품 생산능력을 향상시키고 해외 시장 개척에 필요한 제품 개발을 빠르게 진행할 수 있다. 기업활동 기회의 확대는 새로운 시장의 개발로 이어진다. 새로운 기술이나 노하우는 기업의 약점을 보완하여 선진국 시장의 요구에 대응할 가능성을 높일 수 있기 때문이다. 회사의 규모를 키워 인지도를 높이는 기회가 되며, 무역 장벽을 회피하는 방법이기도 하다. 인수·합병을 통해 향상된 기술과 생산성은 다른 개발도상국으로의 진출을 용이하게 한다. 또한 중국 정부뿐만 아니라 인수·합병된 기업이 속한 국가의 지원을 기대할 수 있게 된다.

중국의 FDI는 사실상 전 세계의 모든 지역을 대상으로 진출하고 있다. 아프리카와 남미, 호주에 대한 투자는 주로 천연자원이나 에너지 분야에 집중되고 있으며 유럽이나 북미, 동아시아에 대한 투자는 첨단기술 분야에 초점이 맞춰지고 있다. 특히 미국에 대한 투자가 2000년대 중반 이후 급격히 증가하고 있는 이유는 몇 가지로 나누어 볼 수 있다. 첫째, 중

---

103) Luo, Yadon, Max Cacchione, Marc Junkunc, and Stephanie C. Lu. 2011. "Entrepreneurial Pioneer of International Venturing: the Case of Huawei." Organizational Dynamics. Vol. 40. p. 67.

국이 세계경제에 편입되는 과정에서 자연스럽게 나타난 중국 기업과 정부의 정책적 전략이라는 점이다. 둘째, 경제위기로 인한 미국 경제의 자산가치 하락이 중국 투자자금의 미국 진출을 용이하게 했다. 셋째, 미국의 각 주 정부가 개별적으로 제공하는 투자 유인책이 중국 투자자들의 관심을 증폭시켰다.

3.3
중국 FDI의 미국 진출 증가 배경

 2000년 이후 급격히 증가한 미국에 대한 중국의 투자자금은 막대한 수출과 무역흑자를 통해 축적된 외환보유고로부터 조성된 것이었다. 경제개혁 초기였던 1970년대 후반 20억 불 수준에 머물렀던 중국의 외환보유고는 1996년 1,000억 불, 2006년 1조 불을 초과하였고, 2011년에는 3조 2천억 불을 넘어섰다.[104] 원자바오(溫家寶 Wen Jiabao) 총리는 2009년 2월 1일 파이낸셜타임즈(the Financial Times)의 편집장인 바버(Lionel Barber)와의 인터뷰에서 중국이 외환보유고의 관리방식에 변화를 주고 있다고 언급했다. 주로 미국채에 투자되던 외환보유고를 활용해 대외무역과 대외투자에 지원함으로써 선진장비와 기술 도입에 박차를 가한다는 것이다. 원자바오 총리는 또한 중국이 외환보유고를 해외로 재투자 하려는 정책이 중국의 국내 경제를 성장시키는 것뿐만 아니라 글로벌 위기로 침체된 세계경제를 회복시키는 데도 도움이 될 것이라고 주장했다.

 2005년 이전까지 중국은 보유한 외환보유고로 대브분 미국의 국채를 매입하는 데 집중했다. 그러나 미국의 재정적자 규모가 증대되어 달러화 가치의 불안정성이 높아지면서부터 투자 리스크를 감소시킬 방안을 모색했다. 미국 국채에 집중된 투자의 리스크를 완화하는 방안은 포트폴리

---

[104] IMF 웹사이트. "Data Template on International Reserves and Foreign Currency Liquidity by Topic." [http://www.imf.org/external/np/sta/ir/IRProcessWeb/topic.aspx] 검색일: 2013. 3. 10.

오 투자전략을 채택해 투자의 방법과 대상을 다양화하는 것이었다.[105] 그러한 투자전략을 이행하기 위해 중국투자공사(CIC)나 화안기금(Hua An Fund)과 같은 국부펀드가 설립되었다. CIC는 재정부가 중국인민은행으로부터 차입한 자금으로 설립되었기 때문에 재정부의 영향력하에서 운영되는 것으로 볼 수 있다. 화안기금도 역시 중국인민은행이 보유한 외환의 일부를 해외자산에 투자하고 있으므로 중국인민은행의 통제로부터 자유로울 수 없다.

국채매입이나 포트폴리오 투자에 비해 비교적 장기간의 투자기간이 소요되는 그린필드 투자나 인수·합병과 같은 FDI에 대한 통제는 국무원 산하의 국유자산감독관리위원회(国务院国有资产监督管理委員会, SASAC: The Chinese State-Owned Assets Supervision and Administration Commission)가 담당한다. 중국해양석유총공사(CNOOC), 중국석유천연가스유한공사(中国石油天然气股份有限公司, PetroChina Company Limited), 중국석유화공유한공사(中国石油化工股份有限公司, China Petroleum & Chemical Corporation) 등과 같은 국영기업과 국영기업이 지분을 가진 민간기업의 해외직접투자가 SASAC의 관리감독을 받고 있는 것이다.[106]

중국 상무부의 자료를 정리한 아래의 표 4에 의하면 2003년부터 2010년까지 미국으로 유입된 중국의 FDI는 총 230건이며, 그중 170건을 민간

---

105) Financial Times 인터넷판. 2009. 2. 2. "Transcript: Wen Jiabao." [http://www.ft.com/cms/s/0/795d2bca-f0fe-11dd-8790-0000779fd2ac.html#axzz2W9LiOPis] 검색일: 2013. 5. 1.

106) 劉小玄. 2001. 『中國企業發展報告』 北京: 社會科學文獻出版社. pp. 111-112; 馬建堂, 劉海泉. 2000. 『中國國有企業改革的回顧與展望』 北京: 首都經濟貿易大學出版社. p. 102; 金碚. 1997. 『何去何从-当代中国的国有企业问题』 北京: 今日中国出版社. pp. 13-58.

기업이 추진한 것으로 나타난다. 그러나 중국의 대미 해외직접투자를 투자 건수가 아닌 투자금액으로 살펴보면 전체 금액의 65%가 국영기업에 의해 진행되었음을 알 수 있다. 더구나 중국은 국가의 지분이 20% 미만인 기업을 민간기업으로 분류하기 때문에 필요하다면 민간기업이라 할지라도 정부의 통제가 가능할 수 있다. 미 의회와 행정부가 강조하고 있는 국가안보와 사회간접자본 보호에 관련된 분야에서의 직접투자는 천연자원, 에너지, 정보통신, 자동차 등과 같이 대규모의 투자자본이 소요되는 경우가 많기 때문에 국영기업이나 대형 민간기업에 의해 진행될 수밖에 없다.

표 4. 소유주체에 따른 중국의 대미 FDI 구성: 2003~2010[107]

		그린필드 투자		인수합병		합계	
		건/규모	비율	건/규모	비율	건/규모	비율
투자건수 (건)	국영기업	33	30%	27	22%	60	26%
	민간기업	76	70%	94	78%	170	74%
	계	109		121		230	
투자액수 (백만 불)	국영기업	1740	66%	5793	64%	7533	65%
	민간기업	913	34%	3227	36%	4140	35%
	계	2653		9020		11673	

21세기가 시작되면서 중국 정부가 추진한 '주출거'(走出去, Going-Out) 전략은 미국으로 유입된 중국 FDI 증가의 또 다른 요인이었다. 이 전략의 초기에는 천연자원과 에너지 산업 부문이 중국 FDI의 해외진출을 주도했으며 최근에는 정보통신과 같은 첨단산업 부문의 FDI가 활발한 해

---

[107] Rosen, Daniel and Thilo Hanemann. 2011. "An American Open Door?: Maximizing the Benefits of Chinese Foreign Direct Investment." *Asia Society*. Special Report. (May). p. 33.

외 진출을 진행하고 있다.[108] 경제성장의 속도를 유지하기 위해서는 제조업 발전에 필수인 천연자원을 양과 가격 측면에서 안정적으로 확보하는 것이 중요하기 때문에 정부가 주도적으로 대형 국영기업의 FDI를 권장했다. 또한 석유와 같은 주요 천연자원은 수출국과 수입국 간의 관계가 국제무대에서의 정치적인 관계에까지 영향을 미칠 수 있다는 점도 중국 정부가 천연자원 확보를 위한 FDI를 가장 먼저 추진한 이유가 될 수 있을 것이다.

최근에는 주출거 전략의 초점이 천연자원 및 에너지 분야에서 첨단 산업 분야로 옮겨 가는 추세를 보이고 있다. 그 이유는 오랜 기간 동안 유지된 미국이나 서방 선진국들과의 무역 불균형 관계를 해소하라는 요구와 이에 관련된 위안화의 평가절상에 대한 요구가 중국 정부에게 정치적 압력으로 작용했기 때문이다. 또한 이제껏 유지했던 제조업 분야의 가격 경쟁력이 인도, 베트남 등과 같은 신흥개발도상국가들로부터 도전을 받기 시작했기 때문에 제조업 중심의 기존 산업구조에 변화를 모색해야 할 필요가 있었다. 이에 따라 2011년 3월 발표된 제12차 5개년 경제개발계획에서는 경제발전 모델의 전환을 목표로 하고 있다.[109] 국가 산업구조의 질적 도약을 위하여 정부가 해운, 자동차, 전자, 정보통신, 바이오, 대체 에너지 등과 같은 고부가가치 첨단 산업 분야에서 기술혁신에 필요한 최대한의 지원을 제공하겠다는 것이 제12차 5개년 경제개발 계획의 핵심이다.

---

108) Ibid. p. 20-21.
109) 人民日報 인터넷판. 2011.3.17. "국가 경제사회 발전을 위한 제12차 5개년 계획(我国国民经济和社会发展十二五规划纲要)." [http://news.sina.com.cn/c/2011-03-17/055622129864.shtml] 검색일: 2013. 1. 29.

3.3.1 중국 경제의 세계화 정책('走出去'战略, Going-Out Policy)

중국의 빠른 경제성장은 수출을 중심으로 한 무역량의 증가가 가장 큰 원인이었다. 이러한 과거의 경제성장 추세를 지속적으로 이어 나가기 위해 중국은 노동집약적 제조업 분야 산업의 수출에 의해 주도되었던 과거의 경제발전 모델에서 자본과 기술이 집약된 첨단기술 분야 산업의 수출이 중심이 된 미래형 경제발전 모델로 전환한다는 발전전략을 수립했다.[110] 노동집약적 제조업 분야에 비하여 서구 선진국과의 격차가 상대적으로 크게 벌어진 첨단기술 산업을 발전시키기 위해 가장 필요한 것은 핵심기술을 획득하는 것이었다. 그러나 중국의 정부와 기업들은 과거 20여 년의 경제개방 경험으로부터 FDI 유치를 통한 기술이전 효과에는 한계가 존재한다는 점을 인식하고 있었다. 따라서 중국 정부는 핵심기술을 보유한 해외 기업들을 인수·합병하도록 국내 기업의 대외 진출을 유도하고 이를 적극 지원하는 정책을 마련했다. 무역 규모의 팽창에 뒤를 이은 투자자본의 대외 진출 확대는 중국 경제가 세계경제와의 통합 수준을 더욱 심화시키고 있다는 것을 의미한다.

주출거 전략은 21세기를 맞아 중국 중앙정부가 공표하여 추진하고 있는 중국 기업의 해외진출 권장을 위한 정책기조이다. 이 전략은 2001년 9월 남동부의 항구도시 샤먼(廈门)에서 열린 투자무역박람회에서 개회사를 맡았던 당시 전국인민대표회의 부총리 우방궈(吳邦國, Wu BangGuo)

---

110) Holslag, Jonathan, Gustaaf Geeraerts, Jan Gorus, and Stefaan Smis. 2007. "Chinese Resources and Energy Policy in Sub-Saharan Africa." Report for the Development Committee of the European Parliament; Center for Strategic & International Studies. 2008. "Issue in Focus: China's 'Going-out' Investment Policy." Freeman Briefing. (May 27); The Wall Street Journal 인터넷판. Davis, Bob. 2012. 3. 5. "China Speeds Economic Transformation." [http://online.wsj.com/article/SB10001424052970204276304577262882415736796.html] 검색일: 2012. 3. 10.

에 의해 천명되었다. WTO 가입에 힘입어 경쟁력을 갖춘 중국 기업이 해외투자를 통해 세계로 진출하도록 권장함으로써 중국 경제가 세계경제에 통합되는 수준을 높이면 자연스럽게 해외의 투자자본도 중국으로 유입될 수 있을 것이라는 생각이 주출거 전략의 기본적 논리였다. 중국경제를 지속적으로 발전시키기 위하여 해외로 진출하는 투자와 국내로 유입되는 투자를 함께 증가시킨다는 의미에서 이 전략은 '양면적 투자전략'(two-way investment strategy)으로 불리기도 했다.[111]

중국 경제의 세계화 정책은 후진타오(胡錦涛 Hu JinTao) 지도체제가 표방한 '화평발전'(和平发展, hepingfazhan) 전략과 맥락을 같이한다. 2002년 11월 15일 후진타오가 중국 공산당의 제8대 중앙위원회 총서기의 자리에 오르면서 시작된 중국의 제4세대 지도체제는 중국이 대외적으로 강대국으로서의 국가 이미지를 쇄신하고 대내적으로는 과거 장쩌민 체제와 정책적 차별성을 가져야 한다고 생각했다. 후진타오 중심의 제4세대 지도부가 제시하고 있는 중국 외교전략의 기본은 '화평발전'(和平发展, hepingfazhan)이다. 평화적 부상이라는 의미의 '화평굴기'(和平屈起, hepingquqi) 개념에 근거하여 마련된 화평발전 전략은 중국이 국제무대에서 자국의 신장된 국력에 걸맞은 지위와 영향력을 확보하고 강대국으로서의 합당한 대접을 받아야 한다는 당위성과 목표를 내포하고 있다. 화평굴기론은 중국공산당 중앙당교 상무부 교장이었던 정비지엔(郑必坚, Zheng Bijian)이 2003년 11월 3일 아시아 보아오포럼(Boao

---

111) People's Daily 인터넷판. 2001. 9. 12. "China Launches Two-Way Investment Strategy for Better Access to." [http://english.peopledaily.com.cn/english/200109/12/eng20010912_80006.html] 검색일: 2012. 12. 11.

Forum for Asia)에 참여하여 진행한 연설에서 처음으로 소개되었다.112)

정비지엔의 의견은 후진타오 주석과 원자바오(溫家宝, Wen Jiabao) 총리에 의해 전폭적인 지지를 받았다. 제4세대 지도부로부터 화평굴기론이 지지를 받았던 이유는 이 논리가 과거 덩샤오핑(邓小平, Deng Xiaoping)이나 장쩌민(江泽民, Jiang Zemin) 정권의 대외정책이었던 '도광양회'(韜光养晦, taoguangyanghui)113) 전략과는 분명히 구별되는 새로운 전략으로 받아들여졌기 때문이다. 그러나 중국의 부상 혹은 부흥을 의미하는 '굴기'는 국제사회의 중국위협론을 자극할 수 있다고 보았다. 중국이 강대국으로 부상하려면 결국 발전을 통해서만 가능하기 때문에 '굴기'보다는 중립적인 느낌을 가지는 '발전'이라는 용어로 대체되어야 한다는 학계의 주장이 설득력을 얻었고 제4세대 지도부는 외교전략의 기본 개념을 '화평발전'론으로 결정했다. 화평발전론은 국제사회에서 중심적 지위를 회복하고자 하는 중국의 의지가 직접적으로 드러난 개념이다. 과거 백 년간의 국가적 굴욕(百年国耻)에서 벗어나 강대국으로서의 지위회복을 위하여 실질적인 움직임을 보이겠다는 의미이다. 그러면서도 동시에 중국의 부상에 장애가 될 수 있는 중국위협론을 반박할 수 있는 전략적 개념이기도 하다. 국제무대에서 강대국으로서의 지위 획득에 목표를 두지만 그 목표를 달성하는 과정에서는 평화적인 방법을 사용

---

112) Zheng, Bijian. 2003. "A New Path for China's Peaceful Rise and the Future of Asia." Bo'ao Forum for Asia 연설. Brookings Institutions 웹사이트 [http://www.brookings.edu/fp/events/20050616 bijianlunch.pdf] 검색일: 2011. 12. 4.

113) Deng Xiaoping. 1982년 10월 22일 연설. "Promote the Friendship between China and India and Increase South-South Cooperation"; 1984년 5월 29일 연설. "We Must Safeguard World Peace and Ensure Domestic Development." in Deng Xiaoping. 1994. *Selected Works of Deng Xiaoping Vol. 3*. People's Press; Pillsbury, Michael. 2000. *China Debates the Future Security Environment*. Washington D.C.: National Defense University Press. p. xxxix.

할 것이며 평화를 지속시키는 데 공헌하겠다는 의지가 동시에 포함되어 있는 개념이기 때문이다.[114]

국영기업(SOE: State-Owned Enterprises)이 독점적 지위를 유지하던 산업구조에 민간자본의 기업이 등장하면서 중국의 시장에도 경쟁적 성격이 증가하게 되었다. 내수에만 의존하던 많은 기업이 생존을 위해 자신의 브랜드를 판매할 새로운 외부 시장을 찾아야만 했다. 중국의 중앙 및 지방 정부는 내수기업의 시장확대 필요성을 인식하여 2001년부터 국영 및 민간기업의 해외진출에 대해 해외 부동산 구입 장려를 위한 세금 감면과 국책은행을 통한 저리의 자금 지원 및 펀드 조성 등 다양한 혜택을 제공하고 있다.[115] 하이얼 그룹(海尔集团, Haier Group)의 미국 시장 진출은 중국 기업의 성공적인 세계화 사례로 꼽힌다. 백색 가전제품 분야에서 중국 내수시장의 선두를 차지한 하이얼은 곧바로 아시아의 신흥국 시장에 진출하여 브랜드 이미지를 인식시켰다. 아시아 주변국 시장으로의 진출에 이어 2000년에는 미국의 South Carolina에도 3천 5백만 불 규모의 생산공장을 마련하였고, 2002년에는 뉴욕에 미국 본사를 개설했다. 2002년 하이얼의 미국시장 점유율은 소형 냉장고 부문에서 50%였고 와인 냉장고 부문에서는 60%를 기록했다. 이러한 성공에 힘입어 2005년에는 미국 가전업계에서 100년 이상의 전통을 가진 메이텍

---

114) 김애경. 2005. "중국의 '화평굴기'론 연구: 논쟁과 함의를 중심으로." 『국제정치논총』 제45집 4호. pp. 225-226.

115) People's Daily 인터넷판. 2002. 11. 18. "Full Text of Jiang Zemin's Report at 16th Party Congress." [http://english.people. com.cn/200211/18/eng20021118_106984.shtml]; 2001. 9. 21. "China Launches Two-Way Investment Strategy." People's Daily. [http://english.peopledaily.com.cn/english/200109/12/eng20010912_80006.html]; 中华人民共和国中央人民政府. 2006. 3. 15. "更好地实施〈走出去〉战略" [http://www.gov.cn/node_11140/2006-03/15/content_227686.htm] 검색일: 2012. 7. 13.

(Maytag Corporation)을 인수·합병하기 위하여 역시 미국 전통의 가전업체인 월풀(Whirlpool Corporation)과 경쟁을 벌이기도 했다. 결국에는 메이텍에 대한 하이얼의 인수노력이 실패로 돌아가긴 했으나 이를 계기로 중국 기업들의 해외시장 진출 전략은 중앙 및 지방 정부의 지원하에 더욱 공격적으로 전환되는 경향을 보였다.

3.3.2 미국 자산의 가치 하락

중국은 미국과 불균형 무역을 통해 벌어들인 막대한 달러화로 미국채를 매입함으로써 미국 재정적자의 일부를 공동으로 부담하여 왔다. 그러나 2000년대에 들어 세계화 정책('走出去'战略, Going-Out Policy)을 추진하면서부터는 중국이 보유한 달러가 미국의 민간자산에도 본격적으로 투자되기 시작했다. 2007년부터 시작된 미국발 세계 금융위기는 중국 자본의 대미 투자가 가속화되는 계기를 제공했다. 국책은행을 통하여 조성된 투자자금을 지원받은 중국 기업들은 자금난을 겪고 있는 미국의 기업과 민간자산을 낮은 가격에 인수할 수 있었다.

기존의 경제발전 속도를 유지하기 위해 새로운 성장동력을 찾아야 했던 중국 기업들은 대외무역을 더욱 증가시키기 위해 해외시장에 대한 효율적 접근 방법을 강구하고 있었다. 자금난을 겪고 있는 미국 기업의 인수는 중국 기업이 미국시장뿐만 아니라 멕시코와 캐나다를 비롯한 새로운 해외시장으로 진출하는 효율적 경로가 되었다. 북미자유무역협정(NAFTA: the North American Free Trade Agreement)하에서 미국 기업이 기존에 가지고 있던 캐나다와 멕시코에 대한 판매망을 그대로 활용할 수 있었기 때문이다.

미국 기업의 인수는 그들이 가진 첨단기술과 기반시설을 손쉽게 획득할 수 있는 방법이기도 했다. 개혁개방 이후 중국은 국내의 기반시설 확충과 기술혁신을 위하여 첨단기술 R&D 분야에서의 FDI 유치에 많은 노력을 기울였다. 그러나 짧은 시간 동안에 핵심적인 기술이나 기반시설을 획득하는 데 한계를 인식한 중국 기업들과 정부는 점차 미국의 기업체를 인수하는 데 관심을 가지게 되었다. 인수·합병을 통하여 기존 기업이 소유한 첨단기술과 주요 기반시설을 비롯하여 경영 노하우 등 기업 전반에 대한 접근 권한을 얻을 수 있다는 판단 때문이었다. 대표적인 사례가 2004년 있었던 롄샹그룹(联想集团, Lenovo Group)의 IBM 개인용 컴퓨터 사업부문에 대한 인수·합병이었다. 롄샹그룹은 IBM의 PC 사업을 인수한 즉시 세계시장에서 3위의 PC 생산업체로 올라섬과 동시에 IBM의 기존 브랜드가 가지고 있던 선진국 시장과 기술에 대한 지적재산권까지 모든 것을 그대로 이어받았다.[116]

중국 경제가 급속한 성장을 유지하기 위해 선결되어야만 할 또 다른 조건은 천연자원의 확보 문제였다. 안정적이고 지속적인 경제성장을 위해 필요한 원유와 천연가스, 각종 광물 등을 확보하기 위해 중국 정부와 기업은 아프리카, 남미, 호주, 동남아시아, 중동 등에 집중적으로 관심을 가지고 FDI를 진행하였다. 이미 같은 지역에 진출해 있던 미국의 많은 천연자원 채굴 기업들도 자연히 중국 기업의 인수·합병 대상으로 고려되었다. 2005년 중국해양석유총공사는 미국 정유회사 유노칼에 대한 인수를 시도했지만 실패했다. 그 이후로 2009년에는 중국투자공사(CIC)가 미국의 에너지 생산업체인 에이이에스(AES Corporation)의 지분을 인수하여 대주주 지위를 취득하는 데 성공했다.

---

116) Spooner, John G. and Michael Kanellos. 2004. 12. 8. "IBM Sells PC Group to Lenovo." CNET News. [http:// news.cnet.com/IBM-sells-PC-group-to-Lenovo/2100-1042_3-5482284.html] (검색일: 2012. 6. 30).

3.3.3 미국 주 정부들의 중국 FDI 유인

중국의 대미 FDI 증가에는 미국의 각 주 정부가 개별적으로 해외 투자자에게 제공하고 있는 다양한 투자유인 정책들이 역시 영향을 미쳤다. 경제성장과 일자리 창출을 위해 미국의 개별 주 정부들은 세금의 감면 및 환급, 차관 및 보조금 지원, 기반시설의 제공 등과 같은 투자유인 정책을 시행하고 있다. 이는 연방정부가 최근 특정 산업에서 중국의 FDI 유입에 대하여 규제의 입장을 보이는 것과는 대조적인 모습이다.

표 5. 중국 FDI 유치 상위 5개 주 현황: 2000~2012

산업분야	전체		캘리포니아		텍사스		미시건		뉴욕		일리노이즈	
	건	금액	건	금액	건	금액	건	금액	건	금액	건	금액
IT	114	1413	47	808	17	70	1	1	4	174	5	107
전자/가전	94	2053	22	41	7	152	9	37	4	7	8	1506
항공/자동차	86	1783	7	36	7	18	35	1006	-	-	7	31
에너지	75	8758	25	128	11	1518	1	1	2	4	6	245
소비재	74	2239	18	162	4	3	-	-	8	1776	5	14
금융	48	764	13	149	-	-	1	1	15	238	4	13
기본 소재	39	1450	7	9	6	1046	1	1	2	3	3	7
보건/의료	37	550	7	18	1	2	-	-	-	-	-	-
교통/건설	25	37	6	12	3	3	-	-	4	5	2	2
부동산/오락	24	3973	9	181	-	-	-	-	6	1088	-	-
농/식품	16	120	7	50	-	-	-	-	-	-	2	2
합계	632	23140	168	1594	56	2812	48	1047	45	3295	42	1927

참고: 미 상무부 통계국

위의 표 5는 중국의 FDI를 유치하는 데 가장 성공적이었던 5개 주의 투자유치 현황을 정리한 것이다. 이들 5개 주의 현황에서도 역시 중국 기업의 FDI가 천연자원 개발과 첨단기술 분야에 집중되고 있다는 점이 발견된다. 주 정부 차원에서 중국의 투자자본을 유치하는 데 가장 적극적이었던 캘리포니아주는 2000년부터 2012년까지 168건의 FDI를 유치했으며 그중 47건이 IT 분야에서 진행되었다. 뉴욕주는 투자 금액 면에서 가장 많은 32억 9,500만 불을 유치했다. 뉴욕주가 유치한 중국의 FDI는 대부분이 소비재 산업과 부동산 및 오락 분야에 투자되었다. 에너지 개발 분야에 진출한 중국의 FDI는 주로 중남부 지역에 집중되었다. 그 중 오클라호마주가 가장 많은 24억 4천만 불을 유치했으며, 텍사스주와 콜로라도주에는 각각 15억 1,800만 불과 5억 8,200만 불이 투자되었다. 중남부 지역의 세 개 주가 에너지 분야에 투자된 중국의 FDI 중 52%를 유치한 것이다.

 2012년 연말까지 30개가 넘는 미국의 주 정부가 중국으로부터 FDI를 유치하기 위하여 개별적으로 중국 현지에 해외 무역사무소를 개설하여 운영하고 있다. 남부와 중서부의 주 정부들이 특히 중국 투자자를 유치하는 데 적극적이어서 홍콩과 마카오를 비롯한 베이징, 상하이 등 중국 본토의 여러 지역에 동시에 여러 개의 무역사무소를 운영하는 경우도 있다. 예를 들어 캘리포니아주의 경우에는 2003년에 폐쇄했던 무역사무소를 다시 개설하면서 베이징과 상하이에 새로운 무역 및 투자사무소를 각각 개설하기로 2012년 2월 당시 부주석이었던 시진핑(习近平, Xi Jinping)과 합의하였다.[117]

---

117) State of California. 2012. 2. 17. "Governor Brown to Open New Trade and Investment Office in China." [http://gov.ca.gov/news.php?id=17423] 검색일: 2012. 8. 1.

이들 무역사무소는 중국의 투자자들로부터 투자자금을 모집하는 전초기지의 역할을 담당한다. 중국의 잠재적 투자자들을 미국 현지로 초청하여 투자설명회를 개최하고 개별 투자자들의 요구에 맞추어 기반시설이나 보조금 지원, 세제혜택 등의 투자편의 제공을 위한 프로그램을 운영하고 있다. 또한 대부분의 주 정부가 장기적인 프로젝트의 일환으로 중국 내에서 경영학을 전공하는 학생이나 기업체의 대표들이 자기 주 내에 위치한 대학 등의 교육시설에서 다양한 교육과정을 마칠 수 있도록 기회를 제공하고 있다. 이는 자기 주 내의 교육시설과 주변 시장의 수입이 증대되는 효과뿐만 아니라 졸업생들이 미래에 투자자가 되어 다시 돌아올 가능성을 염두에 둔 중장기적인 정책이다.

3.4
중국에 대한 미국의 태도 변화

경제적 성장과 함께 국제무대에서 중국의 정치적 위상이 높아진 현실 역시 미국이 중국에 대해 유지하던 관용적 태도를 바꾸게 된 중요한 원인이었다. 중국이 정치 및 경제적으로 부상한 것과는 달리 미국은 자신의 패권적 지위에 위협이 되는 사건을 반복적으로 경험했다. 이 같은 외부환경의 변화가 복합적으로 중국에 대한 미국의 태도가 바뀌는 데 영향을 주었다. 왈트(Stephen Walt)에 의하면 특정한 시기에 어떤 목표와 태도를 가진 대외전략이 채택될 것인가의 문제는 그 당시의 국제정치와 대외경제 환경이 어떠한가에 따라 달라지게 된다. 국내 정치과정에 영향을 미치는 국제정치경제 환경의 변화요소는 능력의 분포와 위협의 양상으로 구분된다.[118]

능력의 분포에 따라 국제정치경제 질서는 단극체제, 양극체제, 혹은 다극체제로 형성된다. 위협의 양상은 능력을 보유한 강대국으로부터 전해지는 강제력이 위협적인 성질을 띠는지 아니면 온건하게 나타나는지에 따라 달라진다. 여러 강대국이 균형을 이루고 있는 대외환경하에서는 국가가 현실주의적 대외전략을 취할 가능성이 높다. 하지만 하나의 패권국가가 존재하는 경우에는 자유주의적 대외전략을 선택하게 된다. 또한 위협적인 대외환경은 공격적이고 일방적인 대외전략을 선호하게 하지만

---
118) Walt, Stephen M. 1985. "Alliance Formation and the Balance of World Power." International Security. Vol. 9, No. 4; Waltz, Kenneth N. 1979.

온건한 대외환경은 방어적이며 다자적인 대외전략을 유도한다. 따라서 최근 미국이 중국에 대한 태도를 바꾸게 된 배경은 대외환경이 변화된 결과로 해석이 가능하다. 중국은 현재 미국의 패권에 가장 강력한 경쟁자로 성장했다. 앞서 설명한 왈트의 관점에서 생각한다던 중국과의 경쟁과 균형을 유지해야 하는 대외환경하에서 미국이 중국어게 현실주의적 입장을 보이는 것은 자연스러운 현상이라고 할 수 있다.

3.4.1 패권의 불안정성 증가

제2차 세계대전 이후, 냉전이 진행되는 동안에는 미국이 이끄는 서구권과 소련연방이 주도한 동구권이 국제무대에서 영향력의 우위를 경쟁하며 맞서고 있었다. 미국과 소련이라는 두 초강대국을 중심으로 이해관계가 형성되고 동·서 양 진영의 세력이 전략적으로 강하게 결집하여 양극체제를 이루고 있었기 때문에 냉전기간 동안에는 정치뿐만 아니라 경제분야에서도 양대 세력이 명확하게 나뉘어져 있었다. 1991년 소련연방의 붕괴는 동유럽 및 아시아 지역에서 많은 신생독립국가를 탄생시킴과 동시에 이 지역에서 힘의 공백상태를 만들어 냈다. 그 결과로 미국은 군사력과 경제력 면에서 경쟁 대상이 없는 유일한 초강대국으로서 세계의 경찰국가 역할을 담당하게 되었다.[119] 1991년에 발생한 걸프전은 미국이 세계유일의 패권국이자 경찰국가로서 능력을 발휘한 첫 번째 사례였

---

119) Waltz, Kenneth N. 2000. p. 28; Waltz, Kenneth N. 2006. "Structural Realism after the Cold War." in Richard Little and Michael Smith (eds.) *Perspectives on World Politics*. New York: Routledge. p. 96; Bush, George H. W. 1990. "Address Before a Joint Session of the Congress on the Persian Gulf Crisis and the Federal Budget Deficit."Speech in the House at the Capitol. (September 11). George Bush Presidential Library and Museum 웹사이트 [http://bushlibrary.tamu.edu/research/public_papers.php?id=2217&year=1990&month=9] 검색일: 2011. 2. 23.

다.[120) 쿠웨이트를 점령한 이라크 군대를 점령 이전의 상태로 돌려놓기 위해 미국과 미국의 동맹국들이 보였던 연합적 군사행동은 국제무대에서 더 이상 미국의 행동을 저지할 방법이 존재하지 않으며 누구든 미국의 결정에 반대하기도 쉽지 않다는 사실을 입증한 사례였다.[121)

미국이 주도하는 국제정치경제 질서는 냉전기간 동안 유지된 양극 체제와는 다른 단극체제의 모습을 띠었다.[122) 더 이상의 이념적 경쟁이나 갈등이 존재하지 않는다는 의미에서 탈냉전 이후 단극체제는 '역사의 종언' 혹은 '세계적 수렴의 시대'로 설명되기도 했지만[123) 브레진스키는 단극체제 하의 국제정치경제 질서에서 다음과 같은 네 가지 특징을 발견했다: (1) 북대서양조약기구(NATO)나 미-일 안보조약(the US-Japan Security Treaty) 등을 근거로 구성된 통합 부대 혹은 통합 사령부에 의한 집단안보체제, (2) 아·태경제협력(APEC), 북미자유무역협정(NAFTA), 세계은행(World Bank), 국제통화기금(IMF), 세계무역기구(WTO) 등을 통한 지역단위 혹은 전 세계적 경제협력체제, (3) 세계적 규모의 쟁점에 대한 미국주도의 합의적 의사결정 강조, (4) 주요 동맹국들 간의 수평적 지위 및 민주적 관계 유지, (5) 비록 초기단계이기는 하지만 일반적 및 포괄적

---

120) Secretary of Defense, Dick Cheny. 1993. "Defense Strategy for the 1990s: The Regional Defense Strategy."(January) pp. 1, 7. The National Security Archive 웹사이트 [http://www.gwu.edu/~nsarchiv/nukevault/ebb245/#doc15] 검색일: 2011. 1. 30.

121) Monten, Jonathan. 2005. "The Roots of the Bush Doctrine: Power, Nationalism, and Democracy Promotion in US Strategy." *International Security*. Vol. 29, No. 4. p.147.

122) Huntington, Samuel P. 1999. "The Lonely Superpower." *Foreign Affairs*. Vol. 78, No. 2 (March/April).

123) Fukuyama, Francis. 1992. *The End of History and the Last Man*. New York: Avon Books. p. 211; Kagan, Robert. 2008. *The Return of History and the End of Dreams*. New York: Vintage Books. p. 4.

수준의 국제재판소에서 지역수준 혹은 전문 분야의 자판소에 이르는 전 세계적 법률과 사법구조.[124]

1990년대를 거치면서 미국은 국제정치경제 체제의 금융 및 경제적 구조를 구성하는 데 있어서도 유일하게 주도적인 영향력을 행사하였다. 사회주의의 소멸과 경쟁자였던 소련연방의 붕괴로 인하여 자유무역을 통한 세계화가 가속화되었고 세계경제는 자유시장경제 질서를 갖추게 되었다. 천연자원과 공산품을 비롯하여 금융상품 등에 이르기까지 모든 무역은 세계화 과정에서 개방된 자유시장경제 체제로부터 영향을 받았다. 경제협력개발기구(OECD)로 대변되는 선진 산업국은 물론이고 많은 신흥공업국들이 신자유주의적 세계화 과정에서 높은 경제적 성과를 이루었으며 냉전 동안에는 미국과 제휴하지 않았던 제3세계 개발도상국들도 수출주도경제 전략을 채택함으로써 미국이 주도하는 자유시장경제 질서에 참여하였다.

전 세계 대부분의 선진국과 개발도상국 경제가 미국이 조성한 자유시장경제 체제에 참여하게 된 양상은 "워싱턴합의"(the Washington Consensus)로 불린다. 1980년대 남미와 1990년대 후반 아시아에서 발생한 경제위기 해결과정에서 IMF와 World Bank는 위기 당사국들에게 시장개방과 금융자유화를 중심으로 한 구조조정 정책을 강요했으며 이같은 구조조정 정책은 다른 많은 국가의 경제정책이 워싱턴합의의 방향으로 전환되는 데 결정적인 영향을 끼쳤다. 세계경지를 주도하는 위치에 있는 미국이 가진 자유시장에 대한 신념이 워싱턴합의를 통해 구현되었으며 이 합의로 인해 미국이 금융 및 경제 분야에서 확보하고 있던 상대적 우위가 국제정치경제 체제에서의 구조적 권력으로 성장할 수 있

---

124) Brzeninski, Zbigniew. 1997. pp. 28-29.

었다.[125] 미국은 워싱턴에 본부를 두고 있는 World Bank, IMF 등에 영향력을 행사하여 세계경제와 국제금융 및 무역에 관련된 쟁점들을 자신이 원하는 방향으로 이끌어 시장친화적인 국제경제 질서를 형성하였다. 1990년대에 시장친화적인 국제경제 질서가 형성된 것은 자유무역에 관한 의제가 전 세계의 공감을 얻었다는 것뿐만 아니라 중동이나 남미, 아시아, 아프리카 등의 천연자원이 미국을 비롯한 서방 선진국들의 투자자금에 개방된 것을 의미하기도 한다.

미국이 진행한 세계화는 특히 1990년대에 들어 미국 재무성과 MNC들이 보유한 압도적인 경제력과 효율성에 바탕을 둔 것이었기 때문에 세계 여러 국가들은 미국과의 양자 간 협상에서 미국의 요구를 따를 수밖에 없었다.[126] 브레튼우즈 체제를 이끌고 있는 주요 양대 국제금융기구인 World Bank와 IMF를 통해 미국은 세계의 금융과 경제에서 자신의 영향력을 증가시킬 수 있었다. 브레튼우즈 체제를 통한 미국의 간접적인 영향력 행사는 자유무역을 통한 세계화가 미래 세계경제의 대세이며 그러한 흐름에 참여하는 것이 필요하다는 공감대를 형성하였고 자유무역에 관한 개별 국가의 저항을 완화시키는 효과를 낳았다. 다른 지역에 비해 상대적으로 경제적 능력이 강한 유럽에 대한 영향력은 소련 연방의 붕괴 이후에도 계속 존재하며 오히려 확대된 북대서양조약기구(NATO: the North Atlantic Treaty Organization)를 통해 유지가 가

---

125) Ernst-Otto Czempiel and James N. Rosenau (eds.) 1989. pp. 165-166; Guzzini, Stefano. 1993. "Structural Power: the Limits of Neorealist Power Analysis." *International Organization*. Vol. 47, No. 3 (Summer); Strange, Susan. 1994. pp. 23-42; Helleiner, Eric. 2005. "Structural Power in International Monetary Relations." EUI Working Papers. RSCAS No. 2005/10. p. 5.

126) Abdelal, Rawi and Adam Segal. 2007. "Has Globalization Passed Its Peak?" *Foreign Affairs*. Vol. 86, No. 1 (January/February). pp. 113-114.

능했다.[127] 소련연방의 붕괴로 새롭게 독립한 국가들까지 참여함으로써 확대된 NATO를 통해 미국은 동유럽과 중동 지역에서의 영향력을 더욱 확장시키고 공고화할 수 있는 계기를 얻었다. 군사적 경쟁자가 사라진 1990년대 세계의 패권은 자유시장경제를 바탕으로 한 미국의 상대적 우위에 기반한 것이었다. 이렇게 변화된 국제정치경제 질서 속에서 국가의 역할은 시장에 직접적으로 참여하는 것이 아닌 중립적인 조정자 내지 촉진자로서의 임무만을 수행하는 것으로 바뀌게 된다.

그러나 1990년대 후반 아시아와 멕시코에서 발생한 금융위기를 시작으로 발생했던 1999년의 유가상승, 2000년의 닷컴 버블 붕괴, 2001년의 9/11 테러, 2007년의 세계 금융위기는 자유시장경제에 대한 세계적 공감대를 무너뜨리는 계기가 되었다. 이러한 일련의 사건들로 인해 미국과 미국의 동맹국들은 자유시장 중심적인 경제성장 전략이 주는 폐해를 인식하고 외교정책에서 다시 군사력을 강조하는 경향을 나타내게 된다. 특히 2001년 9/11 테러는 탈냉전 이후 미국이 국제정치 무대에서 유지했던 다자간 합의에 기반한 의사결정 기조를 일방적 의사결정 방식으로 전환하는 데 결정적 요인이 되었다.[128] 거침없고 거만한 일방주의로 일컬어지는 2001년 이후의 미국 외교정책은 유럽의 NATO 동맹국으로부터도 많은 반감과 저항을 맞게 된다.[129] 미국의 일방주의는 러시아가 체

---

127) Brzeninski, Zbigniew. 1997. pp. 26.
128) Jervis, Robert. 2004. "Understanding the Bush Doctrine." In Caraley, Demetrios James. 2004. *American Hegemony: Preventive War, Iraq and Imposing Democracy*. New York: The Academy of Political Science. p. 5; Woodward, Bob. 2004. *Plan of Attack*. New York: Simon & Schuster. p. 155; Bush, George W. 2002. *The National Security Strategy of the United States of America*. Washington D.C.: National Security Council. The White House 웹사이트 [http://georgewbush-whitehouse.archives.gov/nsc/nss/2002/] 검색일: 2011. 9. 30.
129) Nye, Joseph S. Jr. 2004b.; Johnson, Loch K. 2007.

첸야(Chechnya)의 이슬람 군부세력을 군사력으로 제압하는 데 정당성을 부여하고 푸틴(Vladimir Putin) 대통령이 강한 중앙집중형 권력을 형성하도록 돕는 결과를 낳았다.

2000년대 초반까지 미국은 군사력과 경제력, 기술력, 문화 등의 우위를 바탕으로 자신의 동맹국과 함께 국제정치 무대에서 단극체제를 유지했다.[130] 국제경제 체제가 자유무역을 통한 경제적 통합을 여전히 발전시키기는 했지만 이라크(Iraq)와 아프카니스탄(Afghanistan) 등지에서 진행된 전쟁은 미국 주도의 일방주의와 국제정치의 단일극 체제에 변화를 가져오기 시작했다. 미국의 일방주의에 대항하는 몇몇 강대국에 의해 새로운 '힘의 균형'이 형성되는 모습이 만들어졌기 때문이다. 페르시아만 일대의 불안정성 지속과 미국의 중동지역 지배권에 대한 이란의 반발에 이은 유가상승은 에너지 안보의 필요성을 국제적 쟁점으로 다시 등장시켰으며 국제정치 무대를 다시금 불확실성의 시대로 몰아가기 시작했다. 이 같은 안보의 필요성과 불확실성 증대는 서구의 선진 산업국을 중심으로 진행되던 자유시장의 세계화가 다시금 약화되는 데에도 영향을 미쳤다.

3.4.2 신흥국 및 경쟁 세력의 성장

중동과 남미 지역을 포함한 대다수 산유국들에서 자원민족주의가 다시 등장하였고 1999년 시애틀(Seattle)과 2001년 도하(Doha)의 'WTO 경제각료회의'(WTO Ministerial Conference) 등에서 논의되었던 천연자원 시장의 자유화에 대한 합의는 성과를 거두지 못했다. 또한 러시아

---

130) Brzeninski, Zbigniew. 1997. pp. 24; Wohlforth, William C. 1999. pp. 14-15; Lieber, Keir A. and Daryl G. Press. 2006.

(Russia), 베네수엘라(Venezuela), 브라질(Brazil), 중국(China), 인도(India) 등의 일부 국가에서는 권위주의 체제를 유지하면서도 안정적으로 경제발전에 성공한 사례가 나타났다. 이러한 국가들은 세계경제 체제에 참여하기는 했지만 미국이 제시하는 개방된 자유시장 경제에 대한 제안을 그대로 따르지 않고 자국의 이익을 최우선으로 고려하는 방향으로 재해석하였다.[131] WTO의 결정과 규칙에 대한 권위주의 신흥공업국들의 저항에 직면한 미국과 유럽은 비타협적 태도를 고수하였다. 이로서 WTO가 추구했던 다자간 무역 레짐은 필연적으로 약화될 수밖에 없었다. 1990년대에 세계 각국 정부와 정책결정자들이 자국 경제를 자유화하고 시장개방을 유지하도록 유도했던 세계화의 제도적 기반이 2000년대 이후부터는 서서히 위기를 맞기 시작한 것이다.[132]

러시아의 경제회복과 중국의 정치경제적 부상은 탈냉전 이후 형성된 단극체제를 무너뜨릴 정도는 아니더라도 미국이 정책을 형성하고 수행하는 환경을 변화시킨 것은 분명하다. 국제무대, 특히 동유럽과 아시아 지역에서 미국의 영향력을 견제하는 동시에 자신의 영향력을 증가시키려는 중국과 러시아의 공통 관심사는 1996년 상하이협력기구(SCO: Shanghai Cooperation Organization)를 설립하는 것으로 표출되기 시작했다.[133] 회원국 상호간의 안보 보장을 목적으로 설립된 상하이협력기구는 중동 지역에 대한 미국의 영향력을 견제하려는 러시아와 중국이 이 협력기구를 통해 일치된 정치적 의견을 내면서 이끌었다. 상하이협력

---

131) Van der Linde, Coby. 2005. "Energy in a Changing Worlc." Clingendael Energy Papers No. 11 (December). p. 13.
132) Abdelal, Rawi and Adam Segal. 2007. p. 107.
133) Kagan, Robert. 2008. "The September 12 Paradigm: America, the World, and George W. Bush." *Foreign Affairs*. Vol. 87, No. 5 (September/October). p. 37.

기구에는 러시아와 중국 이외에도 카자흐스탄(Kazakhstan), 키르키스탄(Kyrgyzstan), 타지키스탄(Tajikistan), 우즈베키스탄(Uzbekistan), 이란(Iran), 인도(India), 몽골리아(Mongolia), 파키스탄(Pakistan)이 참여하고 있다. 미국의 입장에서는 상하이협력기구가 미국의 아시아 지역에 대한 영향력 유지에 영향을 끼칠 잠재적 위협으로 인식될 수밖에 없다.[134] 2002년 유로화 도입을 계기로 하여 독자적이고 영향력 있는 경제주체로 성장한 유럽공동체(EU: European Union) 역시 국제정치경제 체제의 변화에 영향을 미친 요소이다. 폴란드(Poland), 체코(Czech Rep.), 슬로바키아(Slovakia), 헝가리(Hungary), 루마니아(Romania), 불가리아(Bulgaria) 등의 참여로 성장한 유럽공동체에 자극을 받은 러시아는 안보에 대한 관심을 재고하고 과거 소련연방에 포함되어 있던 나머지 국가들에 대한 영향력을 회복하려는 의지를 갖게 되었다. 그로 인해 미국과의 관계는 악화되었고 미국이 진행해 온 자유시장 세계경제의 패러다임에도 잠재적 위협으로 작용했다. 2008년에 조지아(Georgia)와 러시아 간에 벌어진 무력 분쟁은 유럽공동체의 정치적 영향력 확장을 견제하고 지역 내 패권을 되찾고자 하는 러시아가 의도가 드러났던 대표적 사례이다.

2000년대 후반에 들어서면서부터는 중국과 러시아 이외에도 인도와 브라질, 남아프리카 공화국이 국제정치경제 체제에 새로운 강대국으로 등장할 가능성을 보이기 시작했다. 브릭스(BRICS)로 불리는 이들 국가는 2009년 러시아의 예카테린버그(Yekaterinburg)에서 정상회담을 개최하면서 "더 민주적이고 평등한 다극화된 세계질서"를 위해 함께 노력

---

134) Blank, Stephen J. 2007. "US Interests in Central Asia and the Challenges to Them." Strategic Studies Institute, US Army War College. (March 22). pp. v, 16.

한다는 공동성명을 발표했다.[135] 국제정치경제 체제의 새로운 질서를 형성하는 데 있어서 자신들의 영향력을 점차 증가시키려는 노력을 진행하고 있는 것이다. 브릭스 국가들 중에서 특히 중국은 경제력뿐만 아니라 군사력에 있어서도 국제무대에서 영향력이 매우 크게 향상되었다. 대만 문제에서 미국에 대해 매우 강경한 입장을 내세우고 있으며 센가쿠(尖閣)·댜오위다오(钓鱼岛) 해역을 둘러싼 영토분쟁에서도 일본을 강하게 밀어붙이고 있다. 더구나 북한 핵문제를 해결하는 데 있어서는 중국의 영향력이 반드시 필요한 상황에 이르렀다. 이렇듯 자신의 전략적 목적을 달성하기 위해 다양한 영역에서 영향력을 증가시키고 있는 중국은 이제 미국의 패권에 도전할 경쟁의 대상으로 여겨지고 있다. 미국은 부시(George W. Bush) 행정부 시절부터 중국을 전략적 경쟁자로 여겨 왔다. 미국은 아시아 지역에서 중국의 영향력을 견제할 수 있을 만한 국가를 인도로 보고 인도와 긴밀한 관계를 유지하기 위해 정성을 쏟고 있다.[136]

미국은 1980년대 중반 이후부터 2000년대 중반까지 국제금융과 통화 부문에서도 세계 유일의 강대국으로서 국제금융통화 시장에서 가장 큰 영향력을 행사했다. 아시아나 남미 등지에서 금융위기가 발생했을 때 미국과 유럽의 선진 산업국가들은 위기지역에 경기활성화를 위한 구제 금융을 제공하는 형식으로 국제금융통화 체제에서 영향력을 확대했다. 그러나 이처럼 미국과 서구 유럽 선진국이 확대해 온 금융과 통화 부문

---

135) 제1회 BRIC 정상회담 공동성명 참고. "Joint Statement of the BRIC Countries' Leaders." (2009. 6. 16.)

136) Ben Arnoldy. 2010. "Obama, Clinton visit India with wary eye on rising China." The Christian Science Monitor (October 29); ZiadHaider. 2005. "US-India-China: Giants at Play." Express India (July 30); Kronstadt, K. Alan. 2006. "India - US Relations." CRS Issue Brief for Congress. Order Code IB93097 (April 6). p. 2.

에서의 영향력은 2007년 발생한 경제위기로 인해 급격히 약화되는 경향을 보였다. 국제금융통화 체제는 세계적 규모의 경제위기를 처리하는 데 있어서 미국과 유럽의 몇몇 선진국이 가진 자원과 능력만으로는 충분치 않다는 사실을 인식했다.[137] 미국 역시 세계적 규모의 경제위기가 자신만의 능력으로 해결되기가 어렵다는 사실을 인식하였다. 2009년 한 해 동안 경제위기 극복에 효과적인 결과를 내지 못한 오바마(Barack H. Obama) 행정부는 세계경제를 재편함에 있어 미국이 더 이상 단일극으로서 역할을 할 수 없음을 인정하고 중국의 역할을 강조하기 시작했다. 탈냉전 이후 2000년대까지 주로 국내 문제에만 관심을 가지고 있던 중국이 2007년의 세계경제위기를 계기로 미국과 대등한 능력을 보유한 국가로 인식되기 시작한 것이다.[138] 특히 OECD 국가들과 비교할 때 중국 금융의 영향력은 구조적 권력으로 평가될 수 있을 만큼 매우 급격히 증가했다. 그 원인은 2000년대에 들어서면서 현저하게 축적된 막대한 양의 중국 외환보유고가 경제위기를 맞은 미국 경제에 금융구제 자금으로서 역할을 할 수 있었기 때문이다.[139] 미국과 유럽이 경제위기 극복에 전념하는 동안 중국은 자신이 가진 경제적 영향력을 활용하여 국제정치경제 체제 안에서 전략적인 우위를 굳건하게 확장했다. 중국의 성장으로 인해 국제정치경제 체제 내에서 미국과 중국이 중요한 역할을 함께 수행

---

137) Burrows, Mathew J. and Jennifer Harris. 2009. "Revisiting the Future: Geopolitical Effects of the Financial Crisis." The Washington Quarterly. Vol. 32, No. 2 (April). p. 30.

138) Ferguson, Niall. 2009. "The Trillion Dollar Question: China or America?" The Telegraph. (June 1). 일간지 텔레그라프 웹사이트 [http://www.telegraph.co.uk/comment/5424112/The-trillion- dollar-question-China-or-America.html] 검색일: 2010. 12. 10.

139) Ferdinand, Peter. 2007. "Russia and China: Converging responses to globalization." International Affairs. Vol. 83, No. 4. pp. 662-663.

하는 모습을 표현하는 "G-2"라는 개념이 주목을 받기 시작한 배경이 여기에 있다.[140]

미국을 중심으로 단일극 체제를 유지해 왔던 현재의 국제정치경제 질서는 여러 분야에서 어려움에 직면했다. 오바마 행정부에 들어와서는 국제무대의 다양한 분야에서 다극적 체제의 성격이 나타나고 있다. 기후변화에 대한 대응, 에너지 자원의 보존과 안정적 확보, 이라크와 아프카니스탄에서의 군사적 문제 해결, 중국과 러시아를 비롯한 브라질과 인도 등 신흥 공업국가의 성장, 2007년의 세계적 금융위기 극복 등과 같은 사안은 모두가 미국의 일방주의로는 해결이 곤란한 국제적 쟁점들이었다.[141] 특히 아프카니스탄과 이라크에서 보여 준 미국의 군사행동은 전통적인 군사력에 의존하는 일방적이면서도 강제적인 영향력에 한계가 있다는 사실을 국제사회에 보여 주었으며 미국 자신도 그러한 현실을 깨닫게 되었다.

'G-20' 체제가 본격화된 것 또한 세계경제를 주도하는 힘이 다극화되고 있다는 사실을 반영한 현상이다.[142] 군사적 전쟁으로부터 문화와 경제 등의 경쟁으로 그 우선순위와 중요성이 옮겨진 국제정치경제 체제하에서는 구조적 권력을 확보하기 위해 군사력에만 집중하는 것이 충분치

---

140) Ferguson, Niall and Moritz Schularick. 2007. "Chimerica and the Global Asset Market Boom."International Finance.Vol. 10, No. 3. (January); Brzeninski, Zbigniew. 2009. "The Group of Two that Could Change the World."Financial Times. (January 13). 일간지 파이낸셜타임즈 웹사이트 [http://www.ft.com/cms/s/0/d99369b8-e178-11dd-afa0-0000779fd2ac.html#axzz1CKyQl2G8] 검색일: 2010. 12. 15.
141) Holbrooke, Richard. 2008. "The Next President: Mastering a Daunting Agenda." Foreign Affairs. Vol. 87, No. 5. (September/October) pp. 2-24.
142) Altman, Roger C. 2009. "The Great Crash, 2008: A Geopolitical Setback for the West." Foreign Affairs. Vol. 88, No. 1. (January/February) pp. 2-14.

않게 되었다. 단극체제의 특성이 약화되고 있는 최근의 국제무대에서는 정치경제적 전략이 강조되고 있다. 전 세계 대부분의 국가가 군사력보다는 경제력에 기반한 상대적 우위의 확보를 더 우선시하고 그러한 상대적 우위가 국가의 전략적 목표를 위해 적극적으로 활용되는 경향이 있다.[143] 미국이 세계 유일의 패권국으로서 여전히 건재한 것은 사실이지만 급격히 성장하고 있는 중국이 경제적 영향력의 측면에서 국제정치경제 체제에 또 하나의 새로운 극으로 등장한 것도 역시 사실이다. 이처럼 패권은 아직 미국에게 있지만 그동안 독점했던 구조적 권력은 중국과 나누어 가질 수밖에 없는 상황이 되었다. 이는 최근의 국제정치경제 체제에서 가장 큰 본질적 변화로 여겨질 수 있다.

---

143) National Intelligence Council. 2008. Global Trends 2025: A Transformed World. NIC 2008-003. Washington D.C.: National Intelligence Council. (November) p. 9.

3.5
소결

이 장에서 살펴본 바와 같이 중국의 대미 FDI는 아직 그리 큰 규모를 형성하지 못하고 있다. 그럼에도 불구하고 미국이 가진 중국에 대한 태도를 비롯한 FDI 관련 정책에까지 영향을 줄 수 있을 정도로 충분한 파급효과를 가지고 있다. 그 이유는 중국의 경제규모가 크게 성장한 것에서부터 비롯되었다고 볼 수 있다. 중국 경제가 경쟁상대로 여겨지지 않았던 1990년대 중반까지 미국은 중국과의 심한 무역 불균형까지 용인하는 매우 너그러운 태도를 유지했다. 그러나 무역량이나 외환보유고 등과 같은 경제규모 면에서 중국이 다른 선진 산업국들을 모두 제치고 미국의 뒤를 바짝 뒤쫓을 만큼 성장하자 미국은 중국을 위협적인 경쟁상대로 인식하게 되었다. 게다가 여러 가지 대내외적 상황으로 인해 패권의 약화를 경험하고 있는 상황에서 자신과는 다른 공산주의적 가치를 가진 중국의 부상은 국가이익의 심각한 침해를 가져올 수 있는 요소로 인식되었다. 이러한 변화가 미국으로 하여금 중국으로부터 유입되는 FDI를 규제하도록 하는 동기가 되었다. 미국의 중국에 대한 태도 변화는 다시 중국의 반발로 이어졌고 양국 정부의 갈등 원인이 되고 있는 것이다.

과거 양국의 FDI가 일방적으로 미국에서 중국으로 향하는 흐름을 유지했던 시기에는 미국만이 양측의 기술, 자원, 자본을 통제하는 것이 가능했다. 물론 자본의 경우는 일단 직접투자가 진행되고 난 이후에는 투자 유치국이 외국환 정책이나 세금제도 등을 통해 통제할 수도 있기 때문에 투자 주체가 완벽한 통제를 하기에 곤란한 경우가 발생하기도 한다. 하지만 기술의 전파나 자원의 공급은 투자 주체가 통제할 수 있는 여지가 훨씬 많다는 특징을 가진다. 그 때문에 FDI의 흐름이 비대칭성을 유지했던 시기에 미국으로서는 핵심적인 기술이나 주요 자원이 중국의 통제권 아래로 넘겨질 가능성에 대해 우려할 필요가 없었다. 그러나 중국 경제가 성장하고 충분한 자본을 확보하여 첨단기술과 천연자원 개발 산업 분야에서 양국 FDI의 비대칭성이 줄어들기 시작했다. 이는 핵심기술과 주요 자원에 대한 통제력을 중국과 나누어 가져야 한다는 의미이기 때문에 미국은 핵심기술과 주요 자원에 대한 통제력 상실을 우려해야 하는 상황에 직면했다.

　미국과 중국이 서로에 대해 가지고 있는 인식과 태도는 국내의 정치적 상황뿐만이 아니라 외부의 환경으로부터도 영향을 받으며 변화되어 왔다. 냉전이 종식된 이후 미국은 눈에 띄는 경쟁자가 존재하지 않는 상황에서 군사력을 독점하며 시장중심적 민주주의 가치를 확산시킴으로써 개방적인 국제정치경제 질서를 주도적으로 형성할 수 있었다. 강력한 미국의 패권 아래서 모든 국제적 사안들이 미국의 주도하에 다자간 협의의 방식으로 다루어졌다. 당시의 미국에게 중국은 위협적인 상대가 아니었으므로 견제의 대상이 되지 않았다. 그러나 90년대 말의 경제위기를 계기로 미국 주도의 자유시장 질서에는 균열이 시작되었다. 또한 9/11과 이라크 전쟁은 미국이 국제무대에서 다자주의를 포기하고 일방적인 군사력 사용을 다시금 강조하도록 하는 계기가 되었다. 그로 인해 국제무대로부터의 더 큰 비판에 직면한 미국은 2007년의 경제위기를 겪으면서 본격적인 패권의 약화를 실감하게 되었다.

　타국과의 마찰은 최소한으로 자제하면서 국가 경제를 발전시키는 것에만 집중한다는 중국의 내부지향적 발전 전략은 비교적 오랫동안 지속되었다. 오랜 기간의 개혁과 개방 노력을 통해 중국은 경제성장과 국가 발전의 측면에서 가시적인 성과를 거둘 수 있었다. 이러한 상황에서 미국의 패권에 불안정성이 증대되자 중국은 움츠렸던 몸을 펴고 강대국으로서의 지위를 확보해야 할 때가 되었음을 인식했다. 글로벌 경제위기 해결을 위한 다자간 합의 과정에서 국제무대에 대한 전면적 참여를 계기로 중국은 다른 다양한 국제 문제에서도 주도적 역할을 하겠다는 의지를 피력하고 있으며 경제력을 바탕으로 현대화된 군사력을 과시하는 데도 적극적인 모습을 보이고 있다.

기존의 패권국가로서 미국은 정체성의 측면에서 자신의 패권적 능력이 약화되었다는 점을 인식하고 약화된 능력을 회복하여 패권적 지위를 지속하려는 이익을 추구하게 되었다고 볼 수 있다. 반면에 중국은 더 이상 타국이 만들어 놓은 질서에 순응만 하는 것이 아니라 자신의 의지로 국제질서를 형성할 수 있을 만한 능력을 갖추었음을 인식하고 국제무대에서 지도적 지위를 확고히 다지려는 이익을 추구하고 있다. 과연 미국과 중국은 지난 2013년 6월 7~8일 캘리포니아에서 개최되었던 미·중 정상회담의 약속처럼 과거 강대국들의 경험을 답습하지 않고 평화적인 패권 공유를 위한 새로운 협력의 길을 모색할 수 있을 것인가?[144]

---

144) The New York Times 인터넷판. Jackie Calmes and Steven Lee Myers. 2013. 6. 8. "US and China Move Closer on North Korea, but Not on Cyberespionage." [http://www.nytimes.com/2013/06/09/world/asia/obama-and-xi-try-building-a-new-model-for-china-us-ties.html?pagewanted=all] 검색일: 2013. 6. 9.

제4장
미국과 중국 FDI 정책의 변천

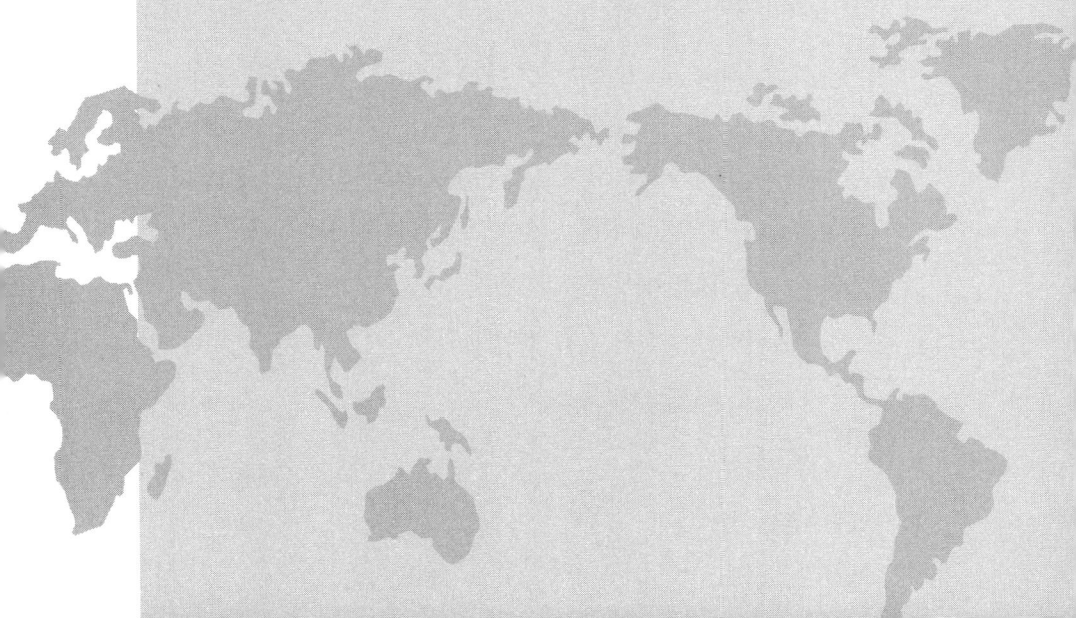

4.1
서론

다국적기업(MNC: Multinational corporations)은 FDI를 해외에서의 기업전략과 경쟁력을 비롯한 생산활동 체계를 재구성하는 중요한 수단으로 여긴다. 또한 FDI는 경제적 세계화를 심화시키는 원동력의 한 가지 요소로 세계경제뿐만 아니라 국제정치에서도 중요한 관심의 대상이 되어 왔다. FDI를 유치하는 국가는 투자유치를 통하여 자국경제의 발전을 촉진하고 세계시장에 진출할 기회를 얻을 수 있다고 믿는다. 투자주체가 되는 국가 역시 FDI를 통하여 천연자원과 기술을 비롯한 다양한 요소를 통제함으로써 지속적인 국부 창출을 꾀할 수 있다고 본다.[145]

미국과 중국도 역시 FDI를 통한 경제적 관계에서 그러한 효과를 기대했다. 1980년대로부터 꾸준히 증가한 미국 기업들의 대중국 FDI를 통해 미국은 중국의 풍부한 노동력을 제공받아 부를 축적하였고 중국은 부족한 자본과 경영 노하우를 지원받아 경제발전을 지속할 수 있었다. 서로의 이익에서 조화를 이룬 미국과 중국의 경제는 FDI를 포함한 경제활동 교류를 증가시켰으며 그와 함께 정치적 관계에서도 우호와 협력의 수준을 높여 갔다. 냉전시대의 후반기로부터 줄곧 심화 발전되어 온 양국 관계의 상호의존과 정치적 화합 양상은 자유주의적 관점의 국제정치 이론에 힘을 실어 주는 대표적 사례가 되었다.

양국의 상호의존과 정치적 화합 양상에 변화의 모습이 발견되기 시작

---
145) Bremmer, Ian. 2010. pp. 25, 54-83.

한 것은 2000년대 이후였다. 30년이 넘게 지속한 빠른 경제성장의 바탕 위에서 중국의 기술 수준과 자본축적은 괄목할 만한 성장을 이루었다. 이때부터는 더 이상 미국의 자본이 중국에게 경제성장을 위한 필수요소로 간주되지 않았다. 중국의 노동력도 역시 인도와 베트남 등과 같은 신흥경제가 등장함에 따라 미국 경제에 그다지 매력적 요소가 되지 못하는 상황이 되었다. 아울러 중국의 경제력과 군사력은 미국과 경쟁할 수 있을 만한 수준으로 성장하였다는 평가를 받게 되었다. 중국의 성장에 위기를 느낀 미국은 과거 중국과의 관계에서 보였던 너그러운 태도로부터 벗어나 중국의 추격을 견제하려는 태도를 보이기 시작했다. 중국 역시 과거의 내부지향적 성향에서 벗어나 외부를 향하여 자신의 목소리를 내며 국제무대에서 경제력의 규모에 걸맞은 지도적 지위를 차지하려는 의도를 내비치고 있다. 글로벌 경제위기에 직면해서는 미국의 위기해결 정책을 비판하며 기존의 패권에 대한 도전적 태도까지 보여 주었다.

이렇듯 미국과 중국이 서로에 대하여 나타내고 있는 태도와 자신의 입장에 대한 인식의 변화는 이들이 가진 FDI에 관련된 정책이나 제도의 변화를 통해서도 드러난다. 양국의 관계에서 FDI로 인해 갈등의 가능성이 증가하기 시작한 것은 미국이 중국에 대해 일방적으로 FDI를 진행하던 양상에 변화가 시작되면서부터였다. 2000년대에 들어와 중국의 기업들이 미국에 대한 FDI를 활발히 진행하면서부터 양국 FDI의 비대칭성을 점차 감소하기 시작했다. 특히 중국 기업들의 대미 FDI는 중국 정부가 국가 발전에 필요하다고 판단한 천연자원 개발과 첨단기술 분야에서 정부의 지원을 받아 전략적으로 진행되고 있다. 이러한 부문에서 유입되고 있는 중국의 FDI는 중국 경제에는 이익이 되는 것이 분명하지만 미국 경제에는 그다지 도움이 되지 않는다. 미국 기업들에게 전혀 생산 분업화의 동기가 존재하지 않는 상태에서 경제위기로 인해 악화된 재정상황을 틈타 유입되고 있는 중국의 FDI는 현 상황을 더 악화시킬 수 있는 경쟁자로만 비춰졌다. 때문에 미국 정부는 첨단기술이나 에너지 및 희귀광물 개발과 같이 국가이익에 민감한 핵심 산업 분야에서 중국 기업의 FDI 진입을 통제하려고 노력하게 되었다. 중국은 그러한 미국 정부의 태도가 자유무역에 기반한 국제경제 질서의 규범을 위반하는 것이라고 비판하고 있다.

이 장에서는 미국과 중국이 정체성과 이익의 변화에 따라 자신의 FDI 관련 정책을 어떻게 변화 또는 발전시켜 왔는지를 살펴본다. 이를 통해 중국 FDI의 유입에 영향을 받아 규제를 강화하고 있는 최근 미국의 FDI 정책 변화를 20세기 중반 이후 미국 FDI 정책이 변화되어 온 전체적 흐름 속에서 이해할 수 있을 것이다. 중국의 FDI 정책 역시 외부의 자극과 내부의 필요성에 의해 변화되어 왔다. 중국이 FDI 유입을 규제하는 정책을 마련하게 된 배경은 미국에서의 보호주의 경향 강화에 대한 반응인 동시에 FDI 유치의 절실함이 과거에 비해 낮아졌다는 점이다.

4.2
미국 FDI 정책의 변천 과정

4.2.1 냉전시대 이전의 FDI 정책

FDI는 미국의 경제발전에도 중요한 역할을 했다. 19세기 이후부터 미국으로 유입된 FDI는 대부분이 유럽의 자본이었다. 유럽의 투자자본은 20세기 초반까지 미국에서 철강을 비롯하여 화학, 방송, 통신, 교통 등과 같은 주요 산업이 발전할 수 있는 기반을 제공했다. 1914년 해외 투자자들이 미국에 투자한 자금은 71억 불로서 당시 미국 GDP의 약 20%에 달했으며 이 중 FDI 규모는 13억 불 정도였다.[146] 이는 1915년 미국 정부가 처음으로 해외 투자자금에 대하여 실시한 체계적 조사로부터 밝혀졌다. 미국의 정책결정자들은 조사 결과가 보여 준 해외 투자자금의 규모와 범위에 놀랐다. 자국 경제가 얼마나 해외 투자자들의 영향력 아래에 있는가를 실감했기 때문이다. 그 조사 이후 미국의 정책결정자들은 해외투자자금 유입을 통제하기 위한 여러 가지 제도를 마련하는 데 관심을 갖기 시작했다.

당시 미국이 해외의 투자자본에 대하여 국가안보적 관점에서 접근한 것은 1차 세계대전과도 관련되어 있었다. 독일 기업들은 1900년대 초부터 미국에 대한 직접투자를 꾸준하게 늘려 나갔지만 미국이 독일의 대미 FDI에 대하여 우려하기 시작했던 것은 1차 세계대전의 초기에 미국과 독일 사이의 적대감이 증가하기 시작한 이후부터였다. 그 계기가 된 것

---

146) Hymer, Stephen H. 1976. p. 30.

이 미국에 주재한 어느 독일 외교관의 서류가방 분실 사건이었다. 1915년 7월 독일 외교관인 알버트(Heinrich Albert)는 자신의 서류가방을 뉴욕의 전차에 놓고 내리는 실수를 저질렀다. 그 가방 안에서는 미국에서 생산되는 페놀의 대부분을 영국이 아닌 독일로 수출하도록 유도하기 위해 독일이 미국 내에서 진행하던 비밀 첩보활동에 관한 서류들이 발견되었다.[147] 페놀은 폭발물과 아스피린 제조 등에 쓰이는 주요 원료였다. 이 사건을 계기로 미국의 의회 내에서는 독일 기업들의 대미 FDI에 대한 경계심이 증폭되었다.

1차 세계대전이 진행되던 동안에는 유럽으로부터의 대미 FDI가 급격히 감소하였지만 여전히 영국과 독일로부터는 FDI가 유입되고 있었다. 전쟁기간 동안 유입되었던 영국과 독일의 FDI는 과거 유럽으로부터 수입에 의존하던 염료나 비료 등의 화학제품과 의약품, 그리고 각종 금속제품 등을 미국 내에서 직접 생산할 수 있게 함으로써 미국 경제에 수입을 대체하는 효과를 가져왔다. 영국과 독일의 투자자들에게는 전쟁으로 인해 불안정한 유럽에 비해 안정적인 미국이 훨씬 매력적인 투자의 대상이었다. 미국 경제는 전쟁 때문에 수입경로가 차단되고 물량이 부족하여 자칫 품귀현상을 빚을 수 있었던 제품들을 국내에서 직접 생산할 수 있게 되었다. 그뿐만 아니라 당시 영국과 독일이 가지고 있던 앞선 기술을 이전 받을 수 있는 기회를 얻은 것이기도 했다.

전쟁이 진행되면서는 미국도 점차 삼국협상(the Triple Entente) 측에 편승하게 되었다. 1917년 봄에는 미국도 유럽의 전쟁에 직접 참전을 결정하기에 이른다. 전쟁에 참여하게 되면서 미국 내에서는 독일의 투자자

---

147) Wilkins, Mira. 2004. *The History of Foreign Investment in the United States, 1914-1945*. Massachusetts: Havard University Press. p. 31.

금으로 운영되고 있던 기업들의 안보위협에 대한 우려가 증가했다. 이러한 우려는 미국 의회가 "적성국교역법"(TWEA: the Trading with the Enemy Act)을 마련하도록 하는 계기가 되었다.[148] TWEA의 핵심은 전쟁 또는 비상시에 대통령이 미국 영토 내에 위치한 외국 기업의 지사와 그 모기업 간의 거래를 통제할 수 있도록 한다는 내용이었다. 이 법률을 근거로 비록 외국자본이 소유한 기업이라도 미국 내에서 운영되고 있다면 정부가 국가안보를 위하여 통제권한을 행사할 수 있게 되었다. 실제로 윌슨(Woodrow Wilson) 대통령은 1917년부터 1918년 사이에 모든 독일 기업과 독일이 영향력을 행사할 가능성이 있다고 판단된 영국 및 덴마크 기업들의 미국 내 자산을 동결 또는 가압류하는 조치를 취했다. 동결 또는 가압류라는 조치는 전쟁이 종료되면 모든 재산이 원래의 주인에게 다시 돌아가는 것임을 의미했다. 하지만 전쟁이 끝난 후 체결된 베르사유 조약(the Treaty of Versailles)에 의해 그러한 재산의 대부분은 미국으로 소유권이 이전되었다. 당시 독일로부터 미국 기업으로 소유가 전환된 자산에는 토지나 공장설비 등의 유형자산뿐만 아니라 특허와 같은 지적자산도 포함되어 있었다.

미국이 국가안보의 차원에서 외국인 투자를 통제했던 사례는 방송통신 분야에서도 발견된다. 전쟁 초기에 미국 해군은 외국인 소유의 라디오 방송국이 적국의 첩보활동과 관련되어 있음을 의심했다. 이러한 의심은 1915년 영국의 여객선 루지타니아(Lusitania)호가 독일의 잠수함에 의해 침몰되면서 기정사실로 받아들여졌다. 이 사건이 벌어진 직후 미국은 가장 먼저 독일의 전자회사인 텔레퐁큰(Telefunken)이 소유하고 있

---

148) United States Code: Title 50a, Trading with the Enemy Act of 1917. ACT Oct. 6, 1917, CH. 106, 40 STAT. 411(§§ 1 – 44).

던 방송시설을 전파법(The Radio Act)에 적용하여 해군의 통제하에 놓았다. 그 조치로 인해 독일인과 독일 출신의 미국인들은 해당 방송시설에서 더 이상 일을 할 수 없게 되었다. 그뿐만 아니라 영국인이 1/3의 지분을 차지하고 있던 아메리칸 마르코니(American Marconi)의 방송시설도 정부가 통제하도록 했다. 미국이 전쟁에 직접 참여한 1917년부터는 미 해군이 국내의 모든 라디오 방송시설을 실질적으로 통제할 수 있었다. 전쟁이 끝나자 해군의 통제하에 있던 모든 방송통신 시설의 외국인 지분은 원래 주인에게 돌아가지 않고 제네럴 일렉트릭(General Electric)이나 알씨에이(RCA: the Radio Corporation of America)와 같은 미국 기업으로 매각되었다. 교통, 에너지, 금융 분야에서도 화학이나 방송통신 산업 부문에서 진행된 것과 유사한 국유화 및 소유권 이전이 진행되었다.

전쟁 직후에 진행된 독일자산의 강제수용에 뒤를 이어 미국 의회와 하딩(Warren Harding) 행정부는 국내 산업을 보호하기 위해 관세장벽을 높이는 등의 보호주의적 정책을 강화했다. 이러한 조치로 인해 독일의 투자자들을 포함한 외국인 투자자들은 미국 정부가 국제법에서 일반적으로 보장하고 있는 해외 투자자들의 권리를 보호하지 못한다는 인식을 갖게 되었다. 때문에 1차 세계대전이 종료된 후 미국으로 유입되었던 FDI 규모는 전쟁 전의 2/3 수준으로 감소하여 단 9억 불 수준에 머무르게 되었다. 이렇게 감소된 FDI 유입 규모는 1930년이 되어서야 전쟁 이전의 수준으로 회복되었다.[149]

영국을 비롯한 다른 유럽 지역과는 달리 미국 경제는 1차 세계대전으로 인한 파괴를 겪지 않았다. 따라서 미국은 전쟁으로 파괴된 유럽 지역의 재건에 필요한 자금지원의 주요 원천이 되었다. 1920년대부터 미국

---

149) Hymer, Stephen H. 1960. p. 30.

은 세계경제에서 주요 채권국의 기능을 담당하게 되었다. 이러한 채권국의 지위는 1980년대 레이거노믹스(Reaganomics)도 재정적자 정책이 지속될 때까지 이어졌다. 미국 기업들이 유럽에 진출을 본격화하기 시작한 것도 1920년대부터였다. 1914년 26억 불에 머물렀던 미국의 해외직접투자는 1930년까지 80억 불 수준으로 증가했다. 이는 1930년까지 미국으로 유입된 FDI 규모인 14억 불의 약 6배에 달하는 수치이다.[150] 아래의 표 6은 1900년대 초반과 1, 2차 세계대전 전후의 미국의 FDI 및 포트폴리오 투자 규모를 정리한 것이다.

표 6. 미국 FDI 및 Portfolio investment 규모(단위: 10억 불)[151]

		1914	1919	1930	1939	1946	1956
Outflow	FDI	2.6	3.9	8.0	7.0	7.2	22.1
	Portfolio investment	0.9	2.6	7.2	3.8	5.1	7.9
Inflow	FDI	1.3	0.9	1.4	2.0	2.5	4.5
	Portfolio investment	5.4	2.3	4.3	4.3	4.5	8.8

참고: 미상무부 경영경제국.

1920년대를 거치면서 전쟁 이전의 경제 규모를 회복함과 동시에 그 이상으로 팽창한 미국 경제는 대공황으로 인하여 다시 어려움을 맞게 되었다. 1931년 80억 불이었던 외국에 대한 FDI가 1939년까지는 70억 불로 감소했다. 그러나 미국 내로 유입되었던 FDI의 누적액은 여전히 완

---

150) *Ibid*. p. 30.
151) US Department of Commerce, Office of Business Econcmics. 1958. *Balance of Payments: Statistical Supplement*. Washington DC.: US Government Printing Office. p. 181.

만한 상승세를 유지했다. 해외로부터 미국으로 유입되었던 FDI는 1930년 14억 불에서 1939년 20억 불로 증가했다. 대공황이라는 경제 침체기 동안 미국으로 유입된 FDI는 화학, 철강, 에너지, 전기 등의 산업 분야에서 국제적인 카르텔이 형성됨으로 인해 발생한 것이었다. 대공황으로 인한 수요 감소는 대부분의 기업들이 제품가를 낮출 수밖에 없는 요소로 작용했다. 때로는 기업들이 시장 점유율을 유지하기 위하여 제품의 가격을 원가 이하로까지 낮추는 현상이 발생하기도 했다. 이러한 상황하에서 기업들은 생존을 위하여 일정한 가격 수준을 유지하는 카르텔을 형성하였고 상대 기업들이 약속을 어기는지 여부를 감시해야 했다. 동종 업계 경쟁자들 간의 카르텔은 가격의 하락을 막기 위한 제품생산 감량이나 상대 기업의 활동 분야를 침해하지 않는 것이었다. 카르텔이 형성되는 과정에서 미국으로 유입되었던 FDI는 상대 기업의 약속이행을 감시하기 위한 목적을 갖고 있었다. 실례로 독일의 화학산업 재벌이었던 파르벤(I.G. Farben)은 미국의 석유기업 스탠다드 오일(SONJ: Standard Oil)과 서로 상대의 사업 분야를 침해하지 않는다는 협정을 체결했던 것으로 알려져 있다. 듀퐁(DuPont)도 역시 영국의 화학기업인 임페리얼 케미칼(Imperial Chemical Industries)과 협정을 맺고 서로 미국과 영국 시장을 분할했다.

  2차 세계대전이 시작되자 대공황 기간 동안에 형성되었던 많은 국제적 카르텔이 미국 내에서 반독점법(The Clayton Antitrust Act)을 위반한 것으로 기소되었다. 심지어 파르벤은 미국뿐만 아니라 독일 정부로부터도 조사의 대상이 되었다. 미국 정부는 나치정권하에서 화학 산업에 전문성을 가진 파르벤이 독일의 재무장에 많은 기여를 할 수 있다고 판단했기 때문에 파르벤을 통제하려 했다. 독일 정부는 파르벤이 가진 기술력을 미국에 판매하지 못하도록 통제했다. 파르벤이 제공하는 기술에 의존하던 스탠다드 오일은 제품의 생산에 필요한 기술을 독자적으로 개발해야만 했다. 임페리얼 케미칼과 듀폰 간의 카르텔 협정도 반독점법 위반으로 기소되었고 이는 양사 간의 대규모 소송으로까지 이어졌다. 미국과 독일 간의 적대감이 본격화된 후인 1941년에는 루즈벨트(Franklin Delano Roosevelt) 대통령이 적성국교역법에 근거하여 독일과 일본, 이태리 기업의 미국 내 자산을 동결하는 데 승인했다. 파르벤의 미국 내 자회사였던 제네랄 애니라인 웍스(General Aniline Works)를 시작으로 하버드 브로잉(Harvard Brewing Company), 아메리칸 보쉬(American Bosch), 아메리칸 포타쉬 앤 케미컬(American Potash and Chemical), 제네랄 다이스터프(General Dyestuff), 셰링(Schering), 미쯔비시 트레이딩(Mitsubishi Trading Company) 등과 함께 이태리 4개 은행의 자산이 동결되었다.[152] 이렇게 동결된 자산은 대부분이 전자, 제약, 화학 분야의 기업들이었다.

반독점법은 2차 세계대전 당시에 미국 정부가 외국 기업에 대해 사용할 수 있는 주요 무기였다. 미국의 전쟁수행에 부정적 영향이 예상되면 독일을 비롯한 적성국 기업이 소유한 자산뿐만 아니라 연합국 기업의 자산까지도 모두 미 법무부(the Department of Justice) 예하의 반독점 담당 부서가 조사를 진행했다. 현재로서는 당시 외국인이 통제하던 기업이 정말로 미국의 전쟁수행에 부정적이었는지를 판단하기에는 매우 어렵다. 하지만 외국인 소유의 기업을 몰수함으로써 그들의 앞선 기술을 활용할 수 있게 되었다는 점은 명백히 미국의 전쟁수행에 긍정적인 영향을 주었다고 볼 수 있다. 특히 독일인 소유의 기업이었던 아메리칸 보

---

152) Wilkins, Mira. 2004. p. 536.

쉬, 제네럴 애니라인 필름(General Aniline & Film Corporation), 아메리칸 포타쉬 앤 케미컬 등은 미국 국방부로부터 전쟁에 기여한 공로에서 최우수 등급(Army-Navy "E" award)을 받았다.[153] 독일 기업 파르벤이 제작 기술을 독점하고 있던 합성고무는 독일 정부의 수출금지 명령이 있기 이전까지 미국 내의 자회사를 통해 미국으로 충분한 양이 공급되었다. 파르벤으로부터 합성고무 제작 기술의 공급이 중단되자 미국은 파르벤의 미국 내 자회사를 몰수하고 독자 생산을 위한 기술을 개발하기 시작했다. 이 때문에 1942년 일본이 말레이시아를 점령함으로써 천연고무의 공급이 중단된 후에도 미국은 군수물자 생산에 큰 타격을 받지 않았다.

4.2.2 냉전시대의 FDI 정책

미국으로 유입되는 FDI의 주요 원천이었던 유럽의 경제는 2차 세계대전을 통해 또 한 번의 심각한 파괴를 경험했다. 2차대전 직후의 유럽 경제는 1차대전 직후보다 훨씬 더 열악한 상태였다. 패전국인 독일, 이태리, 일본은 물론이거니와 승전국인 영국과 프랑스 등도 경제상황이 악화된 것은 마찬가지였다. 유럽의 경제 재건을 위한 노력은 1970년대까지 지속되었다. 미국으로의 FDI도 1956년부터 1977년까지 연평균 13.5%씩 꾸준히 증가했고 1977년까지 미국에 투자된 FDI 누적량은 1,460억 불에 도달했다. 그러나 이 시기 미국의 경제는 높은 인플레이션을 경험하고 있었으며 달러화가 유럽 각국의 통화에 비해 평가절하 된 상태였다. 이러한 점을 감안하면 유럽으로부터 미국으로 유입되었던 FDI가 미국의 경제규모에서 차지한 비중은 약 2.6%로 그렇게 크지는 않은 것이었다. 이는 1914년 당시에 유럽으로부터 미국으로 유입되었던 FDI 비중

---

153) *Ibid.* p. 541.

보다도 더 낮은 규모였다.[154] 이와는 반대로 2차 세계대전 이후 미국에서 해외로 진출한 FDI는 미국으로의 유입 규모에 비해 3배 이상의 매우 빠른 성장속도를 보였다. 미국의 FDI 진출은 대부분이 유럽의 선진 산업국에 집중되었다. 유럽 지역에 대한 미국 기업의 진출도 유럽인들은 미국 경제가 유럽을 지배하게 될 것이라는 두려움을 가지기도 했다. 1969년까지 미국이 유럽에 대하여 진행한 FDI는 680억 불에 달하며 1955년부터 1960년대 후반까지 187개의 미국 기업이 유럽에 진출하여 활동하고 있었다.[155] 이들 기업 중 대부분은 포춘지가 선정한 500대 기업 중 상위 200위 내에 포함되어 있었다.

전후 미국은 FDI를 유치하는 데도 비교적 적극적인 입장을 유지했다. 당시 미국경제에는 대공황과 2차대전 당시에 정부가 재정적자를 감수하면서 공공분야에 대해 지출했던 자금이 국민들의 저축을 통해 금융계를 거쳐 다시 국내 산업에 투자되는 경제적 순환이 절실히 필요했다. 하지만 여전히 국내 저축율이 충분히 증가하지 않았기 때문에 산업 부문에 소요되는 자본을 FDI로 충당하려 한 것이다. 전후 미국의 FDI 정책에 대하여 연구한 버그스탠, 호스트, 모란(C. Fred Bergsten, Thomas Horst, Theodore Moran)은 FDI의 유출입이 미국의 이익에 긍정적으로 기여하는 부분이 많지만 정부의 세제, 투자장려, 실적요건 등과 같은 정책들이 그 효과를 상쇄하고 있다고 주장했다.[156] 반면 바깃과 뮐러(Richard J. Barnet, Ronald E. Muller)는 FDI가 미국 경제에 긍정적이지 않기 때

---

154) Graham, Edward M. and Paul R. Krugman. 1995. *Foreign Direct Investment in the United States*. Washington DC.; Institute for International Economy. p. 14.
155) Vernon, Raymond. 1971.
156) Bergsten, C. Fred, Thomas Horst, and Theodore Moran. 1978. *American Multinationals and American Interests*. Washington DC.: Brookings Institution.

문에 이를 막아야 한다는 입장이었다.[157] FDI에 대한 바넷과 뮐러의 부정적 견해는 당시 미국 정부에게 받아들여지지는 않았다.

버그스탠이 카터(Jimmy Carter) 행정부의 재무부 차관보가 된 후 1977년에 대통령 명의로 발표된 FDI 관련 정책에서 미국 정부는 FDI의 유출입에 관하여 중립적 입장을 취하고 있는 것으로 나타났다.[158] 1983년 레이건 행정부가 발표한 정책에는 이전 정부의 입장을 견지한데 더하여 미국으로 유입되는 FDI가 시장의 이해관계에 의한 것이라면 언제든 환영한다는 내용이 포함되었다.[159] 그러나 레이건 행정부는 석유수출국기구(OPEC: Organization of Petroleum Exporting Countries)로부터 유입되는 FDI에 대해서만은 다른 입장을 보였다. 1974년과 1977년 두 차례의 오일쇼크로 막대한 양의 오일달러를 축적한 중동 국가들에게 미국 경제의 주요 핵심 자산을 빼앗길 수 있다는 우려를 가지고 있었기 때문이었다.

미국 의회는 1977년 적성국교역법(TWEA)과 국제긴급경제권한법(IEEPA: International Emergency Economic Powers Act)을 수정함으로써 미국 내에서 외국인이 소유한 자산을 동결 또는 박탈할 수 있다는 대통령의 권한을 축소했다. 적성국교역법은 대통령에게 전쟁 시 또는 국

---

157) Barnet, Richard J. and Ronald E. Muller. 1974. *Global Reach: The Power of the Multinational Corporations*. New York: Simon and Schuster.

158) US Congress. House of Representatives. Committee on Government Operations. 1979. *The Operations of Federal Agencies in Monitoring, Reporting on, and Analyzing Foreign Investments in the United States*. Hearings. 96th Congress, 1st Session, Part 3, July 30, 1979. Washington DC.: US Government Print Office. p. 60-61.

159) "Statement on International Investment Policy" *The Public Papers of President Ronald W. Reagan*. Ronald Reagan Presidential Library. [http://www.reagan.utexas.edu/archives/speeches/1983/90983b.htm] 검색일: 2012. 8. 15.

제적으로 긴급한 상황에서 외국인의 자산을 동결하거나 몰수할 수 있는 권한을 부여하고 있다. 그러나 국제긴급경제권한법에서는 적성국교역법이 효력을 발휘하기 위해서는 먼저 대통령이 국가비상법(the National Emergency Act)[160]에 의거하여 국제적 긴급사태를 선포해야만 한다고 규정했다. 또한 대통령이 긴급사태 시 외국인 소유의 자산을 동결할 수는 있지만 1차대전의 경우처럼 소유권을 박탈할 수는 없다고도 규정했다. 비상상황에서 통제를 위하여 동결된 외국인의 자산은 그 비상상황이 종료되면 원래 투자자에게 되돌려주는 것을 원칙으로 한 것이다. 국제긴급경제권한법으로 대통령의 외국인 자산 통제에 관한 권한을 제한하면서도 여전히 긴급사태가 선포된 상황하에서는 적성국교역법의 범위 안에서 외국인이 소유한 자산을 동결하고 통제할 수 있는 여지를 남겨 두었다.

표 7. 미국 FDI 유출입 누적 규모: 1914~1985(단위: 10억 불)

	1914	1919	1930	1939	1946	1956	1977	1985
FDI outflow	2.6	3.9	8.0	7.0	7.2	22.1	51.5	184.6
FDI inflow	1.3	0.9	1.4	2.0	2.5	4.5	146.0	251.0

참고: 미상무부 경영경제국. 1977년과 1985년 자료는 Froot, Kenneth A. (1993) 참고.[161]

1970년대 후반에는 외국에 진출한 FDI가 국내로 유입된 FDI 규모에 추월당하는 역전현상이 나타났다. 2차대전 직후부터 1960년대 전반까

---

160) *National Emergencies Act of 1976.* Public Law 94-412. US Statutes at Large 90(1976): 1255. Codified at US Code 50(2000). § 1601 et seq.

161) Froot, Kenneth A. eds. 1993. *Foreign Direct Investment* Chicago: University of Chicago Press. pp. 147-148, 150-151.

지는 외국으로 진출한 FDI가 급격하게 증가세를 보인 데 비해 미국으로의 FDI 유입은 비교적 완만하게 증가했었다. 그러나 1960년대부터는 경제회복에서 성과를 보이기 시작한 유럽과 일본으로부터 미국으로 유입되는 FDI가 훨씬 더 빠른 증가속도를 보였기 때문이다. 위의 표 7은 1914년부터 1985년까지 미국의 FDI 유출입 누적 규모를 정리한 것이다. 1956년 45억 불이었던 FDI 유입 누적액은 1977년까지 1,460억 불로 32.4배가 증가한 반면 해외로 투자된 FDI 누적액은 1956년 221억 불에서 1977년 515억 불로 2.3배 증가하는 데 그쳤다. 그러나 이 현상은 1980년대로 들어서면서 다시 역전되기에 이른다. FDI의 유입속도에 비해 해외로 진출하는 FDI의 속도가 다시 빨라졌다는 의미이다. 1985년까지 미국으로 유입된 FDI 누적액은 2510억 불로 1977년에 비해 1.7배 증가하는 데 그쳤지만 외국에 진출한 FDI는 1,846억 불로 1977년에 비해 3.24배가 증가했다. 이를 연평균 증가율로 따져 보면 FDI의 유입은 1977년부터 1985년까지 매년 9%씩 증가한 데 비해 해외로 진출한 FDI는 매년 28.7%씩 증가한 것이다.

4.2.3 1990년대의 FDI 정책

1980년대 후반부터는 세계 여러 국가의 MNC들이 해외진출과 FDI를 매우 활발하게 진행하기 시작했다. 많은 국가들 사이에서 진행된 MNC의 FDI와 해외진출은 국가들 간의 상호의존과 세계경제의 통합을 가속화시키는 결과를 만들어 냈다. 세계경제에서 FDI가 차지하는 비중은 아래의 표 8을 통해 확인할 수 있다. 아래 표는 UNCTAD에서 발표된 전 세계 FDI 누적액을 정리한 것이다. 1985년 전 세계 FDI 누적액은 1조 달러에 못 미치는 수준에 그쳤지만 2005년의 FDI 누적액은 10조 달러를 넘어섰으며 2011년까지는 20조 달러를 넘어섰다. 이를 연평균 증가율로 계산하면 1985년 이후 2011년 현재까지 전 세계 FDI 규모는 매년 12.4%씩 꾸준히 증가한 것이 된다. 미국으로 유입된 FDI 누적액은 세계 경제의 추세와 비슷하게 1985년부터 2005년까지 20년 동안 1,846억 불에서 1조 6,258억 불로 9배 증가하였다. 중국에 대한 FDI의 누적액은 훨씬 더 빠른 증가세를 보여서 1985년 61억 불에서 2005년 3,226억 불로 약 53배 가까이 성장했다.

표 8. 세계 FDI 유입 누적액: 1985~2011(단위: 10억 불)

FDI 유입 누적액	1985	1990	1995	2000	2005	2011
World total	972.2	1950.3	2992.1	6089.9	10129.7	20438.2
Developed nations	569.7	1399.5	2035.8	4011.7	7117.1	13055.9
Developing nations	402.5	548.0	916.7	1939.9	3012.6	7382.3
USA	184.6	394.9	535.5	1214.3	1625.8	3509.4
China	6.1	20.7	134.9	196.1	322.6	711.8

참고: UNCTAD. Word Investment Report.

1980년대 말부터 1990년대 초는 미국 내에서 FDI를 다시 국가안보의 관점에 입각하여 바라보는 시각이 증가한 시기이기도 하다. 일본 기업들이 미국 기업들에 대한 인수합병을 늘리면서 미국 내에서는 미국의 기술력이 일본에 팔아 넘겨지고 있다는 우려가 사회 곳곳에서 터져 나왔다. 『떠오르는 태양』(Rising Sun)이라는 소설이 영화로 만들어지고 톨친 부부(Martin Tolchin, Susan J. Tolchin)의 『Buying into America』

(1988)와 『Selling Our Security』(1992)라는 책이 인기를 얻었다. 심지어 서로우(Lester Thurow) 교수는 일본과 미국 간에 전쟁이 일어나는 상황을 가정하기도 했다. 그는 FDI로 인한 기술 공동화 때문에 미국이 일본과의 전쟁에서 매우 어려워질 수도 있음을 주장하기까지 했다.[162] 그러나 이들이 우려한 기술 공동화 또는 쇠퇴 현상은 일어나지 않았다. 1990년대에도 미국의 기술력은 새롭게 성장한 IT 산업으로 인하여 지속적인 발전을 이루었다. 일본 기업의 미국 진출에 대한 우려는 대중들에게 낯선 일본 기업들의 명칭 때문에 다소 증폭되었을 가능성도 없지 않다. 일본 기업이 미국에 진출하기 이전인 1960~1970년대에도 많은 유럽 기업들이 미국에 FDI를 진행했던 것이 사실이지만 셸(Shell), 레버 브라더(Lever Brothers), 필립스 노랠코(Philips Norelco) 등의 기업명칭은 미국인들에게 익숙한 서구식 명칭이었고 심지어는 이들을 외국기업으로 인지하지 못하는 경우도 많았을 것이다. 그러나 미쯔비시(Mitsubishi), 소니(Sony), 토요타(Toyota) 등과 같은 회사명은 기존의 유럽 기업들과는 확연히 다른 이름이었고 미국인들이 느끼기에 실제보다 훨씬 더 많은 자산이 일본 기업들의 손에 넘어가고 있는 것으로 여겨졌을 가능성이 있다.

정치인들도 특히 일본 기업들의 미국 진출에 대하여 공개적 우려를 표명하는 경우가 많았다. 국내 경제가 내포한 문제를 이성적으로 분석하기보다 감성적 수준에서 일본 기업의 탓으로 돌리는 편이 좀 더 쉽고 호소력도 높았을 것이다. 1992년 선거에서는 일본과의 무역 불균형 문제가

---

[162] Thurow, Lester. 1993. *Head to Head: The Coming Economic Battle Among Japan, Europe, and America*. New York: Warner Books Inc.; Tolchin, Martin, and Susan Martin. 1992. *Selling Our Security: The Erosion of America's Assets*. New York: Knof.; Tolchin, Martin, and Susan Martin. 1988. *Buying into America: How Foreign Money is Changing the Face of Our Nation*. New York: Times Books.

선거쟁점으로 활용되면서 정치인들이 일본 기업들을 희생양으로 삼았다. 일부 보호주의적 정치인들로부터 미국이 전통적으로 지속해 온 자유무역정책을 수정해야 한다는 주장이 제기되기도 했다. 국산품 사용을 위한 제도 마련과 국내 기업의 소유권을 되찾는 방안에 대한 논의가 활발히 진행되었다. 외국인 투자의 필요성과 자유무역의 가치에 대한 주장이 없었던 것은 아니지만 이 시기 대중의 여론은 대공황기에 등장했던 국산품 애용 캠페인인 '바이 아메리카'(Buy American)의 부활과 보호주의로 기우는 경향을 보였다. 새로 당선된 클린턴 행정부는 전통적으로 미국이 추구해 왔던 자유무역과 당시의 여론이 요구하는 보호무역 사이에서 일관된 정책적 입장을 견지하기가 어려울 수밖에 없었다.

이렇듯 탈냉전 직후 미국의 보호주의적 경향은 일본에 대한 미국인들의 강박관념으로부터 비롯된 것으로 볼 수 있다. 미국의 대중들에게 일본에 대한 강박관념이 다시 부각된 계기는 기업명칭부터 확연히 구분되는 일본 기업들이 미국 기업을 인수하는 사례가 증가한 것이었다. 대중들은 과연 앞으로 얼마나 많은 기업이 일본인들에게 팔릴 것인가라는 궁금증으로부터 시작하여 일본이 미국을 모두 집어삼킬 수도 있겠다는 두려움을 가지게 되었던 것이다.[163] 당시 미국인들의 감정은 1991년 부시 대통령이 소련의 언론매체와 가진 인터뷰를 통해서도 알 수 있다.

> 어떤 이들은 다소 냉소적으로 일본이 미국의 모든 것을 소유하게 될 것이라고 이야기합니다. 그러나 나의 입장은 일본이 우리나라에 투자하는 것을 지지한다는 것입니다. 일본 기업들이 우리나라에 투자

---

[163] Graham, Edward M. and Paul R. Krugman. 1995. *Foreign Direct Investment in the United States*. Washington DC: Institute for International Economics. p. 18.

를 늘리는 것은 경쟁의 결과입니다. 일본의 투자는 우리나라의 생산성 향상으로 이어질 것입니다. 만일 일본 기업들이 우리나라에 들어와 더 효율적인 경영방식을 우리에게 보여 준다면 일본 기업들과 경쟁해야만 하는 우리 기업들은 일본 기업들보다 더 나은 경영을 해야만 합니다. 그렇지 않으면 경쟁에서 도태될 것입니다.[164]

일본 기업의 진입에 대한 미국 내의 부정적인 여론은 1991년 부시 대통령의 지적처럼 객관적인 근거가 부족하고 감정적인 측면이 강했지만 연방정부가 2차 세계대전 이후 고수해 온 자유무역 정책에 변화를 가져왔다. 특히 유럽 국가의 FDI에 비해 일본의 FDI가 다음 몇 가지 법률에 근거하여 더 많은 규제를 받았다. 첫째, 클래이튼법(the Clayton Antitrust Act)[165]으로 알려진 독점금지법의 규제 대상이 되었다. 클래이튼법의 7조는 미국 기업에 대한 인수·합병을 진행하는 국내외 기업을 대상으로 하며, 그 인수·합병 거래가 미국 시장에서 독점을 형성하거나 공정한 경쟁을 와해하려는 목적을 가졌다고 판단되면 연방정부가 해당 거래를 금지할 수 있다고 규정하고 있다. 인수·합병 거래의 7조 위반여부는 미 법무부의 반독점 담당부서(the Antitrust Division of the Department of Justice)와 연방무역위원회(the Federal Trade Commission)가 판단하도록 되어 있다. 당시 일본 기업들은 본국에서 반독점법의 적용을 받아본 경험이 없었으므로 미국 기업에 대한 인수·합병 거래에서 위 두 기구가 진행하는 독점금지법 위반여부 심사를 위한 준비도 병행해야만 하는

---

164) "Remarks and an Exchange with Soviet Journalists on the Upcoming Moscow Summit." *The Public Papers of President George Bush*. George Bush Presidential Library. [http://bushlibrary.tamu.edu/research/public_papers.php?id=3241&year=1991&month=7] 검색일: 2012. 9. 1.

165) Title 15 of the United States Code § 12.

번거로움을 겪었다.

둘째, 1920년에 제정되었던 광산 대여 금지법(the Mineral Lands Leasing Act)[166]과 1954년 제정된 원자력 에너지법(the Atomic Energy Act)[167]이 일본 FDI의 미국 진출을 규제했다. 광산 대여 금지법은 미국 기업에게 동등한 권리를 부여하지 않는 국가의 기업이 미국 내에서 천연자원 채굴의 권한을 가진 기업을 인수하거나 투자하지 못하도록 하는 내용을 담고 있다. 원자력 에너지법은 외국인이 핵시설에 대한 통제 및 접근 권한을 획득하지 못하도록 규정하고 있다. 자원 빈국에 속하는 일본이 천연자원과 에너지를 확보하기 위해 미국의 천연자원 채굴 기업과 원자력 기술을 보유한 기업에 관심을 가진 것은 자연스러운 일이다. 그러나 미국 정부는 국가안보의 차원에서 천연자원과 원자력 에너지 분야의 일본 FDI 진출을 규제했다.

셋째, 1974년 제정된 해외 투자 연구법(FISA: the Foreign Investment Study Act)[168]과 1976년 제정된 국제 투자 조사법(IISA: the International Investment Survey Act)[169]은 일본의 FDI 진입을 감시하고 평가할 새로운 기구를 설립하는 근거가 되었다. 1960~1970년대는 미국으로 진입하는 FDI가 급속하게 증가한 시기였다. 그러나 외국과의 통상 및 교역에 관한 공식적 권한을 가진 의회는 1974년 해외 투자 연구법이 제정될 때까지 외국인 투자의 규모나 범위에 대한 정확한 정보를 가지고 있지 못했다. 이 법을 근거로 상무부가 해외 투자와 관련된 자료를 조

---

166) Title 30 of the United States Code § 181-287.
167) Title 42 of the United States Code § 2011.
168) Public Law No. 93-479, §§ 1-11, 88 Statutes 1450-1454.
169) Public Law No. 94-472, §§ 2, 90 Statutes 2059-2064(Title 22 of the United States Code § 3101-3108).

사한 결과를 접한 의회는 해외 투자에 대한 지속적인 관찰과 분석이 필요하다는 사실을 인식하고 1976년 국제 투자 조사법을 제정했다. 국제 투자 조사법은 대통령이 국제적 자본흐름과 국제적 투자에 관한 최신 정보를 정기적으로 확보하기 위한 프로그램을 운영할 수 있도록 했다. 또한 연방정부가 FDI 거래에 대한 평가와 분석을 진행하여 그 결과를 의회 및 상임위원회와 대중에게 공개하도록 하고 있다. 포드(Gerald Ford) 대통령은 1975년 외국인 투자 위원회(CFIUS: the Committee on Foreign Investment in the United States)를 대통령 자문기관으로 신설하고,[170] 1978년에는 IISA를 근거로 상무부 예하에 FDI에 관한 자료를 담당하는 부서를 마련했다. 상무부의 FDI 담당 부서와 외국인 투자위원회를 활용하여 미국 의회와 대통령은 미국 내에서의 외국인 투자활동을 상시적으로 감시하는 기제를 갖추게 되었다.

이 두 기관은 일본의 기업들이 첨단기술 산업분야에서 미국에 진입하는 것을 규제했다. 소니(SONY), 니콘(Nikon), 티이엘(TEL), 고쿠사이(Kokusai), 앤이씨(NEC), 미쯔비시(Mitsubishi), 후지쯔(Fujitsu), 오키(Oki) 등이 미국에 진출하자 1987년 미국 정부는 IT 분야 첨단기술에 대한 연구·개발을 위해 민간기업들과 합작투자 형식으로 세마테크(SEMATECH: the Semiconductor Manufacturing Technology)라는 컨소시엄을 구성하였다. 세마테크가 당시 의회에 제출했던 보고서에는 미국에 진출한 일본의 반도체 기업들이 미국의 반도체 회사들과 부품 또는 설비 공급 등의 측면에서 협력을 거부하고 있다는 내용이 포함되어 있었다.[171] 일본 기업이 IT 분야에서 자신들의 기술적 우위를 지속하기 위

---

170) Executive Oder no. 11858(1975).
171) Mayer, Jeffrey L. 1990. "SEMATECH 1990 – A Report to Congress." The Advisory Council on Federal Participation in SEMATECH. (May).

해 설비나 기술의 유출을 하지 않으려 한다는 의미였다. 또한 그러한 기술적 뒤처짐이 계속된다면 미국 기업들이 시장에서 가격 경쟁력을 가질 수 없으며 장기적으로는 국가안보에도 위협적인 요소가 된다는 점을 지적했다. 세마테크가 제기한 첨단기술의 보호 및 개발에 대한 주장은 일본 기업을 비롯한 외국인 투자자에 대하여 미국 시장을 폐쇄하는 구실이 되었다.

의회가 1988년 통과시킨 엑슨-플로리오 수정안(the Exon-Florio Amendment)은 1950년 발효된 방위생산물법(the Defense Production Act)의 721조를 수정한 것이다. 이 수정 법률은 대통령이 국가안보의 관점에서 외국인의 미국 기업 인수·합병을 심사할 수 있도록 규정했다. 심사 결과가 국가안보에 위협적이라고 판단되면 대통령은 이 법률에 근거하여 해당 거래를 금지할 수도 있다. 이를 위하여 필요한 조사 권한과 책임은 외국인 투자위원회(CFIUS)로 위임되었다. 엑슨-플로리오 수정안에 의해 CFIUS는 재무장관을 의장으로 하고 그 외에 안보 및 경제정책을 담당하는 장관급 인사 11명을 위원으로 구성되었다.[172] 법률과 국방, 경제, 과학기술 등을 담당하는 여러 부처의 장관들이 함께 참여함으로써 위원회의 조사와 결정을 다양한 각도에서 주의 깊게 판단하기 위한 의도였다. CFIUS의 조사는 인수·합병을 진행하는 거래 당사자들이 자진신고 한 자료를 토대로 개시되는 것을 원칙으로 한다. 하지만 자진신고가 지켜지지

---

172) 외국인 투자위원회(CFIUS: the Committee on Foreign Investment in the United States)의 구성은 다음과 같다; 의장: 재무장관(Secretary of Treasury), 위원: 국무장관(Secretary of State), 국방장관(Secretary of Defense), 상무장관(Secretary of Commerce), 국토안보부장관(Secretary of Homeland Security), 법무장관(Attorney General), 예산관리실장(Director of the Office of Management and Budget), 무역대표부장(United States Trade Representative), 경제자문위원회 의장(Chairman of the Council of Economic Advisers), 과학기술정책실장(Director of the Office of Science and Technology Policy), 국가안보보좌관(Assistant to the President for National Security Affairs), 경제정책보좌관(Assistant to the President for Economic Policy).

않았을 경우에는 위원회에 참여하는 위원 중 어느 누구라도 조사의 실시를 요구할 수 있다. 엑슨-플로리오 수정안이 규정하고 있는 CFIUS의 조사절차는 아래 그림 10과 같이 정리할 수 있다.[173]

그림 10. 외국인 투자위원회 조사절차

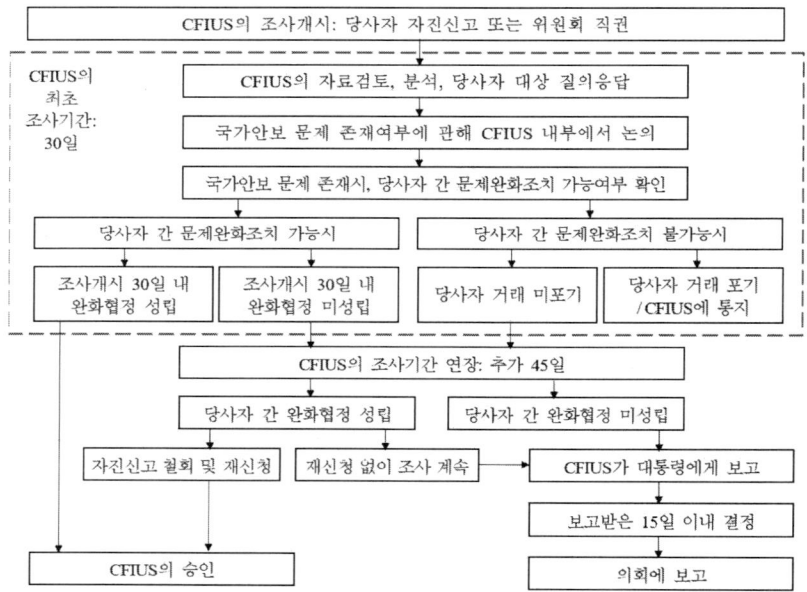

엑슨-플로리오 수정안에 의해서 외국인 투자위원회(CFIUS)에 부여된 조사권한의 주요 특징은 다음과 같다. 첫째, 위원회의 조사권한은 대통령으로부터 위임받은 것으로서 조사를 개시하는 시점에 대한 제약이 존재하지 않는다. 기본적으로는 인수·합병 거래를 진행하는 각 기업 당사자가

---

173) 이준호. 2008. "2007년 미국 외국인투자와 국가안보에 관한 법률." 한국법제연구원 내부자료. p. 16; Graham, Edward M. and David M. Marchick. 2006. p. 36.

자발적으로 신고한 자료를 근거로 하여 CFIUS의 조사가 시작되지만 당사자의 자진신고가 없었을 경우에는 거래가 완료된 이후라도 위원회 구성원 중 어느 한 명의 요청이 있기만 하면 소급하여 조사를 시작할 수도 있다. 둘째, 조사대상이 되는 거래의 안보 위해성에 대한 판단은 객관적이기보다는 CFIUS의 주관적 결정에 따르는 경향이 있다. 위원회는 국가안보에 대한 개념을 의도적으로 명확하게 규정하지 않음으로써 정치 및 경제적 이해관계에 따라 국방, 과학기술, 교통, 통신, 에너지, 천연자원, 제조업 등 다양한 분야에 대한 광범위한 조사가 가능하도록 하였다. 셋째, 미국 기업에 대한 외국인의 소유 혹은 통제라는 개념에 대하여 매우 폭넓게 규정하고 있다. 외국인이 미국 기업의 지분을 10% 이상 보유한 경우라면 예외 없이 외국인 소유 혹은 외국인 통제라는 범주에 포함되는 것이다. 그 밖에도 위원회는 지분 소유와 통제의 주체를 외국 정부에만 국한하지 않고 외국인으로 규정함으로써 외국정부가 제3의 기업을 통해 간접적으로 미국 기업을 소유 또는 통제하려는 경우에 대해서도 조사할 수 있는 가능성을 열어 두었다. 넷째, 국가안보 위해성 여부의 판단을 위한 명확한 근거를 규정하지 않고 있다. 안보 위해성에 대한 규정을 법안에 명시하는 대신에 대통령에게 최대한의 재량권을 부여함으로써 국가안보에 위협적이라는 심증 또는 믿음만 있으면 해당 거래를 중지시킬 수 있도록 했다.[174] 결국 CFIUS의 국가안보 위해성 여부에 관한 판단은 매우 주관적이며 유연한 특성을 가지고 있다. 따라서 특정 외국자본의 미국 내 투자를 금지시킬 수 있는 대통령의 권한도 가변적일 수밖에 없다.

　1988년에 엑슨-플로리오 수정안이 제안된 배경에는 1985년의 플라자 합의(the Plaza Accord)로 인한 달러화 약세 기조가 있었다. 달러화

---

174) Code of Federal Regulations. title 31, sec. 800.

약세와 함께 레이건 행정부가 유지하던 금융투자시장 개방 정책으로 인해 해외 투자자본이 미국 기업들을 인수·합병하기에 용이한 조건이 형성되었다. 해외 투자자본과 기업에 비해 상대적으로 약화된 미국의 자본과 기업 경쟁력은 당연히 국내의 정치적 반발을 불러 일으켰다. 1980년대 말과 1990년대 초반 미국 자산에 대하여 적극적인 진출을 진행한 일본 기업들의 활동은 미국의 경제적 리더십에 위협적이라는 미국 내 여론을 확산시켰다. 레이건 행정부는 기업 간의 투자거래를 금지할 경우 해외 투자자본의 유치에 해가 될 수 있을 뿐만 아니라 일본시장에 대한 미국 기업들의 진출도 어려워질 수 있다고 보았다. 하지만 국가안보와 국가이익의 관점에서 필요한 경우 해외 투자자본의 국내진출을 막아야 한다는 의회와 CFIUS의 주장도 무시할 수는 없었다. 당시 일본의 후지쯔(Fujitsu)는 패어차일드(Fairchild) 주식의 80%를 사들여 인수·합병하려는 시도를 미국 의회의 반대와 미국 내 여론의 악화로 인해 포기해야만 했다.[175]

의회 내에서는 엑슨(James Exon) 상원의원과 플로리오(James Florio) 하원의원이 국제긴급경제권한법(IEEPA)의 발동 없이도 외국인 투자자의 국내기업 인수·합병을 금지할 수 있는 권한을 대통령에게 부여하는 법적 장치를 마련해야 한다고 주장했다. 경제권한법에 근거하여 외국 자본의 투자를 금지하기 위해서는 대통령이 투자자의 소속 국가에 대한 적대 행위나 그에 준하는 비상상태를 선포해야 한다. 그러나 엑슨과 플로리오가 제출한 수정법안에서는 국가 비상상태를 선포하지 않고도 필요에 의해 대통령이 외국 자본에 의한 국내기업 인수·합병을 막을 수 있도록 한 것이다. 이 수정법안은 2차 세계대전 이후 미국이 앞장서서 강조해 온 자

---

[175] Alvarez, Jose E. 1989. "Political Protectionism and United States International Investments Obligations in Conflict: The Hazards of Exon-Florio." *Journal of International Law*. Vol. 30, No. 1. p. 62.

유롭고 개방된 세계경제에 대한 가치를 손상시킬 수 있다는 측면에서 레이건 행정부와 일부 의원들의 반대에 직면했지만 당시 국내 여론의 분위기와 대다수 의원들의 찬성으로 가결되었다.[176]

1992년에는 엑슨-플로리오 수정안에 추가조항을 삽입한 버드 수정안 (Byrd Amendment)이 의회를 통과하였다. 버드 수정안에 의해 추가된 조항은 외국인 투자위원회(CFIUS)가 조사해야 하는 인수·합병 거래의 범위를 좀 더 구체화하였다.[177] 그 구체화된 내용은 외국 정부가 직접 통제하거나 외국 정부를 대신하는 투자자의 미국 기업에 대한 인수 및 합병 중에서 미국의 국가안보에 영향을 미칠 수 있는 거래에 대해서 조사를 실시할 수 있다는 것이었다. 외국 정부의 소유권 여부가 CFIUS의 국가안보 위해요소 판단 과정에서 주요 고려요소로 포함된 것이다.

4.2.4 2000년대의 FDI 정책

2001년 9-11 사건 이후 미국으로 유입되었거나 미국으로의 진출을 시도했던 많은 FDI가 엑슨-플로리오 수정법안의 적용 과정에서 집중적인 정책적 논의의 대상이 되었다. 특히 중국의 투자자본은 국가안보뿐만 아니라 경제적 측면에서도 세계경제에서 미국의 지도적 위치를 위협할 수 있다는 취지에서 관심의 초점이었다. 아래의 표 9는 엑슨-플로리오 수정법안이 발효된 이후부터 2011년까지 CFIUS가 FDI에 대하여 실시했던 조사활동 현황을 정리한 것이다.

---

176) Jsckson, James K. 2007. "Exon-Florio Foreign Investment Provision: Overview of H.R. 556." CRS Report for Congress Order Code RL33856. p. 6.
177) Jackson, James K. 2012. "The Exon-Florio National Security Test for Foreign Investment." CRS Report for Congress. (October 1).

표 9. 외국인 투자위원회(CFIUS)의 조사활동 현황: 1988~2011[178]

Year	Notifications	Investigations	Notices withdrawn	Presidential decision
1988	14	1	0	1
1989	204	5	2	3
1990	295	6	2	4
1991	152	1	0	1
1992	106	2	1	1
1993	82	0	0	0
1994	69	0	0	0
1995	81	0	0	0
1996	55	0	0	0
1997	62	0	0	0
1998	65	2	2	0
1999	79	0	0	0
2000	72	1	0	1
2001	55	1	1	0
2002	43	0	0	0
2003	41	2	1	1
2004	53	2	2	0
2005	65	2	2	0
2006	111	7	19	2
2007	138	6	15	0
2008	155	23	23	0
2009	65	25	7	0
2010	93	35	12	0
2011	111	40	6	0
Total	2266	161	95	14

참고: 미 재무부 웹사이트 국제자료실.

---

178) CFIUS. 2008, 2009, 2010, 2011, 2012. "Committee on Foreign Investment in the United States Annual Report to Congress Public Version."; 미 재무부 웹사이트 국제자료실[http://www.treasury.gov/resource-center/international] 검색일: 2013.1.10.

이 기간 CFIUS에 접수된 FDI 사례는 모두 2,266건이었다. 법안이 발효된 직후인 1989년부터 1992년까지는 매년 106건에서 295건까지 세 자리 수의 접수 건수를 나타냈지만 그 후 2005년까지는 매년 41건에서 82건으로 감소했다. 그러나 2006년부터는 다시 세 자리 수로 증가한 추세를 보여 주고 있다. 접수된 전체 2,266건의 사례 중에서 CFIUS가 직접 조사에 착수한 것은 161건이다. 2005년까지 CFIUS가 직접 조사에 착수한 건수는 1989년과 1990년을 제외하면 매년 2건 이하였지만 2006년부터는 매년 23~40건씩으로 급격히 증가했다. CFIUS가 조사를 진행하는 동안 투자 주체가 스스로 투자의사를 철회한 건수도 2005년까지는 매년 2건 이하였지만 2006년부터는 매년 6~23건으로 증가한 것을 알 수 있다.

엑슨-플로리오 수정법안이 발효된 직후인 1989년부터 1992년까지 CFIUS에 접수된 사례가 많았던 이유는 탈냉전이라는 시대적 격변과 더불어 해외 투자자들에게 새로운 법안의 적용에 대한 정보가 부족했기 때문이라고 판단된다. CFIUS 또한 새로운 법률이 시행된 초기에 비교적 엄격한 법적용을 위해 노력하였던 것으로 보인다. CFIUS의 조사 건수는 1993년부터 매년 1~2건 미만으로 감소했다가 2003년부터 다시 눈에 띄게 증가했다. 미국의 국가안보 환경에 변화의 전환점으로 여겨지는 2001년 9/11 사건 이후에 CFIUS의 조사 건수가 증가한 것은 주목할 만한 현상이다. 9/11 사건 직후부터 2005년까지는 CFIUS의 조사와 인수·합병 거래 당사자의 자진철회 사례가 매년 2건씩으로 조금씩 증가하기 시작하다가 2006년부터 본격적으로 급격히 증가했다. 이는 9/11 사건 이후부터 FDI 유입에 대한 미국 정부의 정책에 분명한 변화가 있었음을 간접적으로 보여 주는 것이다. FDI 유입에 대한 미국 정부의 입장에 보호주의적 성격이 강화된 것이 아닌가 하는 의심을 일으키기에 충분하기 때문이다. 9/11 사건이 일어나고 4~5년이 지난 후부터 CFIUS의 조사 건수가 급격히 늘어난 이유는 환경변화에 대한 미국 정부의 정책적 적응에 다소 시간이 소요된 탓으로 볼 수 있다. 동시에 중국이 미국에 대응할 수 있을만한 잠재적 경쟁 국가로 인식되기 시작한 본격적인 시점이 2000년대 중반인 것과도 관련이 있는 것으로 보인다.

9/11 사건을 계기로 부시 대통령은 국토안보부 장관을 CFIUS의 위원에 포함하였다. 이는 CFIUS의 심사과정에서 경제정책에 대한 고려보다 안보에 대한 고려를 더 중시하도록 하는 계기가 되었다. 새로 CFIUS에 참여하게 된 국토안보부 장관은 국방 장관 및 국가안보 보좌관과 함께 국가 주요 기반시설이나 핵심자원 등과 관련된 분야에 대한 보호를 최우선시 하였고 CFIUS의 여타 위원들에게도 해당 분야를 보호할 책임이 있음을 강조했다. 재무장관을 비롯한 경제부처 위원들에게까지 국가안보 보호의 책임을 부과할 수 있었던 것은 패트리어트법(USA PATRIOT Act: Uniting and Strengthening America by Providing Appropriate Tools Required to Intercept and Obstruct Terrorism Act)으로 알려진 반테러법에서 국가 주요 기반시설을 매우 폭넓게 규정하였기 때문이다. 이 반테러법은 '주요 기반시설'을 물질적이거나 비물질적인 경우에 관계없이 미국의 생존에 반드시 필요한 자산 또는 시스템으로 규정한다. 또한 이 법은 그러한 자산 또는 시스템을 무력화시키거나 파괴하는 행위가 국방의 영역은 물론이고 경제, 공중보건, 치안 및 질서, 공공의 안전을 약화시키는 결과를 가져온다고 보았다.[179]

---

179) The Section 1016(e) of the Uniting and Strengthening America by Providing Appropriate Tools Required to Intercept and Obstruct Terrorism(USA PATRIOT) Act: US Code 42, section 5195c(e) (2001).

이렇게 CFIUS 내에서 국방관련 관료들에 의해 강조된 국가안보 보호의 필요성은 다소 감정적인 경향을 보이던 의회와 여론의 분위기를 타고 더욱 힘을 얻었다. 2005년 중국해양석유총공사의 유노칼에 대한 인수합병 투자 시도와 2006년 두바이 포트 월드(Dubai Port World)의 피앤오(P&O: the Peninsular and Oriental Steam Navigation Company)에 대한 인수합병 시도에 관한 기사가 주요 일간지의 히드라인과 라디오 및 TV 프로그램에서 여러 차례 다뤄졌다. 공포 또는 두려움이 섞인 이 같은 감정적 반응은 1차대전 당시 독일의 투자자금에 대한 경계와 1980년대 일본 기업들의 직접투자에 대한 우려와도 유사한 것이었다. 1차대전 당시 독일로부터 유입되는 직접투자를 제한하기 위하여 미국은 1917년 적성국무역법(TWEA: Trading with the Enemy Act)을 마련하였고, 1980년대 일본의 직접투자 견제를 위해서는 엑슨-플로리오 수정 조항을 도입했다. 이와 마찬가지로 2000년대 들어 활발히 진행된 외국인에 의한 미국 내 투자, 특히 급격하게 증가한 중국 기업들의 직접투자에 대한 경계심으로 인해 2007년 기존의 엑슨-플로리오 수정조항을 수정·보완한 외국인 투자와 국가안보에 관한 법률(FINSA: Foreign Investment and National Security Act of 2007)을 공포하기에 이른다.

2007년 7월 26일 부시 대통령이 서명함으로써 발효된 "외국인 투자와 국가안보에 관한 법률(FINSA: Foreign Investment and National Security Act of 2007, H.R.556)"은 같은 해 2월 28일 미 의회 하원에서 통과된 '국가안보에 관한 외국인 투자 개혁과 투명성 강화를 위한 법(National Security Foreign Investment Reform and Strengthened Transparency Act of 2007)'을 모태로 기존의 '방위생산물법'에 1988년 도입된 '엑슨-플로리오 수정조항'(Exon-Florio Amendment)을 다

시 수정하거나 새로운 조항을 삽입하는 형식으로 구성되었다. 2007년 새롭게 마련된 FINSA는 내용 면에서 엑슨-플로리오 수정 조항에 근거하여 관행적으로 운영되던 법의 적용절차를 명문화하였으며, 그동안 CFIUS에서 해석해 오던 국가안보의 개념을 더욱 확장시켰고, CFIUS 심사 내용의 의회 제출 및 보고 의무를 확대했다.

그 내용을 좀 더 구체적으로 살펴보면 다음과 같다. 첫째, FINSA 법안은 이전의 엑슨-플로리오 수정안에 비해 '국가안보'(National Security)의 개념을 명확하게 규정함과 동시에 그 범위도 확대했다. 테러리즘과 WMD, 국방 분야의 첨단기술에 관련된 인수합병 거래뿐만 아니라 주요 에너지 자원이나 사회간접자본에 관련된 거래까지를 국가안보에 잠재적 영향요소로 포함시킨 것이다. 또한 CFIUS 내에서 공식적인 역할이 부여되지 않았던 국가정보국 의장으로 하여금 위원회에 제출된 인수합병 거래에 대하여 20일 내에 국가안보 위해 여부를 분석하도록 명시했다.

FINSA 2007이 제정되기 전에는 CFIUS가 5가지 요소를 고려하여 국가안보에 관련된 사안을 평가했지만 FINSA 2007에서는 기존의 5가지 요소에 9가지 고려요소를 추가함으로써 국가안보 개념의 명확성을 증가시키고 적용범위 또한 확대되었다. 추가된 고려요소에는 기존에 관행적으로만 고려하던 반테러주의와 핵무기 및 대량살상무기 비확산에 관한 내용이 포함되었다. 이에 대한 구체적 내용은 아래의 표 10과 같다.

표 10. 국가안보 위해 여부 고려 시 기존규정과 FINSA 2007의 비교[180]

엑슨-플로리오 수정조항	FINSA 2007
• 국가방위 요건으로서 필요한 국내 생산 • 국가방위 요건을 충족하기 위한 국내산업의 생산능력(인적자원, 생산품, 기술, 원자재 기타 용역공급 등을 포함) • 국가안보 요건을 충족시키는 미국의 생산능력에 영향을 줄 수 있는 외국인에 의한 국내산업과 상업활동의 통제 • 테러지원국, 군사무기 수출국, 생화학무기 수출국으로서 수출행정법에 의해 국무장관이 인정한 국가 또는 핵무기 확산금지법 대상이 된 국가 등을 대상으로 하여 군수물자 및 군수시설 또는 각종 기술에 대한 거래가 가지는 잠재적 영향 • 미국의 국가안보에 영향을 주는 지역에서 미국이 가지고 있는 기술적인 국제적 주도권을 대상으로 하여 이루어지는 거래가 가지는 잠재적 영향	• 기존 5개 고려요소 • 미국의 중요한 통신산업에 국가안보가 관련되어 발생하는 잠재적 영향 • 해당 거래가 외국 정부에 의해 통제 받고 있는지의 여부 • 미국의 국익에 잠재적이고 지역적인 군사위협을 가함으로써 국방장관이 인정한 국가를 대상으로 하여 군수물자 및 군수시설 또는 각종 기술에 대한 거래가 가지는 잠재적 영향 • 핵무기 비확산 통제지역에서 다자간 협정 등의 가이드라인을 대상국가가 준수한 정도에 관한 평가 • 반테러리즘에 관한 노력에 협조 등의 기록을 근거로 하여, 대상국가와 미국과의 유관관계에 관한 평가 • 주요한 에너지자원과 같이, 미국의 중요 사회간접자본에 국가안보가 관련되어 발생하는 잠재적 영향 • 에너지자원과 기타 주요 원자재이 대한 미국의 장기적 예상 • 수출에 관한 국가적인 입법과 규제 등을 포함하여, 군수와 관련된 기술의 이전과 전환 등이 가지는 잠재적 영향력에 대한 평가 • 대통령 또는 위원회가 중요하다고 판단하는 기타 요소

둘째, CFIUS의 검토 및 조사절차에 대한 보다 엄격한 형식이 수립되었다. 우선 외국의 정부가 소유하고 있는 기업이 미국 기업을 인수·합병하는 경우에는 법률이 규정하는 예외적인 경우를 제외한 모든 사안에서 30일의 초기 검토와 45일의 추가 조사를 의무로 함으로써 CFIUS에 충

---

180) 이준호. 2008. "2007년 미국 외국인투자와 국가안보에 관한 법률." 한국법제연구원 내부자료. pp. 17-18; O'Melveny & Myers LLP 웹사이트. [http://www.omm.com/files/upload/CFIUSReformChart.pdf] 검색일: 2013. 2. 1.

분한 검토기간을 부여했다. 과거에는 45일의 추가 조사를 CFIUS의 초기 검토로부터 판단하였지만 FINSA는 이를 반드시 실시해야 하는 것으로 규정하고 있는 것이다.

또한 다양한 중앙 행정부처로부터 참여한 개별 위원들의 직무와 권한이 더욱 명확하게 규정되었다. FINSA는 인수·합병 거래의 성격이나 거래 당사자 기업이 속한 산업 분야에 따라 위원회의 검토와 조사를 주관하는 기관이 달라지도록 정하고 있다. 그 대신에 평상시에 CFIUS의 일반적인 업무를 전담할 수 있도록 재무부 내에 새로운 부서를 신설하고 그 부서의 책임을 차관보 직급이 맡도록 규정했다.

국가 정보를 총괄하는 국가정보국 의장은 의결권한은 갖지 않지만 CFIUS에 당연직으로 참여해야 한다는 조항도 FINSA 법안에 포함되었다. 이로써 위원회는 안보 위해요소를 판단하는 데 있어 좀 더 구체적이고 전문적으로 분석된 정보를 제공받을 수 있게 되었다. 이에 대한 구체적 내용은 표 11과 같다.

표 11. CFIUS의 구성, 검토 및 조사절차에 대한
기존규정과 FINSA 2007의 비교[181]

엑슨-플로리오 수정조항	FINSA 2007
〈 위원회 구성 〉 • 의장: 재무장관 • 재무부 차관과 임원에 의해서 일상의 업무 감독 • 재무장관, 국토안보장관, 상무장관, 국방장관, 국무장관, 법무장관 • 과학기술발전국장, 국가안보보좌관, 경제정책보좌관, 예산집행국장, 미국무역대표 및 경제자문위원회 의장 • 대통령이 필요하다고 생각하는 기타 행정부서의 장	〈 위원회 구성 〉 • 의장: 재무장관 • 각각의 거래에 따라서 주무기관 지정(Lead Agency) • 업무전담을 위해 재무부 차관보 신설 • 재무장관, 국토안보장관, 상무장관, 국방장관, 국무장관, 에너지장관, 노동장관(위원회 의결권 없이 당연직), 법무장관 • 국가정보국 의장(National Intelligence Director, 의결권 없는 당연직) • 대통령이 필요하다고 생각하는 기타 행정부서의 장
〈 검토 및 조사기간 〉 • 당사자의 자발적 통지 또는 CFIUS의 직권에 의하여 검토 개시 • 30일간의 검토 • 검토기간 내에 국가안보에 관한 문제가 제기되고 이를 해결할 수 없는 경우, CFIUS는 45일간의 조사절차를 개시 • CFIUS는 사실내용과 권유내용을 대통령에게 보고하고, 대통령은 의무적으로 15일 내에 조치를 시행 (최초 검토개시 후 90일 내)	〈 검토 및 조사기간 〉 • 당사자의 자발적 통지 또는 CFIUS의 직권에 의하여 검토 개시 • 30일간의 검토 • 검토기간 내에 국가안보에 관한 문제가 제기되고 이를 해결할 수 없는 경우, CFIUS는 45일간의 조사절차를 개시 • 외국 국가소유 기업이 인수합병을 추진하는 경우에는 제정법상의 예외를 제외하고 의무적으로 45일 간 조사(예외: 재무장관과 주무담당기관의 장이 공동으로 해당 거래가 국가안보에 대한 침해를 야기하지 않는다고 결정한 경우) • CFIUS는 사실내용과 권유내용을 대통령에게 보고하고, 대통령은 의무적으로 15일 내에 조치를 시행(최초 검토개시 후 90일 내)

---

181) 이준호. 2008. pp. 16-17; O'Melveny & Myers LLP 웹사이트.

셋째, 관행적으로 해석하던 '주요 사회간접자본'(critical infrastructures)과 '완화협정'(mitigation agreement)의 개념을 명확하게 규정했다. 9/11 이후 마련된 반테러법을 근간으로 주요 사회간접자본에 대한 개념이 규정되었으며, 안보위협의 요소를 완화하기 위한 협정뿐만 아니라 완화협정의 준수에 관한 평가도구를 개발해야 할 의무가 CFIUS에 부과되었다. 또한 완화협정이 고의적으로 위반되었다고 판단된 경우에는 이미 통과된 사안일지라도 CFIUS가 다시 검토나 조사절차를 개시할 수 있도록 했다. 이에 대한 구체적 내용은 표 12와 같다.

표 12. 사회간접자본과 완화협정 개념에 대한
기존규정과 FINSA 2007의 비교[182]

엑슨-플로리오 수정조항	FINSA 2007
〈 완화협정 〉 • 특별한 규정 없음 • 관행적으로, 관련 행정부처들은 확인된 안보위협에 관한 사안을 완화시키는 조건으로 문서의 형태로 거래 당사자와 완화협정을 체결해 왔다.	〈 완화협정 〉 • 위원회에 의해서 시행된 위험근거분석에 기초하여 완화협정을 체결한다. • 주무기관은 (a) 위원회를 대표해서 완화협정에 관한 협상, 수정, 감독 및 시행을 하고, (b) 국가안보국 의장과 법무장관 그리고 협정과 관련하여 중대한 이해관계를 가지는 기타 연방부처에 수정된 사항을 보고한다. • 위원회는 일정한 완화협정의 준수에 관한 평가도구를 개발하여야 한다.

---

182) 이준호. 2008. pp. 18-19; O'Melveny & Myers LLP 웹사이트.

〈 사회간접자본 〉	〈 사회간접자본 〉
• 특별한 언급 없음 • 제정법에서는 당해거래가 국가안보에 관한 위험을 발생시키는지의 여부를 평가하는 데 고려할 관련 요소들을 설명하고 있다. (국가방위에 필요한 국내 생산, 국가안보 요건을 충족시킬 수 있는 국내산업의 생산량과 생산능력)	• 중요 사회간접자본에 대해서 다음과 같이 정의한다 ; 형태유무와 관련 없이, 미국산업의 중요한 부분을 차지하는 일종의 제도와 자산으로서, 이러한 제도와 자산이 파괴 또는 무력화될 경우, 국가안보를 약화시킬 수 있는 영향력을 가지고 있는 경우 • 중요 사회간접자본과 관련된 당해거래에 관한 최초의 검토와 조사는 인증절차에 의해 국회에 통지 또는 보고된다. • 국가안보에 관련되며, 미국의 중요 사회간접자본에 관한 당해거래가 발생시키는, 인지가능한 모든 부정적인 영향에 관하여 이루어진 논의를 국회에 연례보고서를 통하여 보고한다. • 중요 사회간접자본에 관한 투자를 포함하여, 외국에 의한 직접투자에 관한 연구를 재무장관은 보고한다. • 외국인에 의한 미국의 중요 사회간접자본의 통제를 가능하게 하는 일정한 거래에 관하여, 당해거래가 국가안보를 침해할 수 있다는 위원회의 결정이 있고, 재무장관과 주무기관장에 의하여 국가안보에 침해가 있지 않다고 공동으로 결정하지 않는 이상, 조사를 개시한다.

넷째, CFIUS의 조사내용에 대한 의회보고 의무가 확대되었으며, 의회의 CFIUS에 대한 감독권한이 강화되었다. 상원과 하원의 법사위에 매년 7월 31일까지 전년도에 이루어진 해당 거래에 관한 검토 및 조사결과를 연례보고서로 제출하는 조항이 추가되었다.

표 13. 의회의 감독권한에 대한 기존규정과 FINSA 2007의 비교[183]

엑슨-플로리오 수정조항	FINSA 2007
• 조사가 완료된 후 15일 내에 대통령이 당해거래를 정지 또는 금지시키도록 결정한 경우, 대통령은 의회에 (a) 국가안보에 관한 위협이 존재는 이유, (b) 이에 따른 고려 요소들, (c) 해당 거래와 관련된 위해요소들로부터 국가안보를 보호하는 데 부족한 현행법상의 문제 등을 포함하여 보고해야 한다. • 대통령과 지명된 행정부처는 다음과 같은 사안에 대한 증빙여부를 4년마다 의회에 보고를 한다. (a) 연구, 발전 그리고 주요 기술에 관한 생산과 관련된 미국 기업의 매수를 시도하려는 하나 또는 그 이상의 국가에 의한 전략적인 제휴, (b) 중요한 산업기술의 비밀을 수집하기 위해서 조직된 미국 기업을 대상으로 외국정부에 의한 산업스파이 활동	• 요청에 의하여 당해거래에 관한 보고 • 원회가 동의를 하고, 주무기관이 추천을 하여 이루어진 조사의 착수, 그리고 거래가 미국 국가안보에 침해를 발생시킬 위협과 이러한 위협이 검토 전 또는 검토진행 중에 완화되지 않았으며, 외국정부에 의해 통제되는 거래이거나, 또는 외국인에 의해 대표되거나 그에 의하여 미국 내의 중요 사회간접자본의 통제가 이루어진다는 결정의 결과를 내용으로 하여 검토가 완료된 이후 지체 없이 의회에 인증된 통지를 실시한다. • 모든 당해거래에 관한 연례보고서는 이전 12개월을 대상으로 한다. • Exon-Florio 수정에 근거한 일정한 보고를 수행하기 위하여, 재무부의 업무상 과오를 조사하는 재무부 감찰관은 보고를 수행한다. • 재무장관은 이스라엘을 보이콧하는 캠페인에 참여하는 정부나 국무장관이 테러조직으로 지명한 단체를 금지하지 않는 정부가 행하는 외국인 직접투자에 관한 조사를 시행하여 결과를 보고한다.

해당 거래와 관련하여 대통령이 특별한 조치를 취하거나 정해진 사안에 대해서만 4년마다 의회에 보고하던 기존의 방식과 달리 기간을 정하여 연례보고서를 제출하도록 한 것은 의회의 CFIUS에 대한 감독권한을 강화한 것이며, CFIUS의 책임과 부담을 가중시킨 것으로 볼 수 있다. 그러나 이러한 형식화된 절차를 이행한 것만으로 오히려 민감한 거래에 대한 정치적 압력과 책임을 피할 기회를 제공한다고도 볼 수 있다. 위의 표

---

183) 이준호. 2008. p. 20; O'Melveny & Myers LLP 웹사이트.

13은 FINSA 2007에 의해 강화된 의회의 감독권한 내용을 기존 법안과 비교한 것이다.

미국은 전통적으로 자유롭고 개방된 세계경제 질서를 주장하고 그러한 질서의 확립을 위해 노력해 왔지만 대규모 외국인 투자의 국내 유입이나 자국의 경쟁력에 위협이 될 만한 외국인 투자의 유입에 대해서는 점차 규제를 강화해 나아가고 있는 실정이다. 특히 9/11 사건을 계기로 국가안보에 관한 민감성이 높아진 이후부터는 기본적으로 개방적인 금융거래정책을 지향하면서도 해양석유공사나 두바이 포트 월드 사례와 같은 일부 사안에서 오히려 과거의 보호무역 시대를 연상케 하는 엄격하면서도 실질적인 거래장벽을 형성했다.

FINSA 2007 법안은 미국의 경제정책에서 이러한 보호주의적 성향의 강화가 제도화된 것으로 볼 수 있다. 대외적으로 타국에 대해서는 WTO 협정을 앞세워 시장개방과 자유무역 질서로의 편입을 강제하거나 개별적인 자유무역협정의 체결을 유도하고 있으면서도 대내적으로는 외국인 투자자금의 국내 유입 규제를 강화함으로써 미국은 국내외로부터 비판을 받고 있다. 외부로부터는 개방된 시장을 통한 자유로운 경제질서 추구라는 미국의 정책이 이중성을 갖고 있다는 의구심이 제기되고 있다. 또한 내부로부터는 외국인 투자를 지나치게 규제할 경우 외국인의 투자 기피 현상과 달러자산 매도 현상이 증가하여 달러화의 가치가 급락하고 주가 하락이나 금리 급등과 같은 경제적 부담이 증가할 가능성이 지적되고 있다.

아래의 표 14는 앞에서 살펴본 미국의 FDI 관련 제도를 정리한 것이다. 미국은 제1, 2차 세계대전을 거치며 독일을 비롯한 유럽의 FDI를 규제하기 위해 전파법, 클래이튼법, 적성국교역법 등을 마련하였으며, 1990년을 전후로 해서는 일본 기업의 FDI를 규제하기 위해 방위생산물법을 수정한 엑슨-플로리오 수정안과 버드 수정안을 마련했다. 최근 중국의 FDI를 규제하기 위해서는 FINSA 법안이 마련되었다.

표 14. 미국의 주요 FDI 관련 제도(1900~현재)

기간	제도 및 정책
1912	The Radio Act(전파법) 제정
1914	The Clayton Antitrust Act(클래이튼 독점금지법) 제정
1917	TWEA: The Trading with the Enemy Act(적성국교역법) 제정
1919	The Edge Act(엣지법 – 외국업무 전담 은행법) 제정
1920	The Merchant Marine Act(연안무역법, 일명 the Jones Act) 제정
1920	The Mineral Lands Leasing Act(광산 대여 금지법) 제정
1926	The Air Commerce Act(항공통상법), The Air Corps Act(항공기업법) 제정
1927	The Radio Act 수정
1934	The Communications Act(통신위성법, The Radio Act와 병합) 제정
1950	The Defense Production Act(방위생산물법) 제정
1954	The Atomic Energy Act(원자력 에너지법) 제정
1958	The Federal Aviation Act(연방항공법, The Air Commerce Act와 병합) 제정
1974	The Foreign Investment Study Act(해외 투자 연구법) 제정
1975	CFIUS 대통령 자문기관 신설, 상무부 내 FDI 담당부서 설치
1976	The International Investment Survey Act(국제 투자 조사법) 제정
1976	IEEPA: International Emergency Economic Powers Act(국제긴급경제권한법) 제정
1977	TWEA, IEEPA 수정
1988	The Exon-Florio Amendment(엑슨-플로리오 수정안) 제정
1992	The Byrd Amendment(버드 수정안) 제정
2001	USA PATRIOT Act: Uniting and Strengthening America by Providing Appropriate Tools Required to Intercept and Obstruct Terrorism Act(패트리어트법) 제정
2005	The Energy Policy Act (에너지 정책법) 수정
2007	FINSA: Foreign Investment and National Security Act(외국인 투자와 국가안보에 관한 법률) 제정

4.3
중국의 FDI 정책 변천 과정

중국은 1990년대 초반부터 전 세계 개발도상국 중 가장 많은 FDI를 유치해 왔으며 그중의 80% 정도는 그린필드 투자였다. 그러한 FDI 유입을 기반으로 중국 경제는 수출규모 증가와 더불어 기술적 진보를 이룰 수 있었다. 중국의 경제와 무역규모를 발전시키는 데 있어 FDI가 매우 중요한 기여를 한 것이다. FDI의 중요성을 일찌감치 인식한 중국은 경제개혁과 개방정책을 시행한 직후부터 FDI 유치를 증대하기 위해 외국기업에 세제감면 등의 다양한 혜택을 제공하고 산업정책에서도 많은 제도적 개혁을 단행했다. 이러한 중국 정부의 노력은 성공적이어서 1990년대 이후부터는 FDI의 유입속도가 극적으로 증가하기 시작했다.

성공적인 FDI 유치로 인하여 중국 경제는 제조업 분야의 기술발전과 선진 기업들의 경영 노하우를 습득하였고 수출 중심의 경제정책을 통해 비교적 짧은 기간 동안에 막대한 국부를 축적할 수 있었다. 그러나 제조업에 치중해 발전한 경제구조에는 첨단기술 산업이나 금융서비스 산업과 같은 분야에서의 기술개발이 여전히 필요했다. 또한 세계 최강의 경제대국인 미국에 대한 뒤처짐을 극복하기 위해서는 과거 30여 년간 유지했던 고도의 경제성장 속도를 앞으로도 꽤 오랫동안 지속해야 할 필요도 있었다. 경제성장 속도를 유지하기 위해 중국에게 반드시 필요한 것은 첨단기술의 발전과 에너지 자원을 비롯한 각종 천연자원의 안정적인 확보였다.

과거의 성공적인 경험을 바탕으로 중국은 향후의 경제성장 지속에 필요한 첨단기술 개발과 안정적 천연자원 확보를 위해서 역시 FDI를 활용하려 하고 있다. 그러나 과거와는 달라진 중국의 FDI 활용 전략은 수동적 입장에서의 FDI를 유치하려는 노력만을 기울이는 것이 아니라 필요한 기술과 자원을 확보하기 위해 적당한 장소와 기업에 대하여 능동적으로 FDI를 전개해 나가는 것이다. 중국 상무부 해외투자연구센터의 싱허우위안(邢厚媛)은 NHK와의 인터뷰에서 "중국 기업이 국내에 앉아서 외국 자본과 기술을 수입하기만 하면 원하는 것을 얻을 수 없다"라고 지적했다. 그녀는 "현재 가진 자본을 활용하여 선진 시장에 진출함으로써 신기술과 새로운 브랜드를 개발해야만 새로운 시장을 개척할 수 있다"라고도 주장했다. 이러한 그녀의 주장은 FDI를 유치하는 것만으로는 핵심기술과 자원을 지원받을 수 없기 때문에 필요한 첨단기술과 자원을 확보하기 위해서는 그것들을 보유한 기업에 FDI를 진출하는 것이 필요하다는 의미였다.[184] 또한 그녀는 중국 기업의 FDI가 활발해진 이유로 시장개척, 자원추구, 기술획득, 무역장벽 회피라는 네 가지 필요성을 꼽았다.[185] 이 네 가지 요소는 중국 경제가 지속적으로 발전하는 데 매우 중요한 요소이다. 결국 중국 정부는 경제 발전을 지속하기 위해 중국 기업들이 해외에서 FDI를 진행할 수 있도록 지원하려 하고 있으며 그러한 FDI를 국가이익 확보를 위한 도구로 적극 활용하고 있는 것이다.

1993년 이후로 중국은 가장 많은 FDI가 유입되는 개발도상국의 지위를 유지했다. 아래의 그림 11에서 보는 바와 같이 2010년 연말까지 중국에 진출한 FDI의 누적액은 1조 1천억 불에 육박하며 홍콩과 마카오에 대한 FDI까지를 고려하면 1조 7천억 불에 달한다. 이러한 중국의 FDI 유입

---

184) EBS 다큐10+. 2011. "제2부: 세계로 뻗어가는 중국." 〈특별기획 중국(China Power: Dragon over Africa, 일본 NHK 제작)〉 방송일자: 2011. 5. 4. (수) 23:00.
185) KIEP 북경사무소. 2007. "중국의 대외직접투자 현황과 전망." 중국경제 현안 브리핑 제07-21호. (11월 21일). p. 8.

은 외국인 단독소유 기업(Wholly Foreign-Owned Enterprise) 이외에도 합작회사(Joint Venture), 전략적 동맹(Strategic Alliance)[186], 인수합병(M&A) 등의 형태로 진행되었다. 중국 정부는 원래 외국인이 단독으로 설립하는 기업을 허용하지 않는 것으로 원칙을 삼았었다. 첨단기술이나 첨단장비를 채택하거나 생산품의 대부분을 수출하는 경우에만 매우 제한적으로 순수 외국자본 회사를 허가했다.

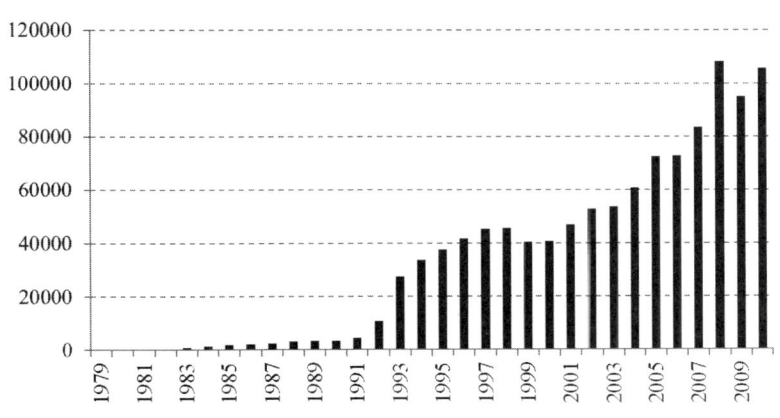

그림 11. 중국의 FDI 연도별 유입액: 1979~2010(단위: 백만 불)

참고: 국제연합무역개발협의회(UNCTAD) FDI 통계

그러나 이러한 투자제한 정책은 WTO 규정에 위배되는 것이었기 때문에 WTO 가입 직후인 2001년부터 폐기되었다. 대신에 첨단기술의 이전과 수출규모를 확대하기 위해 외국인 단독소유 기업을 더욱 권장했다. 1990년대까지 중국으로 유입된 FDI는 합작회사의 형태를 띠는 경우가

---

[186] 전략적 동맹은 협동기업(cooperative enterprise), 합의기반 동료기업(agreement-based partnership business), 계약적 합작기업(contractual joint venture)으로 불리기도 한다. 외국의 기업이나 경제활동 조직이 중국의 기업과 협력하는 것을 조건으로 하고 있기 때문이다.

많았지만 1990년대 말부터는 외국인 단독소유 기업의 형태로 유입된 FDI 비중이 급격하게 증가하기 시작했다. 아래의 그림 12는 1989년에는 가장 적은 비중을 차지하던 외국인 단독소유 기업이 2000년대에 들어서면서 가장 많아져 최근에는 80%에 육박하고 있는 것을 보여 준다.

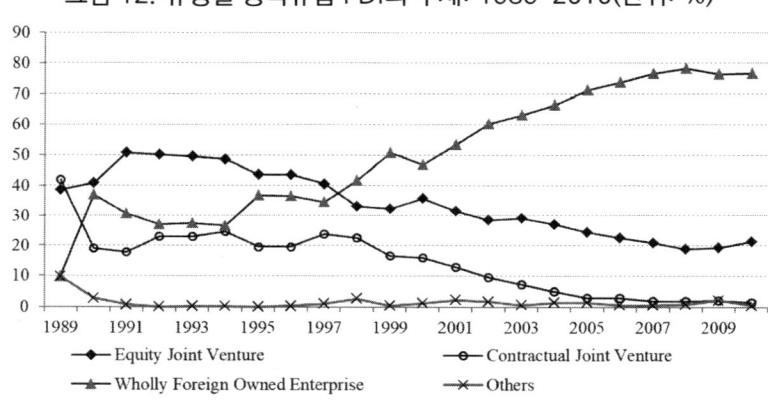

그림 12. 유형별 중국유입 FDI의 추세: 1989~2010(단위: %)

참고: OECD 보고서, 中国投资指南 FDI 통계자료.[187]

중국으로 투자되는 FDI는 절반 이상이 동아시아 지역으로부터 유입된 것이다. 특히 홍콩과 마카오는 2009년 한 해 동안에만 469억 불을 투자하여 중국에 투자된 FDI 액수인 900억 불 중 57% 이상을 차지했다. 대만 역시 중국에 대한 주요 FDI 투자국이다. 2009년 한 해에만 대만으로부터 중국에 투자된 FDI 규모는 약 19억 불에 달하며 이제까지 누적된 규모를 추산

---

187) OECD Directorate for Financial, Fiscal and Enterprise Affairs. 2000. "Main Determinants and Impacts of Foreign Direct Investment on China's Economy." OECD Working Papers on International Investment No. 2000/4 (December); 中国投资指南 FDI 통계자료. [http://www.fdi.gov.cn/pub/FDI_EN/Statistics/FDIStatistics/default.htm] 검색일: 2011. 12. 5.

하면 500억 불에 이를 것으로 보인다.[188] 현재 대만 정부는 다양한 규제 정책을 실시하여 대만 자본의 중국 진출을 금지하고 있다. 때문에 적지 않은 수의 대만 기업이 홍콩이나 버진 아일랜드, 케이만 군도 등을 경유하여 중국 본토에 투자를 진행하고 있는 것으로 알려져 있다. 따라서 중국에 FDI로 진출한 대만 투자자본의 실제 규모는 공식적으로 알려진 액수보다 훨씬 더 클 것으로 추측할 수 있다. 일본, 미국, 한국, 싱가폴과 유럽의 일부 국가들도 중국에 대한 FDI 규모가 크다는 사실을 아래의 표 15를 통해 알 수 있다.

표 15. 중국에 대한 주요 FDI 투자 국가(단위: 10억 불)

FDI by Country	~2002	2003	2004	2005	2006	2007	2008	2009	누적액
Hong Kong/Macao	209.60	18.12	19.54	18.55	20.84	28.34	41.62	46.89	403.50
Virgin Islands	24.40	5.78	6.73	9.02	11.25	16.55	15.95	11.30	100.98
Japan	36.30	5.05	5.45	6.53	4.60	3.59	3.65	4.10	69.28
United States	39.90	4.20	3.94	3.06	2.87	2.62	2.94	2.55	62.08
Taiwan, China	33.10	3.38	3.12	2.15	2.14	1.77	1.90	1.88	49.44
Republic of Korea	15.20	4.49	6.25	5.17	3.89	3.68	3.14	2.70	44.51
Singapore	21.50	2.06	2.01	2.20	2.26	3.18	4.44	3.60	41.26
Cayman Islands	3.80	0.87	2.04	1.95	2.10	2.57	3.14	2.58	19.05
United Kingdom	10.70	0.74	0.79	0.96	0.73	0.83	0.91	0.68	16.35
Germany	8.00	0.86	1.06	1.53	1.98	0.73	0.90	1.22	16.28
Samoan	n/a	0.99	1.13	1.35	1.54	2.17	2.55	2.02	11.74
Netherlands	4.30	0.73	0.81	1.04	0.84	0.62	0.86	0.74	9.94
France	5.50	0.60	0.66	0.62	0.38	0.46	0.59	0.65	9.46
Mauritius	n/a	0.52	0.60	0.91	1.03	1.33	1.49	1.10	6.99

참고: 중화인민공화국 상무부, 중화인민공화국 국가통계국.

---

[188] 중화인민공화국 상무부에서 2003년에 발표된 "2003년 외국긴 투자보고서"에 의하면 2002년까지 중국에 FDI로 투자된 대만 자본은 330억 불로 추산되고 있다. 중화인민공화국 국가통계국에서 발표한 FDI 자료에 의하면 2003년부터 2009년까지 중국에 FDI로 진출한 대만 투자자금이 163억 불을 넘는 것으로 산정되었다.

위의 표 15는 중국 상무부에서 발표한 "2003년 외국인 투자보고서"에 나타난 2002년까지의 중국에 대한 국가별 FDI 누적액과 중화인민공화국 국가통계국에서 2003년부터 전산자료로 배포하고 있는 연도별 각국의 FDI 투자액을 종합하여 구성한 것이다. 가장 오른쪽의 누적액은 2002년까지의 누적액과 2003년부터 2009년까지의 국가별 FDI 규모를 모두 합친 것이다. 이렇게 합산된 누적액이 가장 큰 순서로 FDI 투자 국가를 나열했다.

아래의 그림 13은 2009년 한 해 동안 중국에 진출한 FDI의 국가별 및 지역별 비율을 순서대로 표시한 그래프이다. 선진국의 잘 알려진 여러 다국적기업들이 중국에 대한 주요 FDI 투자기업이라는 사실도 주목할 만하다. 이들은 대규모의 자본집약적 혹은 기술집약적 프로젝트를 진행할 투자자금을 어렵지 않게 동원할 수 있기 때문이다. 더구나 아이비엠(IBM), 제네랄 일렉트릭(GE), 제네랄 모터스(GM), 모토로라, 소니, 삼성 등과 같은 대규모 다국적기업이 중국에 FDI를 진행하였다는 사실은 중국이 향후 더 많은 해외투자자들로부터 추가적인 FDI를 유치하는 데 유리하게 작용하였다.

그림 13. 2009년 중국유입 FDI 국가 및 지역별 비율(%)

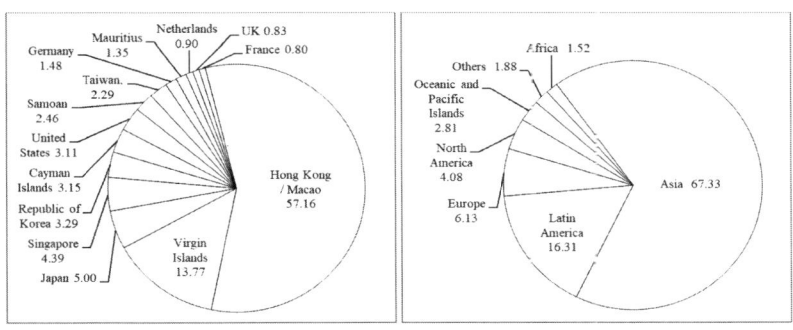

참고: 중화인민공화국 국가통계국 통계연감.[189]

 중국에 진출한 FDI는 80% 정도가 그린필드 투자의 형식으로 제조업 분야에 투입되었다. 아래의 표 16은 2009년까지 중국에 유입된 FDI의 누적액을 산업별로 분류한 것이다. 전체 FDI 중에서 제조업 분야의 FDI 규모가 61%에 달하는 것을 알 수 있다. 부동산 분야에 투자된 FDI는 15%를 약간 상회하여 제조업 다음으로 많은 비율을 차지하고 있다. 대부분의 FDI가 제조업으로 유입된 이유는 낮은 수준의 생산비용을 유지할 수 있었기 때문이다. 또 한편으로 금융, 유통, 교통 및 통신 등의 서비스 산업 분야에 대한 외국인 투자를 엄격히 통제해 왔다는 점도 제조업 분야에 FDI가 집중된 원인이다.

---

[189] 中华人民共和国國家統計局. 2010. 『中国统计年鉴』 [http://www.stats.gov.cn/english/stat isticaldata/yearlydata/] 검색일: 2011. 12. 30.

표 16. 중국 FDI의 산업별 분포
- 2009년까지 누적 건수 및 규모(단위: 백만 불)

Sector	cumulative amount		
	Number of Projects	Actually Utilized Value	%
Total	495570	907101.86	100.00
Agriculture, Forestry, Animal Husbandry and Fishery	12843	12767.35	1.41
Mining	2643	5295.74	0.58
Manufacturing	320511	551744.65	60.82
Production and Supply of Electricity, Gas and Water	3916	22969.06	2.53
Construction	7874	13231.83	1.46
Transport, Storage and Post	8023	29399.18	3.24
Information Transmission, Computer Services and Software	10129	11703.82	1.29
Wholesale and Retail Trades	42430	29426.51	3.24
Hotels and Catering Services	5514	5053.03	0.56
Financial Intermediation	377	3805.51	0.42
Real Estate	23544	138506.96	15.27
Leasing and Business Services	18068	25947.67	2.86
Scientific Research, Technical Service and Geologic Prospecting	8124	7102.47	0.78
Management of Water Conservancy, Environment and Public Facilities	910	1732.57	0.19
Services to Households and Other Services	25327	33092.96	3.65
Education	844	938.53	0.10
Health, Social Security and Social Welfare	708	1598.52	0.18
Culture, Sports and Entertainment	1320	2021.38	0.22
Public Management and Social Organizations	2410	10764.06	1.19
International Organizations	1	0.06	0.00

참고: 중화인민공화국 국가통계국 통계연감.

중국은 시장개방 이후 모든 분야의 외국인 투자를 조정 및 통제할 수 있도록 정책과 법률을 마련해 왔다. FDI 분야에 있어서도 외국인 단독소유기업, 합작기업, 전략적 제휴 및 동맹, 인수·합병 등 가능한 모든 형태의 FDI를 위한 제도를 마련했다. FDI에 대한 중국 정부의 기본적 입장은 매우 긍정적이며 적극적이었다. FDI 유치를 위해 외국인 투자기업은 내국인 기업과 비교할 때 경제특구나 세제혜택 등을 통하여 많은 특혜를 제공받아 왔다. 외국인 기업에 대한 이와 같은 특혜는 중앙정부 혹은 지방정부의 경제정책 목표에 따라 특정 산업에 우선 제공되거나 지역별로 다르게 제공되었다. 특히 서부 내륙지방과 북동부 지방을 개발하기 위하여 2003년부터 강조되고 있는 '서부대개발'(西部大开发)과 '낙후동북공업지구진흥'(振兴东北老工业基地) 전략은 두 지역으로 FDI를 유도하기 위하여 가장 많은 특혜 제공 정책을 유지하고 있다. 중국 정부는 또한 이렇게 제공되는 특혜의 대가로 외국 투자기업에게 다양한 실적 요구조항을 부과하기도 한다.

중국은 FDI를 유치함에 있어 국가 산업기반의 강화, 국내 부가가치의 증가, 세계시장과의 연계, 수출증대, 지역개발, 기술이전 등의 효과를 노린 정책을 구상하고 시행했다. 이러한 중국 정부의 FDI 유치전략을 좀 더 세부적으로 분류해 보면 다음과 같다: (1) 전통적 형태의 농업부문을 근대화하여 산업적 형태로 발전. (2) 교통기반시설, 에너지 자원, 천연자원, 기타 기반산업을 발전. (3) 전자, 정보, 생명공학, 신소재, 항공, 우주 등 첨단산업 분야의 발전과 연구개발센터 설립. (4) 소비재, 기계, 섬유 등 전통적 제조업 분야 발전에 필요한 기술, 장비, 설비 등을 획득. (5) 천연자원 및 재생자원의 광범위한 이용, 환경보호 프로젝트 시작, 상하수도·전기·가스 시스템 현대화. (6) 수출산업 확대. (7) 서부 내륙지방의 산업기반 조성.

이러한 여러 요건들 가운데 수출증대와 기술이전은 중국 정부가 가장 중요하게 여긴 정책적 목표였다. WTO 회원국이 되기 이전 중국의 수출산업에 대한 FDI 정책은 크게 강제, 중립, 자발규정의 세 가지로 나누어 분류할 수 있다. 첫째, 강제규정은 FDI가 외환수지 측면에서 균형을 이루어야 한다는 점을 포함하였다. FDI로 설립된 외국인 기업이 중국 내에서 생산한 상품의 수출 비중을 총량 혹은 총비율로 정하여 반드시 그 이상을 수출해야만 한다는 것이다. 그러나 WTO 가입 이후에는 무역관련투자조치(TRIMs: Trade Related Investment Measures) 협정에 위배되기 때문에 이 같은 강제규정들이 폐기되었다. 둘째, 중립규정은 수출 경쟁에서 내국인과 외국인 기업이 공정한 조건에서 경쟁할 수 있는 환경을 조성하는 내용을 담고 있다. 수출품 생산을 위한 원자재 및 부품 수입에서 외국인 투자 자본과 기업에 부여되었던 관세 및 부가세 감면 등의 특혜를 중국 기업에도 대등하게 제공한 것이다. 셋째, 자발규정은 수출을 권장하기 위한 내용을 포함했다. 생산한 제품의 70% 이상을 수출하는 기업에 대하여는 법인세를 50% 감면해 준다는 내용이 자발규정에 속한다. 이러한 정책으로 인해 수출기업은 교역활동에서 많은 혜택을 누릴 수 있었고 기업의 수출실적 역시 증대되는 효과를 얻을 수 있었다.

30여 년의 경제개방을 지속한 이후 중국은 2007년 상품 무역규모에서 미국을 제쳤고 2009년에는 독일마저 제쳐 단일국가로는 가장 많은 상품 교역량을 기록했다. 1978년 32위의 무역규모에 머물렀던 중국이 30년 만에 1위의 자리로 올라선 것이다.[190] 중국 무역규모의 빠른 성장에

---

190) WTO. 2008. *International Trade Statistics 2008*. Geneva: WTO Publications. pp. 176-177. 2005년부터 2007년까지 미국과 중국, EU, 일본의 상품 무역규모는 다음과 같다. **미국**: 2005년 - 9,043억 불, 2006년 - 1조 366억 불, 2007년 - 1조 1,625억 불. **중국**: 2005년 - 7,620억 불, 2006년 - 9,689억 불, 2007년 - 1조 2,178억 불. EU(27개국): 2005년 - 4조 659억 불, 2006년 - 4조 5,909억 불, 2007년 - 5조 3,197억 불. **일본**: 2005년 - 5,949억 불, 2006년 - 6,470억 불, 2007년 - 7,128억 불.

는 FDI의 기여가 컸다. 아래의 표 17은 1986년부터 2009년까지 중국의 전체 무역량 중에서 외국인 투자기업의 무역량을 정리한 것이다. 1986년 외국인 투자기업의 수출과 수입비중은 1.94%와 5.59%에 그쳤지만 2006년에는 그 비중이 58.19%와 59.79%까지 증가했다. 수출과 수입을 합한 전체 무역량은 1986년 4.07%에서 2006년 58.87%로 증가했다. 외국인 투자기업의 무역 기여도는 2006년을 정점으로 약간 감소했지만 여전히 55%를 넘고 있다. 주목할 만한 점은 1997년을 기점으로 외국인 투자기업의 수출규모가 수입규모를 상회하기 시작하였으며 그 격차는 점차 더 커지고 있다.

표 17. 무역에 대한 외국인 투자자본 기여율: 1986~2009(단위: 10억 불)[191]

Year	무역량			수출			수입		
	Total	by FDI	%	Total	by FDI	%	Total	by FDI	%
1986	73.8	3.0	4.07	30.9	0.6	1.94	42.9	2.4	5.59
1987	82.7	4.6	5.56	39.4	1.2	3.05	43.3	3.4	7.85
1988	102.8	8.3	8.07	47.5	2.5	5.26	55.3	5.8	10.49
1989	111.7	13.7	12.26	32.5	4.9	15.08	79.2	8.8	11.11
1990	115.4	20.1	17.42	62.1	7.8	12.56	53.3	12.3	23.08
1991	135.7	29.0	21.37	71.9	12.0	16.69	63.8	17.0	26.65
1992	165.5	43.7	26.40	84.9	17.4	20.49	80.6	26.3	32.63
1993	195.7	67.1	34.29	91.7	25.2	27.48	104.0	41.9	40.29
1994	236.6	87.6	37.02	122.1	34.7	28.42	114.5	52.9	46.20
1995	280.8	109.8	39.10	148.8	46.9	31.52	132.0	62.9	47.65
1996	289.9	137.1	47.29	151.1	61.5	40.70	138.8	75.6	54.47
1997	325.1	152.6	46.94	182.7	74.9	41.00	142.4	77.7	54.56
1998	323.9	157.7	48.69	183.8	81.0	44.07	140.1	76.7	54.75

191) 中华人民共和国國家統計局. 2010. 『中国统计年鉴』[http://www.stats.gov.cn/english/statisticaldata/yearlydata/] 검색일: 2012. 1. 30.

1999	360.6	174.5	48.39	194.9	88.6	45.46	165.7	85.9	51.84
2000	474.3	236.7	49.91	249.2	119.4	47.91	225.1	117.3	52.11
2001	509.7	259.1	50.83	266.1	133.2	50.06	343.6	125.9	36.64
2002	620.8	330.2	53.19	325.6	169.9	52.18	295.2	160.3	54.30
2003	851.2	472.2	55.47	438.4	240.3	54.81	412.8	231.9	56.18
2004	1154.6	663.0	57.42	593.3	338.6	57.07	561.3	324.4	57.79
2005	1421.9	831.7	58.49	762.0	444.2	58.29	669.9	387.5	57.84
2006	1760.4	1036.3	58.87	968.9	563.8	58.19	791.5	472.5	59.70
2007	2173.7	1255.2	57.74	1217.8	695.4	57.10	955.9	559.8	58.56
2008	2563.3	1409.9	55.00	1430.7	790.5	55.25	1132.6	619.4	54.69
2009	2207.5	1217.5	55.15	1201.6	672.1	55.93	1005.9	545.4	54.22

참고: 중화인민공화국 국가통계국 통계연감.

일반적으로 해외투자는 크게 시장진출형과 효율추구형이라는 두 가지 유형으로 분류할 수 있다. '시장진출형'(domestic-market seeking) 투자의 경우에는 투자자가 투자유치국 시장에 대한 진입을 위해 해외 직접투자를 활용한다. '효율추구형'(efficiency-pursuing) 투자의 경우는 투자자가 투자유치국에 낮은 비용으로 생산기지를 건설하여 생산한 제품의 대부분을 세계시장에 판매한다. 과거 중국의 국내시장은 비교적 작은 편이었다. 그렇기 때문에 중국은 외국인 투자기업이 생산한 제품을 국내에 판매하는 것을 규제하는 FDI 정책을 유지했다. 낮은 생산비용으로 생산된 중국산 제품이 가격 경쟁력을 유지할 수 있으므로 중국에 진출한 외국인 투자기업들은 자신의 제품을 해외시장에 수출할 수 있었다. 또한 중국은 1949년부터 1979년까지 수입대체 산업화(import substitution industrialization) 전략을 이행하여 대부분의 산업기반을 확충함과 동시에 제조업 부문에서 많은 수의 숙련 노동자를 양성했다. 이러한 요소들은 동아시아의 외국인 투자기업 생산기지를 중국으로 유인하는 원인이 되었다. 일본무역진흥기구(JETRO: Japan External Trade Organization)는 2002년 일본기업의 해외 지점들을 대상으로 설문조사를 진행한 바 있다. 이 조사에서 생산제품의 70% 이상을 수출하는 일본 기업의 61.6%가 중국에 생산공장을 두고 있으며, 이들 생산공장의 82.5%가 중국 남부지방에 위치한 것으로 밝혀졌다. 이 수치는 다른 아시아 지역에 생산공장을 둔 일본 기업의 평균치인 55.9%보다 훨씬 높은 비율이다. 일본 국제협력은행(JBIC: Japan Bank for International Cooperation)이 2002년 진행한 다른 설문조사에서는 일본 기업의 68.9%가 저렴한 노동비용 때문에 중국에 투자를 진행하고 있다고 답했다. 또한 일본 기업 중 25.2%가 중국을 세계시장 진출에 이상적인 생산기지로 여겼으며, 26.8%의 일본 기업은 중국이 일본으로 수출하기에도 좋은 위치라고 판단하고 있었다.[192]

해외기업 FDI의 중국을 향한 지속적인 진입과 중국 정부가 추구한 수출상품 생산기지로서의 능력 강화는 서로가 상승효과를 만들어 냈다. 동일한 산업 분야에서 어느 한 기업이 중국에 생산기지를 두면 다른 기업도 가격 경쟁력을 확보하기 위해 중국에 생산기지를 마련하는 도미노 효과도 나타났다. 이러한 도미노 효과로 인해 중국 정부가 집중적으로 육성하고자 했던 산업의 발전이 가속화되고 산업 집적지역이 형성됨으로써 전반적인 경제환경 또한 향상되는 결과를 낳았다. 주강(珠江, Pearl River)

---

[192] Japan External Trade Organization(JETRO). 2003. *Japanese Affiliated Manufacturers in Asia: Survey 2002*. Tokyo: JETRO; Japan Bank for International Cooperation Institute(JBICI). 2003. "Survey Report on Overseas Business Operations by Japanese Manufacturing Companies – Results of JBIC FY2002 Survey: Outlook for Japanese Foreign Direct Investment." *JBICI Review No. 7*. (August).

과 양쯔강(揚子江, Yangtze River) 삼각주 지역이 세계적 수준의 정보통신 기업들이 모여 형성된 산업 집적지역의 대표적 사례이다. 산업 집적지역의 형성은 중국이 더 많은 FDI를 유치하는 데 도움이 되었다. 주중 미국상공회의소(the American Chamber of Commerce in China)가 2003년 회원들을 대상으로 진행한 설문조사에서 응답자 중 56%가 세계시장 수출을 위한 생산기지로서의 장점과 내수시장의 성장 가능성을 고려하여 중국에 대한 투자를 결정했다고 답했다.[193]

FDI를 활용한 중국의 수출진흥 정책은 시간이 지날수록 점차 더 큰 효과를 낳았다. WTO 회원국이 되기 전에는 내수시장이 성장하지 못하였고 FDI에 대하여 여러 가지 통제와 제한사항을 부과했기 때문에 잠재적 투자자들을 다른 국가로 투자방향을 돌리는 경우가 많았다. 그러나 중국의 낮은 생산비용과 그로 인한 세계시장에서의 가격 경쟁력 때문에 많은 외국인 투자자들이 중국으로의 투자를 진행하였다. 수출품 생산을 목적으로 하는 원자재나 부품 수입에 대하여 관세와 부가가치세를 면제해 준 가공무역(processing trade) 우대정책은 FDI를 통해 중국의 수출규모를 급격히 성장시킬 수 있게 한 대표적 정책이다. 중국의 가공무역은 크게 '진료가공'(进料加工, processing-trade with imported materials: 원자재 수입 가공)과 '내료가공'(来料加工, processing trade with materials supplied by clients: 위탁 가공)의 두 가지 형태로 발전했다. 진료가공 방식은 생산자가 부품이나 원자재를 직접 수입하여 완제품을 만들고 수출도 직접 담당하는 형태이다. 내료가공은 완제품의 생산만을 담당하는 형태로 해외의 위임인으로부터 부품과 원자재를 제공받아 생

---

193) American Chamber of Commerce in People's Republic of China. 2003. *American Business in China*. White Paper.

산된 완제품의 수출은 위임인이 담당한다.

WTO 가입 이전 중국은 비교적 높은 관세를 유지하고 있었다. 1982년과 1992년의 평균 관세 수준은 각각 55.6%와 43.2%였다. 높은 관세정책은 가공무역을 위한 수입품에도 동일하게 적용되어 수출의 증가를 막는 요소가 되었다. 이 같은 현상을 극복하기 위해 중국은 가공무역을 위해 수입되는 원자재와 부품에 대한 수입관세와 부가세를 면제하게 되었다. 이러한 정책은 비록 내수용으로 생산된 제품이라도 그 제품이 궁극적으로 수출에 사용되는 경우까지 관세와 부가세를 감면하는 것으로 확대되었다. 이러한 과정을 거치면서 가공무역 정책은 중국의 FDI 유치와 수출증대에서 중요한 역할을 했다. 2000년부터 2007년까지 중국에 투자한 외국기업의 수출량 중에서 가공무역이 차지하고 있는 비율은 60.9%에서 75%까지 증가한 것으로 집계되었다.[194]

중국은 FDI가 첨단기술의 발전에 기여할 수 있도록 정책적 노력을 기울였다. 외국인 투자기업으로부터 첨단기술을 배우고 도입하는 수준을 넘어 스스로 개발할 수 있는 능력을 갖추기 위한 R&D 센터를 갖추는 데 중점을 두었다. 또한 FDI를 발판으로 삼아 제조업 중심의 전통적 산업에 첨단 응용기술을 접목시킴으로써 산업 수준의 단계를 높이는 목표를 가졌다. 중국으로 유입된 FDI는 기술격차의 해소, 기존 기술의 향상, 신기술 도입 등의 효과를 가져왔다. 중국사회과학원 재정무역소의 쟝샤오지앤(江小涓) 소장이 2002년 127개 외국인 투자기업을 대상으로 진행한 조사에서는 65%인 83개 외국인 투자기업이 기술격차를 줄이는 데 기여했으며, 35%인 44개 기업은 신기술을 도입한 것으로 밝혀졌다. 다른 조사에서도 역시 유사한 결과를 찾아볼 수 있다. 중국에서 가공무역에 참여

---

194) 孙杭生. 2009. 我国加工贸易转型升级问题研究.『经济问题探索』第4期. p. 63.

하고 있는 422개 외국인 투자기업을 대상으로 2003년 룽궈치앙(隆国强, Long Guoqiang)에 의해 행해진 조사에서 26.8%의 기업이 본사가 소유한 최신기술을 사용하여 제품을 생산하고 있으며, 그중 2.1%는 기존에 중국에서 사용된 경험이 없는 기술을 사용하고 있음이 밝혀졌다.[195] 또한 34.8%의 기업은 중국 내에서 가장 신기술로 여겨지는 방법으로 제품을 생산하고 있었다.[196] 이 조사를 통하여 외국인 투자자가 소유한 지분이 높은 기업일수록 더욱 첨단기술을 사용하는 비중이 높다는 사실도 알 수 있었다. 조사에 참여했던 442개 외국인 투자기업 중 29.9%가 비약적인 기술의 발전이 있었다고 답했으며, 61.5%는 어느 정도 기술의 발전이 있었다고 응답했다. 7.3%와 1.3%의 기업만이 전혀 기술의 발전이 없었거나 기술이 후퇴했다는 응답을 하였다. 유입된 FDI 간의 경쟁이 중국의 기술수준을 향상시키는 데 중요한 역할을 한 것이다.

중국은 1999년 이후부터 본격적으로 FDI에 대하여 R&D센터를 설립하도록 요구했다. 중국이 R&D센터 진흥을 위하여 시행한 중앙정부 차원의 정책은 다음과 같은 네 가지를 포함한다. 첫째, 외국인 투자기업이 설립한 R&D센터에 사용되는 장비 및 기술의 수입에 대해서는 관세를 포함한 모든 세금을 감면한다. 둘째, 외국인 투자기업이 개발한 기술을 이전할 때 발생하는 이윤에 대해서는 세금을 부과하지 않는다. 셋째, 연구개발 비용을 전년대비 10% 증가시킨 기업은 전체 연구개발 비용에 대하여 법인세의 50% 감면을 신청할 수 있다. 넷째, 중국에 R&D센터를 보유

---

195) Jiang, XiaoJuan. 2004. FDI in China: Contributions to Growth, Restructuring and Competitiveness in China in the 21st Century. New York: Nova Science Publishers, Inc. p. 52; 江小涓. 2004. 吸引外资对中国产业技术进步和研发能力提升的影响. 『国际经济评论』 2004. 3-4.
196) 隆国强 等 著. 2003. 『加工贸易: 工业化的新道路』 北京: 中国发展出版社. p. 162.

한 외국인 투자기업은 연구개발 활동에 소요되는 소량의 수입품에 대한 세금을 감면받는다. 또한 연구개발 활동을 통해 개발된 첨단기술 신상품의 테스트를 목적으로 벌인 소량 판매에 대하여 세금을 감면받는다.[197) 이와 같은 중앙정부의 지원정책과 더불어 지방정부도 외국인 투자기업의 R&D센터에 대하여 토지사용료 인하, 인력충원 지원 등과 같은 다양한 특혜를 제공했다.

중앙 및 지방정부가 행한 적극적인 지원정책의 결과로 2002년까지 약 400여 개의 외국인 투자기업이 중국에 새로 R&D센터를 설립했다. 외국인 투자기업들이 처음 중국에 R&D센터를 설립한 목적은 중국시장으로의 진출을 위한 측면이 더 컸지만 시간이 지남에 따라 점차 R&D센터 본연의 기능을 수행하여 세계시장을 위한 제품의 연구개발에도 기여하게 되었다. 룽궈지앙의 2003년 조사에서는 가공무역에 참여한 442개 외국인투자기업 중 71.49%가 R&D센터를 운영하고 있던 것으로 나타났다. 442개 기업 중 6개 기업은 자사에서 필요한 기술개발뿐만 아니라 그와 관련된 특허권의 판매 등에도 중국 현지 R&D센터를 활용하였던 것으로 대답했다. 절반에 가까운 213개 기업이 자사에서 필요한 대부분의 기술개발을 중국 현지 R&D센터에서 진행한다고 답하였으며, 97개 기업은 중국 현지 R&D센터가 자사에서 필요로 하는 일부 기술의 개발을 담당한다고 응답했다. 중국 현지에 R&D센터를 설립하지 않은 회사는 조상대상 기업인 전체 442개 중 오직 28.51%인 126개뿐이었다.[198)

외국인 투자기업들이 중국에 R&D센터 설립을 긍정적으로 고려했던 이유는 몇 가지로 나누어 볼 수 있다. 첫 번째 이유는 중국시장으로의 진

---

197) 王洛林(편저) 2004. 『2003-2004 中國外商投資報告(平裝)』 北京: 中国社会科学出版社.
198) 隆国强 等 著. 2003. 『加工貿易: 工业化的新道路』 北京: 中国发展出版社. p. 76.

출이 필요했기 때문이다. 경제규모의 성장과 함께 증가한 중국의 내수시장에 진출하기 위해서는 중국 소비자들의 기호에 맞춘 제품개발이 선행되어야 했다. 두 번째 이유는 중국 내의 우수한 연구인력과 인프라를 활용하기 용이했기 때문이다. 외국인 투자기업들은 대부분 자신의 R&D센터를 중국 내의 주요 대학 인근에 설립하였다. 상대적으로 적은 노력과 비용을 소모하면서도 재능 있는 인재를 쉽게 충원할 수 있다는 이점 때문이었다. 또한 중국 내의 다양한 연구기관들과도 협력하기 용이했다. 대표적인 사례로 스위스의 제약회사인 노바티스(Novartis)가 2006년부터 상하이와 창수(常熟)시에 건설하여 운영중인 대규모 R&D센터를 꼽을 수 있다. 이 센터는 생약성분의 신약을 개발하기 위하여 중국과학원(中国科学院 the Chinese Academy of Science) 소속의 상해약물연구소(上海药物研究所 Shanghai Institute of Materia Medica)와 다양한 공동연구를 진행하고 있다.[199] 세 번째 이유는 중국 정부기관과의 관계를 유지 또는 향상시키기에 용이했다는 점이다. R&D센터를 설립함으로써 중국 정부가 제공한 정책적 특혜를 누릴 수 있을 뿐만 아니라 중국 내수시장의 소비자 기호에 적응한 상품을 개발하는 데 도움을 받을 수도 있었다.

중국에 진출한 외국인 투자기업의 기술 파급효과는 다음과 같은 과정을 거치며 형성되었다. 우선 외국인 투자기업은 중국 내수시장에 진출할 제품을 새롭게 개발하여 생산해야만 했다. 새로운 제품을 생산하는 과정에 관련된 중국 기업은 그 제품에 포함된 신기술을 외국인 투자기업으로

---

[199] 블룸버그 비즈니스위크 인터넷판. Dexter Roberts. 2009. 11. 3. "Novartis Unveils $1.25 Billion China Investment." Bloomberg Businessweek. [http://www.businessweek.com/globalbiz/content/nov2009/gb2009113_520982.htm] 검색일: 2012. 4. 30.; Novartis 제공 보도자료. 2006. 11. 6. "Novartis creates new strategic biomedical R&D center in Shanghai." [http://hugin.info/134323/R/1086199/189803.pdf] 검색일: 2012. 4. 30.

부터 지원받을 수 있었다. 외국인 투자기업에서 신기술을 습득한 인력이 중국 기업으로 자리를 옮기는 경우도 기술의 파급효과가 발생했다. 예를 들어 중국 내에 이동통신 시장이 발달하던 초기에는 대부분 외국인 투자기업이 생산 또는 수입한 제품과 설비가 적용되었다. 다음 단계에서는 중국 국내기업이 외국인 투자기업과 합작 또는 전략적 동맹의 형태로 함께 참여하여 이동통신 시장의 급격한 성장을 이루어 냈다. 중국에서 이동전화 서비스가 처음 시작된 1999년부터 2003년까지 중국 국내기업의 이동전화기 시장 점유율이 2%에서 60%까지 빠르게 성장한 것도 기술 파급효과로 인한 것이었다.[200]

일단 중국의 내수시장에 진입한 외국인 투자기업은 국내기업과 수직적인 분업구조를 형성했다. 예를 들어 톈진(天津)에 공장을 설립한 모토로라는 지역 내의 80개 국내기업과 타 지역의 170개 국내기업으로부터 부품을 공급받았다. 하청을 맡은 중국 기업의 부품이 정해진 수준 이상의 품질을 유지하기 위하여 모토로라는 하청기업에 설계도면이나 인력 파견과 같은 기술적 지원을 해야만 했다. 레노보(联想, Lenovo)는 중소기업에 적합한 ERP 시스템 개발을 위해 오라클(Oracle)과 협력했으며, 랑차오(浪潮, 후에 Inspur로 사명 변경)는 기업에서 사용하는 복합 프로그램 시스템 개발에 LG의 지원을 받았다. 티씨엘(TCL)은 프랑스의 알카텔(Alcatel)과 협력하여 이동통신 분야의 기술을 개발했다. 국내기업은 외국인 투자기업으로부터 기술지원을 받아 기술력을 향상시키고 외

---

200) 김재경. 2004. "중국의 이동전화 단말기 시장 현황." 『정보통신정책』 제16권 21호 통권 359호. p. 71; 김윤희. 2008. "중국 휴대폰 시장동향." 코트라 글로벌윈도으 웹사이트 [http://www.globalwindow.org/wps/portal/gw2/kcxml/04_Sj9SPykssy0xPLMnMz0vM0Y_QjzKLd423CDQASYGZAR76kehiXiYIsSB9b31fj_zcVP0A_YLc0IhyR0dFAHPA0Kw!/delta/base64xml/L3dJdyEvd0ZNQUFzQUMvNElVRS82X0VfOEw3?1=1&workdist=read&id=2044231] 검색일: 2012. 5. 2.

국인 투자기업은 중국 국내기업을 매개로 중국 내 연구인프라와 인력을 활용할 수 있게 되어 양측 모두가 시장에서의 경쟁력을 확보할 수 있었던 것이다.

4.3.1 경제개방 초기(1979-1986): 경제특구의 시험적 운영

중국은 1978년 공산당 제11기 중앙위원회 제3차 전체회의에서 대외 개방 전략을 선택한 이후부터 시장기능을 확장하는 방향으로 경제정책을 시행해 오고 있다. FDI 분야에 있어서도 마찬가지이다. 경제개방 이전에는 전혀 FDI를 유치하지 못했지만 그 이후로 FDI 유치를 위한 각종 제도 및 인프라를 개혁하였다. 그 결과 1993년부터는 개발도상국 중 가장 많은 FDI를 유치하는 위치에 도달하였다. FDI의 유입이 가능하도록 중국이 최초로 마련했던 법안은 1979년의 "중외합자경영기업법"(中外合资经营企业法)이었다. FDI와 관련된 최초의 법안인 이 중외합자경영기업법을 통하여 외국 자본의 활동이 사회주의 체제 내에서 보호받을 수 있도록 법률적인 지위를 제공했다. 중국의 외국인 투자 관련 법률은 합작기업을 '지분에 의한 합작기업'(합자기업, 合资经营企业, Equity Joint Venture)과 '계약에 의한 합작기업'(합작기업, 合作经营企业, Contractual Joint Venture)으로 구분한다.[201] 경제개방 초기에 마련된 외국인 투자 관련 법률은 주로 외국기업의 지분참여에 초점을 맞추었다. 중외합자경영기업법도 지분에 의한 합작기업을 대상으로 기업의 등록, 노사관리, 회계처리, 외환관리 등의 문제를 규정했다.

---

201) 중국의 외국인투자 관련 법률 "中华人民共和国中外合资经营企业法"(1979. 7. 8. 제정, 2001. 3. 15. 수정), "中华人民共和国中外合作经营企业法"(2000. 10. 31. 제정) 참고. 中国投资指南 웹사이트 [http://www.fdi.gov.cn/pub/FDI/zcfg/zcfg2/zcfg3/default.jsp?type=59] 검색일: 2012. 1. 10.

FDI 유입을 촉진하기 위하여 외국인 투자자본에 대한 특혜를 제공하는 경제특구(经济特区)가 지정된 것은 1979년이었다. 가장 먼저 남동해안의 광동성(广东省)과 푸젠성(福建省)에서 션전(深圳), 주하이(珠海), 산터우(汕头), 샤먼(厦门) 지역에 경제특구를 지정하여 시험적으로 운영했다. 그로부터 5년 뒤인 1984년에는 상하이(上海)와 광저우(广州)를 포함한 남동해안의 14개 항구도시에서 추가로 외국인 투자자본에 대한 개방이 진행되었다.202) 이러한 경제특구는 1985년부터 1988년까지 점차 범위를 넓혀 쑤저우(蘇州), 우시(無錫), 창저우(常州)를 포함한 양쯔강(揚子江) 삼각주와 중샨(中山), 포샨(佛山), 쟝먼(江门)을 포함한 주강(珠江) 삼각주를 비롯하여 샤먼(厦门), 첸저우(泉州)를 포함한 민강(閩江) 삼각주 지역, 그리고 하이난성(海南省)이 개방되었다. 1986년 4월에는 외국인 자본이 단독으로 중국 내에 기업을 설립할 수 있도록 허용하는 외자기업법(中华人民共和国外资企业法)이 마련되었다.203) 그러나 이 같은 개방제도와 경제특구의 지정 및 확대에도 불구하고 경제개방 초기 중국의 FDI 정책은 여전히 시험적 입장을 유지했다. 외화 환전이나 국내시장 진입, 설비 구입 등 많은 부분에서 외국인 투자자본에 대해 제한을 두었던 것이다. 따라서 이 시기에 중국으로 유입된 FDI는 규모 면에서 그다지 큰 성장세를 보이지는 못했다.

---

202) 1984년 경제 및 기술 개발지구(ETDZ: Economic and Technological Development Zone 国家级经济技术开发区)로 명명되면서 개방된 14개 동남해안 항구도시는 다음과 같다: 다리앤(大连), 친황다오(秦皇岛), 텐진(天津), 옌타이(烟台), 칭다오(青岛), 롄윈강(连云港), 난통(南通), 상하이(上海), 닝보(宁波), 원저우(温州), 푸저우(福州), 광저우(广州), 잔장(湛江), 베이하이(北海).

203) "中华人民共和国外资企业法"(1986.4.12 제정). 中国投资指南 웹사이트 [http://www.fdi.gov.cn/pub/FDI/zcfg/zcfg2/zcfg3/default.jsp?type=59] 검색일: 2012. 1. 10.

표 18. 경제개방 초기 중국의 FDI 관련 제도 및 정책[204]

기간	제도 및 정책
1978. 12.	개혁·개방 정책 추진 천명
1979. 7.	광동성 4개 지역 – 션전(深圳), 주하이(珠海), 산터우(汕头), 샤먼(厦门) 경제특구 지정
1979. 7. 8.	중외합자경영기업법(中外合资经营企业法) 제정
1983. 9. 20.	중외합자경영기업법 실시조례(中外合资经营企业法实施条例) 제정
1984. 4.	남동해안 14개 항구도시 개방 및 국가급 경제기술개발구 설치
1985. 2.	양쯔강(揚子江), 주강(珠江), 민강(闽江) 삼각주 지역 경제특구 지정
1986. 4. 12.	외자기업법(中华人民共和国外资企业法) 제정

참고: 중국투자지남(中国投资指南)

4.3.2 경제개방 확장기(1987-1991): 해외자본 유치 기반조성

1980년대 후반은 중국 정부에 의해 본격적으로 FDI 유치를 위한 토대가 마련되어 중국으로 유입되는 FDI 규모가 증가하기 시작한 시기였다. 경제특구를 활용한 경제개방 정책의 성공적 시행을 비롯하여 홍콩 및 마카오에 대한 안정적 개방의 성과가 국제사회로 하여금 중국의 경제개혁 및 개방정책에 대하여 확신을 갖도록 하는 계기가 되었기 때문이다. 1983년부터 1985년까지 유입된 FDI 액수는 매년 각각 9억 불, 14억 불, 19억 불이었으나 1989년에는 그 규모가 34억 불로 증가하였고, 1991년에는 44억 불의 FDI가 중국에 투자되었다. 이 기간 동안에는 외국인 기업의 지분투자를 규정하는 중외합자경영기업법이 개정되고 외자기업법실시세칙(中华人民共和国外资企业法实施细则)이 마련

---

204) 이홍규, 하남석, 조성호. 2011. 『중국 경제성장에 있어서 중앙과 지방정부의 역할에 관한 연구』 경기개발연구원 정책연구 2011-62. pp. 34-35.

되었다.[205] 또한 홍콩 및 마카오를 비롯한 해외에 거주하는 화교들과 대만의 투자자본을 유치하는 데 필요한 규정도 마련되었다.[206] 국무원이 이와 같은 규정을 마련함으로써 해외에 거주하는 중국인으로부터의 투자가 급격히 증가했다. 1991년부터는 홍콩, 마카오, 대만으로부터 유입되는 FDI 비중이 중국 전체 FDI 유입의 60% 정도를 차지하게 되었다.

그러나 여전히 중국의 경제개방 정책은 서구 선진국의 투자자본이 중국 정부에 대해 가진 정책적 불안감을 완전히 해소하지는 못하고 있었다. 특히 외화 환전에 있어서의 제한은 해외 투자자가 투자자금을 회수할 때 많은 어려움을 주었다. 이러한 어려움은 발달한 금융시스템과 자본시장에 대한 활용도가 높은 서구 선진국의 투자자본에게 상대적으로 더 크게 느껴졌다. 개발도상국으로부터 중국으로 유입되었던 FDI는 대부분이 제조업 생산과 수출에 주된 목적이 있었기 때문에 중국 정부의 외환 제한정책은 주된 고려사항이 아니었다. 더구나 아시아 지역의 개발도상국 투자자들은 외화 환전의 문제뿐만 아니라 다른 다양한 문제에 직면한 경우에도 '꽌시'(关系)를 기반으로 한 비공식적 채널을 활용하는 데 서구 선진국 투자자들에 비해 더 익숙했다. 또한 홍콩이나 마카오로부터 중국으로 유입된 FDI는 중국 국내자본이 상당 부분을 차지했다. 홍콩과 마카오를 거치면 외국인 투자자본의 지위를 부여받아 중국 정부의 통제를 피할 수 있고 외국 투자자본에게 제공되는 특혜를 누릴 수 있기 때문에 국내자본에 의한 투자라 할지라도 홍콩과 마카오에 위치한 기업을 경유해 중국 본토로 재투자하는 방식이 선호되었다.

---

205) "中华人民共和国中外合资经营企业法" (1990.4.4 수정), "中华人民共和国外资企业法实施细则" (1990. 12. 12. 제정). 中国投资指南 웹사이트 [http://www.fdi.gov.cn/pub/FDI/zcfg/zcfg2/zcfg3/default.jsp?type=59] 검색일: 2012. 1. 10.

206) "国务院关于鼓励台湾同胞投资的规定"(1988. 7. 3. 제정). "国务院关于鼓励华侨和香港澳门同胞投资的规定"(1990. 8. 19. 제정).

표 19. 경제개방 확장기 중국의 FDI 관련 제도 및 정책[207]

기간	제도 및 정책
1988. 4.	하이난성(海南省), 산동반도(山东半岛), 랴오둥반도(辽东半岛) **경제특구** 지정
1988. 4. 13.	중외합작경영기업법(中华人民共和国中外合作经营企业法) 제정
1988. 8. 19.	대만동포 투자격려규정(国务院关于鼓励台湾同胞投资的规定) 제정
1990. 4. 4.	중외합자경영기업법(中外合资经营企业法) 개정
1990. 8. 19.	홍콩 및 마카오 등 해외동포 투자격려규정(国务院关于鼓励华侨和香港澳门同胞投资的规定) 제정
1990. 12.	상하이(上海) 푸동(浦东) 경제기술개발구 및 경제특구의 정책을 혼합한 **경제구역 개발구** 결정.
1990. 12. 12.	외자기업법 실시세칙(中华人民共和国外资企业法实施细则) 제정
1991.	국가의학위원회 심사를 통해 21개 처를 **국가 하이테크 기술산업 개발구** 지정

참고: 중국투자지남(中国投资指南)

4.3.3 시장지향적 경제개방기(1992-2000): 해외 투자자본의 신뢰 구축

덩샤오핑은 1992년 연초에 중국 동남부의 경제특구 지역을 방문하는 과정에서 '사회주의 시장경제'를 건설하기 위한 정책적 방향을 제시했다. 사회주의 시장경제에 관한 덩샤오핑의 구상은 경제개혁 초기인 1979년 11월 26일 브리태니커 백과사전의 편집위 부위원장인 프랭크 기브니(Frank B. Gibney)와 맥길대 동아시아 연구소 이사장인 폴 린(Paul T. K. Lin)과의 면담 과정에서 발견된다. 덩샤오핑은 시장경제를 발전시키는 것이 자본주의 이행을 의미하는 것은 아니며 계획경제 체제를 유지하면서도 시장경제를 도입하는 것이 가능하다고 이야기하면서 그것이 바

---
207) 이홍규, 하남석, 조성호. 2011. pp. 34-35.

로 사회주의적인 시장경제라고 설명했다.[208] 이 같은 그의 구상은 1992년 1월부터 2월까지 션전(深圳), 주하이(珠海), 상하이(上海) 등 동남부 경제특구를 방문하여 행한 연설에서 재차 강조되었다. 덩샤오핑은 계획경제가 사회주의로 간주되는 것과 시장경제가 자본주의로 간주되는 것은 잘못된 것이라고 언급하면서 계획과 시장을 모두 경제활동을 조절하는 수단으로 볼 수 있다고 주장했다.[209] 사회주의 시장경제 건설에 대한 중국 지도자와 정부의 지속적 의지 표명은 외국인 투자자들로부터 강한 신뢰를 얻는 계기가 되었다. 이러한 신뢰를 바탕으로 1992년 한 해 동안 중국으로 유입된 FDI 규모는 100억 불을 넘었으며 1996년부터는 매년 400억 불이 넘는 FDI가 유입되었다. 따라서 이 시기에는 정부가 정책적 계획을 통하여 주도하던 경제개방 정책에서 시장의 역할이 증가했다.

이 시기에 중국 정부는 해외 투자자본의 관심을 기존의 남동부 해안지역으로부터 내륙지역으로 넓히려는 노력을 진행했다. 남동부 해안지역에만 국한되어 제한적으로 운영되던 경제특구와 경제 및 기술 개발지구를 내륙지역에도 선정하기 시작한 것이다. 1992년부터 1993년까지 6개의 양쯔강 항구도시를 포함하여 총 18개 내륙도시가 추가로 경제 및 기술개발 지구로 선정되어 경제개방 지역의 범위가 전국적으로 확대되었다.[210]

---

208) Deng Xiaoping. 1979년 11월 26일 담화. "We can develop a market economy under Socialism." in Deng Xiaoping. 1994. *Selected Works of Deng Xiaoping Vol. 2*. People's Press. pp. 169-173.

209) Deng Xiaoping. 1992년 1월 18일 ~ 2월 21일. "Excert from talks given in Wuchang, Shenzhen, Zhuhai and Shanghai." in Deng Xiaoping. 1994. *Selected Works of Deng Xiaoping Vol. 3*. People's Press. p. 240-250.

210) 1992년부터 1993년까지 개방된 경제 및 기술개발 지구는 다음과 같다: 잉고우(营口), 장춘(长春), 셴양(沈阳), 하얼빈(哈尔滨), 웨이하이(威海), 쿤산(昆山), 항저우(杭州), 샤오산(萧山), 원저우(温州), 푸칭시 롱챠오(福清市 融桥), 동산(东山), 광저우 난샤(广州 南沙), 훼이저우 다야완(惠州 大亚湾), 우후(芜湖), 우한(武汉), 총칭(重庆), 베이징(北京), 우루무치(乌鲁木齐).

FDI와 관련된 제도 역시 1992년 이후부터 눈에 띄게 개방되었다. 외국인 투자자본의 법률적 지위를 보호하는 수준에 머무르던 기존의 제도가 투자의 절차를 간소화하고 외화 환전에 있어서의 통제규정을 완화하는 등 경제 및 금융 분야에서 국제적으로 통용되는 일반적 기준이 법률에 포함되었다. 이로 인하여 서구 선진국의 투자자들은 더 이상 투자자본을 회수해야 하는 경우에 대한 우려를 하지 않아도 되었다. 서구 선진국의 투자자들이 중국 정부의 경제개혁 정책에 대하여 충분한 믿음을 갖기 시작한 것이다.

제9차 5개년 계획(1996-2000, 中國五年计划)부터 중국 정부는 첨단기술 산업분야에 대한 FDI 유치에 주력하였다. 노동집약적 제조업 중심의 산업구조로부터 자본 및 기술과 지식 집약적인 제조업과 서비스 분야 산업을 발전시켜야 한다는 전략적 필요 때문이었다. 1997년 개정된 "외국인 투자산업에 대한 기준안"은[211] 수출확대를 위한 제조업 중심의 기존 FDI 구조를 기술향상에 중점을 둔 FDI 구조로 전환하려는 중국 정부의 정책적 의지를 보여 준 것이다. 첨단기술 분야의 FDI를 유치하기 위한 정책적 조치로서 상하이 푸동(浦東), 수저우, 션전, 주하이의 경제특구 및 산업공단에 다음과 같은 다양한 재정적 특혜가 제공되었다: (1) 컴퓨터, 의료, 소재산업에 대하여 3년간 법인세 면제 및 부가세 전액 환급. (2) 기타 첨단기술로 인정된 산업분야에 대하여 2년간 모든 세액 면제. (3) 신기술 산업 분야, 기술이전, 신기술 전람회에 대한 세금 감면. (4) 법인 등록 및 인허가 관련 세제 감면.

---

211) 중국법률 "외국인투자방향규정(指導外商投资方行規定, Catalogue for the Guidance of Foreign Investment Industries)" (1995. 제정, 1997.12.31 개정). Asian Legal Information Institute 웹사이트 [http://www.asianlii.org/cn/legis/cen/laws/cftgofii543/#0] 검색일: 2012. 1. 15.

표 20. 시장지향적 경제개방기 중국의 FDI 관련 제도 및 정책[212]

기간	제도 및 정책
1992. 2.	4연 연해(沿海), 연강(沿江), 연선(沿线), 연변(沿边) 개방정책 천명
1992. 8.	상하이 와이까오챠오(外高橋), 티앤진강(天津港) 등 15개 도시에 보세구 지정[213]
1992.	헤이룽장성(黑龍江省), 지린성(吉林省), 몽골 자치구 4곳, 난닝(南寧), 쿤밍(昆明), 변경(辺境)에 경제합작구 지정
	양쯔강 연안 도시 5곳, 변경지구 4곳, 연해 지방도시 11곳에 개방도시 지정
	외국기업 관광사업 개발을 위해 11곳의 국가관광레저구 지정
1993. 9.	제14기 공산당대회에서 사회주의 시장경제 체제 채택
1994. 5. 12.	대외무역법(中华人民共和国对外贸易法) 제정
	국무원과 싱가폴 정부가 합작으로 쑤저우(蘇州)에 공업원구 설치
1995. 6. 7.	외국인투자방향잠정규정(指导外商投资方向暂行规定), 외국인투자산업지도목록(外商投资产业指导目录) 제정
1995. 9. 4.	중외합작경영기업법실시세칙(中华人民共和国中外合作经营企业法实施细则) 제정
2000. 10. 31	외자기업법(中华人民共和国外资企业法), 중외합작경영기업법(中华人民共和国中外合作经营企业法) 개정
2000.	가공무역으로 생산한 공산품 수출을 위해 15곳의 수출가공구 지정

참고: 중국투자지남(中国投资指南)

---

212) 이홍규, 하남석, 조성호. 2011. pp. 34-35.

213) 1990년 국무원의 인가를 받아 상하이의 와이까오챠오(外高橋)오· 티앤진강(天津港)에 보세구가 최초로 설치된 이래, 2002년 말까지 따리앤(大連), 칭다오, 장쟈강(張家港), 닝보(寧波), 푸저우(福州), 샤먼(廈門), 광저우(廣州), 선쩐(深川), 산터우(汕頭), 주하이(珠海), 하이커우(海口) 등 연해도시에 모두 15개의 보세구가 들어서 있다. 중국 15개 보세구역의 총 면적은 51.05㎢이고, 이 구역에 설립된 기업 수는 32,671개에 이른다. 그중 외국계 기업은 14,784개, 계약서에 기재된 외자는 209.3억 달러, 실제로 사용된 외자는 116.8억 달러에 이른다. 보세구는 중국 국무원의 인가를 받아 설립되어 세관의 특별관리를 받는 경제구역으로 중국에서 개방도와 자유도가 가장 높은 경제구역이다. Kotra Global Window 웹사이트 해외시장정보 참고. [http://www.globalwindow.org].

4.3.4 경제개방 완성기(2001-현재): WTO 가입

2001년 이후부터 중국은 WTO에 가입하고 시장경제로서의 지위를 획득하기 위해 요구되는 사항들을 만족시키기는 제도개혁을 진행했다. 기존의 제도를 개선하고 새로운 제도를 마련함으로 인하여 FDI에 대한 중국의 투자시장은 더욱 개방되고 체계적인 모습을 갖추었다. 중국 금융시장의 개방과 체계화는 두 가지 눈에 띄는 결과를 양산했다. 첫째, 외국인 투자자의 중국시장 진입 허가가 확대되었다. 1997년 개정된 "외국인 투자산업 지도 목록"에서 투자 권장 산업으로 지정되었던 첨단 및 신기술 관련 산업에 대한 FDI가 증가하였으며, 금융과 서비스 분야에서도 개방의 폭이 확대되었다. 또한 외국인 투자기업이 생산한 상품을 중국 내수시장에 좀 더 자유롭게 판매할 수 있는 여건이 형성되었다. 둘째, 외국인 투자기업에 적용되었던 제한 및 요구사항이 감소되었다. 기존에 가장 문제가 되었던 외국환에 대한 통제가 대부분 사라졌고[214] 고용과 임금 등 노동 분야에서 외국인 투자기업에 요구되던 조항이 대폭 완화되었다. 그 대신에 외국인 기업에 제공되던 세금감면 등의 혜택도 대부분 사라져 외국자본과 국내자본 간의 경쟁에서 공정한 조건이 형성되기 시작했다.

WTO가 요구하는 규정에 따라 중국은 2005년까지 모든 산업부문의 관세를 평균 9.4% 수준까지 낮추었다. 예를 들어 컴퓨터와 반도체, 인터넷 관련 장비 등과 같은 IT 산업부문의 관세를 2005년까지 0%로 없애는 대신에 농업부문의 관세는 31.5%에서 14.5%로 낮추어 유지하는 방식이

---

214) 중국법률 "Circular of the State Administration of Foreign Exchange on Improving the Administration of Foreign Exchange in Foreign Direct Investments" (2003.3.3 제정). Asian Legal Information Institute 웹사이트[http://www.asianlii.org/cgi-bin/disp.pl/cn/legis/cen/laws/cotsaofeoitaofeifdi1241/cotsaofeoitaofeifdi1241.html?stem=0&synonyms=0&query=foreignexchange] 검색일: 2012. 1. 15.

었다. 제조업 부문에서는 외국인 투자기업에게 수출 과정에서 중국 국영 무역회사의 중계를 거치지 않아도 되도록 하는 직접무역 권한을 제공하였다. 관세인하는 수출을 증가시키는 효과를 갖지만 외국기업이 관세를 피하기 위해 중국 현지에 기업을 설립할 동기를 줄이는 것이기도 했다. 그러나 WTO에 가입함으로써 해외 투자자들은 중국경제와 중국시장에 대한 신뢰를 갖게 되었고 궁극적으로는 더 많은 FDI를 중국으로 유인하는 계기가 되었다.[215] 유통 및 물류 분야에서 외국 기업이 자신의 네트워크를 가지고 중국 내에서 사업을 진행할 수 있게 되었으며 통신 및 운송, 금융서비스 분야에서도 외국인 투자에 대한 개방이 진행되었다. 인터넷과 휴대전화기 사업부분에서 외국인이 49%까지 지분을 소유할 수 있도록 했으며, 보험분야는 생명보험의 경우 외국인 지분이 50%, 비생명보험은 51%까지 외국인에게 개방되었다. 은행업 부문에서는 중국에 등록된 외국은행도 중국 기업을 대상으로 영업이 가능하게 되었다.

과거 중국의 FDI 관련 법규는 대부분이 외국인 자본에 대한 실적요구사항을 포함하고 있었다. 그러나 WTO 가입 이후부터는 WTO 회원국의 요건을 만족시키기 위하여 FDI에 부과하던 수출비중, 외환의 균형유지, 현지조달, 기술이전, R&D센터 설립 등에 관한 대부분의 실적요구사항들을 폐기하였다. 그러나 실제로는 합작회사 또는 전략적 동맹의 형태로 FDI를 유치하는 중국 기업들은 대부분 외국투자 기업으로부터 비공개적인 기술이전이나 기술공유를 요구하고 있다.

2011년 2월에 중국 정부가 새로 제정한 "외국투자자 경내기업 합병 안전심사 제도"(外国投资者并购境内企业安全审查制度)는 중국 정부가 해

---

215) Fung, Kwok Chiu, Lawrence J. Lau, and Joseph S. Lee. 2004. *US Direct Investment in China*. Washington D.C.: the AEI Press. p 9.

외로부터 국내로 유입되는 FDI에 대하여 가지고 있던 기존의 긍정적인 입장과는 완전히 달라진 법안이다. 이 법률은 미국의 경제정책이 보호주의적 성격을 강화하고 FINSA 법안이 새롭게 마련됨으로써 CFIUS가 중국 기업들을 부당하게 차별한데 대한 대응의 차원에서 중국 정부가 마련한 법률이었다. 미국과 마찬가지로 중국도 외부로부터의 FDI 유입을 국가안보적 관점에서 판단하여 필요한 경우 차단하겠다는 정책적 의지를 보여 준 것이었다. 때문에 이 법률에서 규정하고 있는 심사위원회의 구성과 심사위원회가 진행하는 심사절차가 미국의 FINSA가 규정하고 있는 CFIUS의 운영에 관한 절차와 매우 유사하다. 이 법안은 2010년 3월에 개최되었던 양회(兩会)의 정부 업무보고 과정에서 원자바오 총리가 필요성을 제기함에 따라 마련되었다.[216] 국제금융시장에 대한 개방의 정도가 심화된 중국 경제에도 이제는 미국의 CFIUS와 같이 대규모 해외투자자금의 유입이 국가 경제와 안보에 미칠 영향을 검토할 기구가 필요하다고 보았기 때문이다. 상무부에 이미 유사한 역할을 담당하기 위한 반독점조사국(反垄断调查局)이 설립되어 있었지만 충분치 않다고 여겨졌다. 경제, 금융, 재정, 세무, 산업, 과학기술, 농업, 국방, 정보 등 다양한 부처의 장차관급 관료가 참여한 연석회의 형식의 기구가 마련되어야 한다는 것이 원자바오 총리의 주장이었다.

"합병안전심사제도"(并购安全审查制度)로도 불리는 "외국투자자 경내 기업 합병 안전심사 제도"는 국가 경제의 안정적 발전과 국가안보의 보호를 위하여 외국인 투자자의 중국 기업에 대한 인수·합병을 심사한다고 밝

---

216) 중국법률 "외국투자자 경내기업 합병 안전심사 제도(外国投资者并购境内企业安全审查制度)" (2011. 2. 3 제정) [http://www.fdi.gov.cn/pub/FDI_EN/Laws/law_en_info.jsp?docid=130963] 검색일: 2013. 3. 5.

히고 있다.217) 심사를 담당하는 "외국투자자 경내기업 안전심사 부제 연석회의"(外國投資者幷购境內企業安全審查部際聯席会议)는 국무원 부총리급 인사를 의장으로 하고 국가발전개혁위, 공업정보화부, 상무부, 과학기술부, 농업부, 국유자산관리위원회, 은행감독위원회, 국가공상총국, 세무총국, 국방부 등의 장관급 인사들이 참여하는 것으로 되어 있다. 아래의 그림 14는 합병안전심사제도에서 정하고 있는 연석회의의 조사절차를 정리한 것이다.

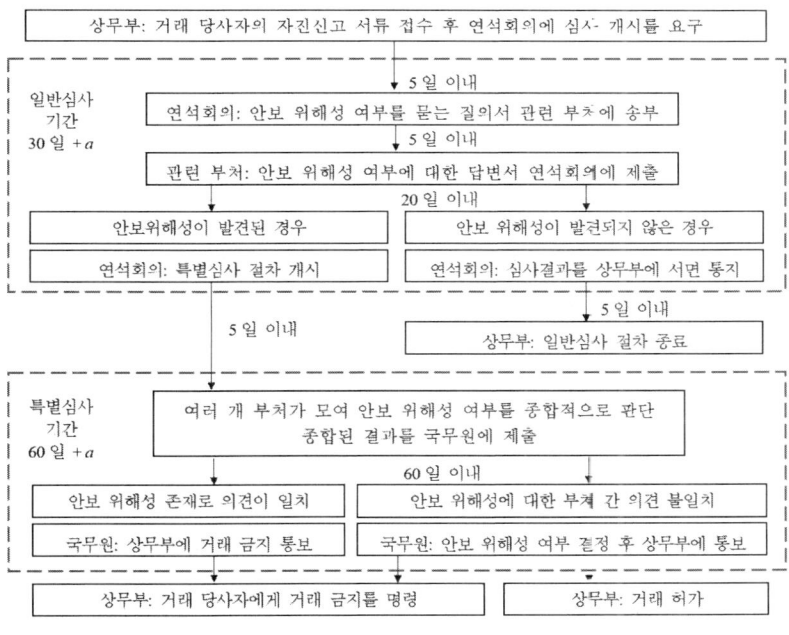

그림 14. 합병안전심사제도에 의한 연석회의 조사절차

---

217) 중국법률 "외국투자자 경내기업 합병 안전심사 제도(外國投資者幷购境內企業安全審查制度)" (2011. 2. 3 제정) [http://www.fdi.gov.cn/pub/FDI_EN/Laws/law_en_info.jsp?docid=130963] 검색일: 2013. 3. 5.

합병안전심사제도는 외국인 투자자의 인수·합병 대상이 다음과 같은 항목에 해당되는 경우에 연석회의에서 국가안보에 대한 위해성 여부를 심사하도록 규정하고 있다: (1) 군수 및 군수와 관련된 협력업체의 인수·합병. (2) 민감한 군사시설 주변에 위치한 기업의 인수·합병. (3) 국방 및 안보와 관련된 기업 및 기타 단위의 인수·합병. (4) 국가 안전에 중요한 농산물 생산기업의 인수·합병. (5) 주요 에너지 및 천연자원 관련 기업의 인수·합병. (6) 주요 기반시설과 관련된 기업의 인수·합병. (7) 주요 운송 서비스 관련 기업의 인수·합병. (8) 첨단기술 관련 기업의 인수·합병. (9) 주요 장비를 제조하는 기업의 인수·합병.

연석회의의 조사는 중국 기업을 인수·합병하려는 외국인 투자자와 매각 대상 기업이 자진하여 거래에 관련된 서류를 상무부에 제출함으로써 시작된다. 서류를 제출받은 상무부는 5일 이내에 연석회의에 해당 거래에 대한 심사 개시를 요구한다. 상무부의 요구를 받은 연석회의가 5일 이내에 해당 거래와 관련이 있는 부처에 안보 위해성 여부를 묻는 질의서를 보면 질의서를 받은 해당 부처는 20일 이내에 답변서를 연석회의로 제출하게 된다. 답변서에서 해당 거래가 국가안보에 악영향을 미치지 않는 것으로 밝혀지면 연석회의는 그 사실을 5일 내에 상무부로 서면통지 하고 일반심사의 절차를 끝마치게 된다. 그러나 관련 부처로부터 전해진 답변서에서 해당 거래가 안보에 위해 요소를 가지고 있다고 판단되면 연석회의는 답변서를 받은 5일 이내에 다시 60일 간의 특별심사 절차를 개시해야 한다. 특별심사에서는 연석회의에 참석한 다양한 부처로부터 해당 거래의 안보 위해성에 대한 의견이 종합되고 종합된 결론은 국무원에 제출된다. 특별심사 과정에서 각 부처 간에 의견 차이가 심각하여 결론에 이르기 어려운 경우에는 최종결정을 국무원에 위임하도록 되어 있다. 특별심사에서도 해당 거래가 안보 위해성을 가진다는 결론이 내려지면 상무부와 관련 부처는 해당 인수·합병 거래의 당사자 기업에게 거래 금지를 명령한다. 당사자 기업들은 심사 결과를 서면으로 통보받도록 규정되어 있으며, 심사가 진행되는 동안에는 언제라도 거래를 자진하여 철회할 수 있다. 아래의 표 21은 중국의 경제개방 완성기로 볼 수 있는 2001년부터 중국이 새롭게 마련했거나 보완한 각종 제도를 정리한 것이다.

표 21. 경제개방 완성기 중국의 FDI 관련 제도 및 정책[218]

기간	제도 및 정책
2001. 3. 15.	중외합자경영기업법(中外合资经营企业法) 개정
2001. 12. 11.	중국 WTO 가입[219]
2003.	국제물류 구입 및 중계무역 활성화를 위해 상하이 와이가오차오(外高橋) 항구를 보세물류원구(保稅物流園區)로 지정
2004. 1.	중국 가공무역 금지 및 제한 조치
2004. 4. 6.	대외무역법(中华人民共和国对外贸易法) 개정
2006. 1.	제11차 5개년 계획: 외국인 투자자본의 질적 수준 제고
2007. 6.	수출증치세 환급률 인하
2008. 1.	노동계약법(中华人民共和国劳动合同法) 시행
2009. 5.	외국 정보기술(IT) 업체의 '소스코드'(source code) 공개 제도 시행
2011. 2. 3.	외국투자자경내기업합병안전심사제도(外国投资者并购境内企业安全审查制度) 제정

참고: 중국투자지남(中国投资指南)

---

218) 이홍규, 하남석, 조성호. 2011. pp. 34-35.
219) WTO. 2012. "Protocols of Accession for New Members since 1995, Including Commitments in Goods and Services." (May 10th). WTO 웹사이트[http://www.wto.org/english/thewto_e/acc_e/completeacc_e.htm].

4.4
소결

　미국의 FDI 관련 정책은 개방된 자유시장 중심의 국제경제 질서를 추구하는 전통적 가치에 입각한 것이었다. 미국의 경제성장 초기에는 그러한 가치를 바탕으로 받아들인 유럽으로부터의 FDI가 미국 경제를 성장 및 발전시키는 주요 원동력으로서 역할을 했다. 그러나 역사적으로 살펴보면 미국의 FDI에 대한 정책적 입장이 항상 전적으로 개방적이었던 것은 아니다. 1, 2차 세계대전을 겪었던 시기에 미국은 적성국에서 통제할 가능성이 있거나 전쟁에서 미국에 불리하게 작용할 수 있다고 판단되는 FDI에 대해서는 매우 폐쇄적인 태도를 보였다. 또한 1980년대 말과 1990년대 초반에 일본으로부터 유입되던 FDI에 대해서도 미국은 강한 보호주의적 입장을 취했다. 그러한 미국 정부의 정책적 입장은 관련된 법률을 필요에 맞춰 정비하는 것으로 제도화되는 모습까지 보였다. 2000년대에 들어와 증가하기 시작한 중국 기업들의 대미 FDI를 대하는 미국의 정책적 대응 역시 과거의 역사적 사례와 매우 유사하다. 국가의 이익을 보호하기 위해 자유시장 개방경제를 추구하던 기존의 정책에서 보호주의적 경향을 강화했기 때문이다.

　그러나 최근 중국으로부터 유입되는 FDI에 대한 규제 강화는 과거 독일과 일본의 FDI에 대한 규제 강화 때와는 분명히 다른 점이 발견된다. 과거 독일이나 일본으로부터 유입되는 FDI를 규제했던 사례에서는 그 규제로 인해 미국이 독일 및 일본과 갈등을 빚어내지 않았다. 하지만 최근 중국의 사례에서는 미국이 보호주의적 정책을 강화함으로써 중국 정부와 갈등을 만들어 내고 있으며 그러한 정부 간 갈등이 군사 또는 안보와 같은 다른 부문으로도 확산되는 양상을 보이고 있다. 1, 2차 세계대전 중 자국 기업들의 재산을 몰수당했던 독일은 전후 패전국의 입장이 되었으므로 미국에게 재산 반환과 관련된 어떤 항의나 요구도 할 수가 없었다. 1990년을 전후로 자국 기업들의 FDI 진출이 미국으로부터 심한 견제를 받았던 일본 역시 미국의 보호주의적 정책을 그대로 수용할 수밖에 없었다. 일본은 안보와 주요 자원 수급의 측면에서 미국의 지원에 전적으로 의존하고 있는 입장이었기 때문이다. 하지만 현저의 중국은 미국의 보호주의적 태도나 중국 기업에 대한 차별을 참고 받아들여야 할 만한 이유가 전혀 없는 상황이다.

9/11 테러를 경험하고 난 직후 이라크와 아프카니스탄에서 진행된 테러와의 전쟁은 미국이 의도했던 대로 통제되지 않았다. 그 뒤를 이어 발생한 2007년의 글로벌 금융위기에 대해서도 역시 미국은 과거의 경제위기 때와 같은 적절한 대응을 할 수 없었다. 이러한 일련의 사건들은 미국에게 자신의 패권이 약화되고 있음을 실감하는 계기가 되었다. 그러한 미국을 지켜본 외부에서도 역시 미국 패권의 약화를 지적하기 시작했다. 9/11로부터 글로벌 금융위기까지 지속적으로 안보에 대한 불안감이 상승하고 있는 상황에서 중국의 부상은 미국을 더욱 민감하게 만들었음이 분명하다. 해양석유공사와 유노칼 간의 거래 이후 2007년 미국이 새로 마련한 FINSA 법안은 미국이 중국에 대해 갖고 있는 경계심을 밖으로 표출한 사례이다.

중국은 30년간 개혁과 개방을 지속한 결과로 경제성장에서 가시적인 성과를 이루어 냈다. 중국은 2006년 일본을 제치고 세계 최대의 외환보유국이 되었으며 2009년에는 독일을 제치고 세계 최대의 상품 수출국이 되었다. 경제성장의 효과는 군사력 부문으로도 확산되었다. 2012년 현재 중국은 군사비 지출 면에서 미국에 이은 세계 2위이며 군사력 면에서는 미국과 러시아 다음으로 3위에 올라 있는 상태다. 경제력과 군사력 등 모든 면에서 미국의 뒤를 바짝 뒤쫓고 있는 중국이 미국을 추월할 수 있으려면 현재의 경제성장 속도를 계속 유지해야 한다. 이를 위해 중국 경제에 가장 필요한 요소가 안정적인 에너지 및 천연자원의 확보와 함께 선진 산업국이 독점하고 있는 첨단기술을 획득하는 것이다. 이 두 가지 요소를 확보하기 위해 중국 정부는 자국 기업들의 FDI 진출을 전략적으로 지원하고 있다. 그러나 자원 확보와 기술 획득을 노리는 중국의 전략적 노력은 미국의 보호주의적 정책 강화로 견제를 받게 되었다. 미국의 보호주의적 태도는 중국 정부의 강한 항의로 이어졌다. 2011년 중국이 마련한 합병안전심사제도는 미국의 보호주의 강화에 대한 반발인 동시에 자국 산업을 외국의 투자자본으로부터 보호하겠다는 중국 정부의 의지를 엿볼 수 있는 사례이다.

제5장
FDI로 인한 미국과 중국의 갈등 사례

5.1
서론

　미국 정부가 중국과의 경제적 관계를 국가안보의 차원에서 고려하게 된 이유는 중국으로부터 유입되는 투자자금의 규모가 급격히 증가했기 때문이라고 볼 수도 있지만 중국 기업들이 가진 투자자금의 특성이 공정한 경쟁을 가정한 시장 중심의 상업적 성격으로부터 벗어나 있기 때문이기도 했다. 1990년대 후반 이후부터 미국으로 유입된 중국의 투자자금은 크게 세 가지로 종류를 나누어 볼 수 있다. 첫 번째는 중국인민은행이 보유한 달러화로 대부분이 미재무부가 발행한 국채를 매입하는 데 투자되었다. 두 번째는 중국투자공사(中国投资有限责任公司, CIC: China Investment Corporation)나 화안기금(华安基金, Hua An Fund Management) 등과 같은 국부펀드 투자회사를 통해 미국 내 기업들의 지분을 매입하는 데 투자되었다. 세 번째는 은행으로부터 자금을 지원받은 일반 기업이 그린필드 투자나 인수·합병의 방식으로 미국에 직접투자를 진행하였다. 첫 번째와 두 번째 투자 방식은 중국 정부의 관료나 전문가가 해당 투자를 직접 관리 및 감독한다. 세 번째 투자 방식의 경우는 일반 기업의 시장활동이 주를 이루기는 하지만 정부의 통제가 혼합된 형태로 진행되는 경우도 많다.

　미 의회와 행정부는 중국으로부터 유입되는 투자자금이 중국 정부의 직간접적인 영향력 아래서 운영될 수 있다는 점을 우려했다. 현재 중국은 세계에서 유일하게 미국과의 경쟁상대로 여겨질 수 있을 만큼 성장하였으며 그 성장추세를 앞으로도 한동안 유지할 수 있을 것으로 예상된다. 더구나 중국은 여전히 권위주의적 성격을 유지하고 있는 공산당에 의해 통치되고 있다. 미국의 의회와 행정부는 이러한 상황에서 중국 정부가 미국에 대한 FDI를 통해 첨단무기와 관련된 기술을 획득하거나 주요 천연자원에 대한 통제력을 강화하고 미국 시장에 대한 정보수집까지 용이해지는 경우를 우려하고 있다. 그러한 상황이 실현된다면 현재 미국이 세계시장에서 차지하고 있는 경제적 및 기술적 우위에 대한 도전이 될 뿐만 아니라 국가안보에도 위협이 될 수 있다고 보기 때문이다.

따라서 FDI의 형식으로 미국 시장에 진출을 꾀한 중국 기업의 투자자금은 그린필드 투자를 제외하면 대부분이 "외국인투자와 국가안보에 관한 법률"(FINSA: Foreign Investment and National Security Act of 2007)과 "외국인 투자위원회"(CFIUS: the Committee on Foreign Investment in the United States)의 조사대상이 되었다. 비록 CFIUS의 조사결과로 인해 중국 투자자의 인수·합병 거래가 금지되었던 사례는 단 한 건밖에 되지 않지만 상당히 많은 수의 거래가 CFIUS의 조사과정에서 투자주체인 중국 기업에 의해 스스로 철회되었다. CFIUS뿐만이 아니라 의회와 언론, 연구기관이나 투자 자문회사 등에 의해서 해당 거래에 관한 정보가 공개되고 정치적 쟁점으로 부각되어 부정적으로 다루어지는 경우가 많았기 때문이다. 아래의 표 22는 CFIUS의 조사 대상이었던 중국의 FDI 중에서 정치적 쟁점이 되어 다루어졌던 대표적 사례들을 정리한 것이다.

표 22. 미국 진출 중국 FDI의 정치적 쟁점화 사례: 1990~2011[220]

연도	투자자	투자 대상	개 요
'90	China National Aero Tech (CATIC)	Mamco Manufacturing Co.	CFIUS가 국가안보 위협요소를 지적하고 대통령이 해당 거래를 금지하도록 결정. 최초이자 유일한 사례.
'95	China National Non-Ferrous Metals Import & Export Corp (CNIEC), San Huan, Sextant	Magnequench Inc.	CNIEC가 컨소시엄 구성하여 Magnequench를 인수한 이후 다시 Ugimag Inc.를 합병. 2000년 클린턴 행정부가 거래를 승인. 2002년과 2006년 미국에 위치한 공장을 폐쇄하고 중국으로 이전함에 따라 자동차 및 스마트 폭탄 제조 관련 첨단기술의 중국유출에 대해 비판여론 발생.
'99	China Ocean Shipping Company (COSCO)	Long-term Lease of former Naval Base, Long Beach, CA	미 의회가 COSCO의 롱비치 해군기지 내 하역시설 사용을 불허함.
'05	Haier Group	Maytag Corp.	Maytag은 미국 가전제품 제조업체의 상징적 브랜드. Haier 그룹이 Maytag 인수를 시도하자 미국 내에서 Haier에 안 좋은 여론이 발생. Haier 그룹이 거래를 자진 철회함.
'05	China National Offshore Oil Corporation (CNOOC)	Unocal Corp.	의회와 여론이 CNOOC의 Unocal 인수를 반대. 의회는 CNOOC이 Unocal 인수에 성공할 경우 법률을 마련해서라도 세금 등의 추가적 비용 징수를 약속. Unocal은 Chevron에 합병됨.
'05	lenovo	IBM's personal computer division	의회와 여론이 Lenovo의 IBM PC 부문 인수를 반대. Lenovo가 CFIUS에서 제시한 안보관련 조약에 서명한 후 해당 거래가 승인됨.

---

220) Rosen, Daniel H. and Thilo Hanemann. 2011. "An American Open Door? Maximizing the Benefits of Chinese Foreign Direct Investment." Asia Society Special Report. (May). p.64.

연도	중국 측	대상	내용
'08	Huawei, Bain Capital	3Com	Huawei와 Bain Capital이 공동으로 3Com을 합병하려 했으나 CFIUS는 해당 거래를 국가안보에 위협으로 판단. Huawei와 Bain Capital이 거래를 자진 철회함.
'09	China Minsheng Bank	United Commercial Bank (UCB)	미은행규제특별팀이 해당 거래를 금지시킴. 연방준비은행은 해당 사안이 매우 시급하여 CFIUS 조사를 기다릴 수 없다고 판단. UCB의 자산은 연방예금보험공사(FDIC)에 압류됨.
'09	Tengzhong	GM's Hummer brand and assets	미 의회와 언론에 의해 해당 거래가 미제조업계와 국가안보에 위협이 되는 것으로 묘사됨. 중국 상무부의 반대로 거래가 무산됨.
'09	Northwest Nonferrous International Investment Co. Ltd.	Firstgold Corp.	CFIUS가 해당 거래를 안보에 위협으로 판단함. 주요 판단근거는 Firstgold가 소유한 광산이 해군의 비행기지와 너무 근접해 있다는 점이었음. Northwest Nonferrous International Investment가 거래를 자진 철회함.
'10	Tangshan Caofeidian Investment Co. Ltd. (TCIC)	Emcore	CFIUS가 Emcore에서 보유한 태양광발전 및 광섬유 기술유출을 국가안보 위협으로 판단함. Tangshan이 거래를 자진 철회함.
'10	Anshan Steel	Co-investment in a greenfield slab steel project in Mississippi	그린필드 투자를 위한 합작이므로 원칙적으로 CFIUS의 조사대상이 아님. 철강업계의 적극적 로비와 의회의 반대로 인해 Anshan이 제철소 건설 계획을 철회함.
'11	Huawei	3Leaf	CFIUS가 해당 거래를 소급하여 조사하고 대통령에게 거래취소 건의를 여고함. Huawei는 3Leaf의 특허와 자산을 자진 양도하는 데 동의함.

이 사례들 중 CFIUS가 최종적으로 미국의 국가안보에 위협이 된다고 결론을 내려 대통령에게 거래 불허를 건의하고 대통령이 그 건의를 받아들여 거래 금지를 명령했던 사례는 1990년 중국항공기술수출입공사(中航技進出口有限责任公司, CATIC: China National Aero-Technology Import and Export Corporation)와 맘코 매뉴팩처링(Mamco Manufacturing) 간에 진행되었던 인수·합병 거래뿐이다. 2005년 해양석유공사가 유노칼을 인수·합병하려던 시도는 CFIUS가 아닌 의회와 에너지 관련 업계, 그리고 언론이 주도한 반대 분위기 때문에 성사되지 못했다. 하지만 2010년에 진행된 유사한 거래에서는 해양석유공사가 언론이나 의회 또는 관련 업계 등으로부터 전혀 관심을 받지 않은 채로 체사피크(Chesapeake Energy Corp.) 사가 보유한 텍사스 지역의 셰일가스(shale gas) 채굴권 지분 중 33.3%를 조용히 인수하는 데 성공했다.[221]

2007년 화웨이(Huawei)는 이사회 임원들의 과거 경력으로 인해 중국 군부와의 커넥션을 의심받아 3콤에 대한 인수를 성공하지 못하였다. 2010년에는 중국의 철강기업인 안산강철집단공사(鞍山钢铁集团公司, AnShan Iron & Steel Group Corp.)가 미시시피강 유역의 작은 도시인 Amory에서 제철소 건설을 위한 그린필드 투자를 진행하려 했지만 의회와 철강업계의 반대로 성공하지 못했다. 이와는 반대로 Lenovo나 천진철강집단유한공사(天津钢铁集团有限公司, TianJin Iron and Steel Co. Ltd.)와 같이 미국 기업 인수·합병에 쉽게 성공한 사례도 찾아볼 수 있다.

---

221) Bloomberg News 인터넷판. 2010.10.12. "CNOOC to Pay $1.08 Billion for Stake in Texas Shale Gas Project." [http://www.bloomberg.com/news/2010-10-11/cnooc-unit-to-pay-1-08-billion-in-cash-for-stake-in-gas-project.html] 검색일: 2013. 3. 20.

2000년대 중반 이후 미국에 진출하려는 중국 기업의 FDI는 경쟁이 치열한 M&A 시장에서 자신이 다른 경쟁자들을 물리치고 승리할 수 있을지 여부를 예상하기 어려운 처지에 놓여 있다. 시장 내에서 벌어지는 기업 간 인수·합병 거래가 특히 중국 기업에 의해 이루어지는 경우에는 미·중 간의 국가 관계 또는 국가안보라는 정치적 측면에서 쟁점화되어 논의되는 경우가 발생하고 있기 때문이다.

위의 표 22에서 열거된 대규모 거래에 관한 중국 내의 여론도 역시 미국과 마찬가지로 언론매체의 보도에 의해 형성되었다. 미국 내의 투자환경과 중국 투자자본에 대한 미국의 부정적 태도에 대해 중국 여론이 본격적으로 관심을 가지게 된 계기는 2005년 해양석유공사와 유노칼의 인수·합병 거래였다. 이 거래가 무산되자 중국 내에서는 협상과정에서 미국 정부가 보인 태도가 불공정하였을 뿐만 아니라 보호주의적이었다는 여론이 형성되었다.[222] 2010년 안산강철집단공사가 미시시피강 유역에 진행하던 제철소 건립 프로젝트 실패 사례도 역시 중국 여론의 높은 관심을 이끌었다. 프로젝트를 실패로 이끈 미 제강업계의 로비와 의회의 반대에 대해 중국 여론은 미국이 보호주의 정책을 강화하고 있다는 주장을 제기하였다.[223] 특히 FINSA 법안에 의거하여 CFIUS의 심의 대상이 되는 국영기업이나 국부펀드 투자기관을 비롯하여 천연자원, 에너지, 정보통신, 첨단기술 분야의 중국 기업들은 미국의 투자환경이 자신들에게 매우 불리하다는 부정적인 견해를 가지게 되었다. 심지어 미국이 2007년

---

222) 新华网 인터넷판. 2005.8.3. "CNOOC announces withdrawal of Unocal bid." [http://news.xinhuanet.com/english/2005-08/03/ content_3301457.htm] 검색일: 2009. 11. 25.
223) 21世纪网 17면. 2010.7.8. "鞍钢美国投资争议升级." [http://epaper.21cbh.com/html/2010-07/08/content_125046.htm] 검색일: 2010. 11. 11.

에 마련한 FINSA 법안은 중국 기업들을 제도적으로 차별하기 위한 장치라는 인식까지 생겨났다.[224]

중국 정부의 관련 분야 관료들에게는 CFIUS 조사과정의 공정성과 투명성을 어떻게 보장받을 수 있는가라는 문제가 핵심과제 중 하나로 부각되었다. 중국 증권감독관리위원회(中国证券监督管理委员会, China Securities Regulatory Commission)와 상무부는 2008년 미국의 외국인 투자 검토절차가 CFIUS의 주관적인 해석에 지나치게 좌우되고 있으며 국영기업을 특별히 규제하고 있는 법조문이 중국 기업들을 차별하는 결과를 낳고 있다는 불평 섞인 공문을 보냈다.[225] 2009년 3월 14일 G20 재무장관 및 중앙은행장 연석회의에 참석한 시에쉬런(謝旭人) 재정부장은 회의에 참여한 각 국 대표들에게 보호주의를 지양할 것을 공식적으로 호소하기도 했다. 또한 중국 상무부의 관료들은 2009년 미국 은행규제특별팀(US Bank Regulators)이 파산한 미상업은행(United Commercial Bank)을 중국민생은행(中国民生银行)에 매각하지 못하도록 한 결정에 대해서도 이해할 수 없는 조치라고 비판했다.[226] 2010년 안산강철집단공사 사례와 2011년 화웨이 사례 직후에도 중국 상무부와 외교부는 미국 정부에 중국 기업에 대한 차별대우를 그만두고 정상적인 중국 기업

---

224) 中新网 인터넷판. 2010.11.10. "李若谷: 中国国企赴美投资几乎全被否决." [http://www.chinanews.com/cj/2010/11-10/2646167.shtml] 검색일: 2010. 11. 11.

225) Financial Times 인터넷판. 2008.6.11. "China hits out at US protectionism." [http://www.ft.com/intl/cms/s/0/15fedee0-3748-11dd-bc1c-0000779fd2ac.html#axzz2QhNz46Wd] 검색일: 2009. 11. 25.

226) Financial Times 인터넷판. 2009.11.20. "MinSheng bid block was costly mistake." [http://www.ft.com/intl/cms/s/0/d71980f0-d574-11de-81ee-00144feabdc0.html#axzz2QhNz46Wd] 검색일: 2009. 11. 25.

의 경제활동을 방해하지 말라고 강하게 요구했다.[227] 최근 미국에 대한 중국 정부의 이러한 반응은 미국 투자시장이 중국 경제에 대단히 중요하며 대미 FDI에 관련된 문제를 단순히 경제적 쟁점으로만 인식하는 것이 아니라 정치적 관점에서도 판단하고 있음을 보여 주는 증거이다.

---

227) 中华人民共和国商务部. 2011.2.22. "商务部对外投资和经济合作司负责人就华为公司被迫撤回对美三叶(3Leaf)公司技术资产收购交易发表谈话." [http://www.mofcom.gov.cn/aarticle/ae/ai/201102/20110207410-760.html]; 新华网 인터넷판. 2010. 7. 20. "中国商务部: 鞍钢在美投资不应被泛政治化." [http://news.xinhuanet.com/fortune/2010-07/20/c_12354088.htm] 검색일: 2011. 3. 1.

5.2
해양석유총공사(CNOOC) - 유노칼(Unocal) 사례

중국의 해양석유총공사(中国海洋石油总公司, CNOOC: China National Offshore Oil Corporation)는 주로 중국과 인도네시아 등에서 석유와 천연가스를 채취해 온 중국의 국영기업이다. 해양석유총공사는 1999년 홍콩에 중국 해양석유유한공사(中国海洋石油有限公司, CNOOC Limited)를 설립하고 자사 주식을 홍콩과 뉴욕의 증권시장에 공개 상장했다. 그럼에도 불구하고 전체 지분 중 70%는 여전히 해양석유총공사의 소유하에 있기 때문에 해양석유유한공사 역시 중국의 국영기업으로 간주되고 있다. 중국 석유천연가스집단공사(中国石油天然气集团公司, China National Petroleum Corporation), 시노펙(中国石油化工股份有限公司, Sinopec: China Petroleum & Chemical Corporation)과 함께 중국의 3대 석유기업 중 하나로 꼽히는 해양석유총공사는 중국 정부의 정책적 지침에 따라 북미, 호주, 아프리카, 중동, 아시아 등에서 에너지 자산을 획득하기 위해 매우 공격적인 인수·합병 활동을 진행하고 있다.

경영악화로 어려움을 겪고 있던 미국의 정유회사인 유노칼에 대한 인수·합병 시도 역시 중국의 공격적인 에너지 자산 확보 노력의 일환이었다. 해양석유총공사는 유노칼이 M&A 시장에 매물로 등장하자 가장 먼저 인수의사를 밝혔다. 2004년 12월 두 회사의 CEO가 비공개로 접촉했을 당시 해양석유총공사는 유노칼에 130억 불의 인수금액을 제시했다. 2005년 1월 6일 이 같은 사실이 언론을 통해 알려지자 미국의 셰브론(Chevron Corporation)과 이태리의 이앤아이(Eni S.p.A.)도 유노칼에 대한 인수 경쟁에 참여의사를 밝혔다. 이들 중 셰브론이 제시한 인수 금액은 166억 불로 이앤아이가 제시한 금액보다 더 높았다. 셰브론의 인수 조건에 대응하여 해양석유총공사는 다시 인수금액을 185억 불로 높였다. 처음 인수금액이었던 130억 불과의 차액은 중국 상업은행과 JP 모건, 골드만삭스로부터 차입할 것이라는 구체적인 자금조달 계획까지 마련한 상태였다.[228]

이렇듯 유노칼사를 인수하는 데 가장 적극적으로 나섰던 것은 미국의 셰브론과 중국의 해양석유총공사였다. 이들은 유노칼에 대한 인수 경쟁에서 자사에 유리한 여론을 형성하고 정치 지도자들로부터 지지를 얻기 위해 로비스트까지 고용하는 등의 노력을 벌였다. 이 때문에 2005년 6월이 되면서부터는 유노칼의 매각에 관한 문제가 미국 의회에서 정치적 논쟁거리로까지 발전하게 되었다. 당시 해양석유총공사가 유노칼에 제시한 인수가는 현금으로 185억 불이었으며 셰브론의 인수가는 현금과 주식을 포함한 166억 불이었기 때문에 초반 인수경쟁에서는 해양석유공사가 앞서 있었다. 그러나 미국 의회와 에너지 업계의 정치적 반대는 해양석유공사의 초반 우세를 뒤집고 셰브론이 178억 불로 인수 금액을 높여 최종적으로 유노칼을 인수할 수 있도록 하는 데 결정적 역할을 했다.

해양석유공사가 유노칼의 인수에 관심을 갖고 있으며 이를 위해 한 주당 67불로 총 185억 불이라는 현금을 지불할 의사가 있음을 공개적으로 밝힌 것은 2005년 6월 22일이었다. 그로부터 이틀 후 민주당 의원인 제

---

[228] Wan, Kam-Ming and Ka-Fu Wong. 2009. "Economic Impact of Political Barriers to Cross0border Acquisitions: An Empirical Study of Connc's Unsuccessful Takeover of Unocal." *Journal of Corporate Finance*. Vol.15. pp. 449-450.

퍼슨(William J. Jefferson, D-LA)을 포함한 4명의 하원의원들이 하원의장을 통하여 대통령과 관련 부처 장관들에게 해양석유공사의 입찰 건을 세심하게 재고해야 한다는 서한을 제출했다.[229] 이를 계기로 미 의회는 기업 간의 인수·합병 거래가 미국의 국가안보와 경제적 이익을 위협하는 경우에 해당 거래를 심사하여 이를 중지시킬 수 있도록 하는 법안을 발의하기에 이른다.

이 같은 미 의회의 움직임은 다음과 같은 세 가지 판단에 근거한 것이었다. 첫 번째 근거는 해양석유유한공사의 지배구조에 관한 문제였다. 해양석유유한공사는 궁극적으로 중국 정부의 통제를 받는 국영기업인 해양석유총공사의 소유하에 있기 때문에 언제라도 미국의 국가안보에 위협이 될 결정을 할 수 있다는 점이 부각되었다. 두 번째 근거는 시장활동에 있어서의 불공정성에 관한 문제였다. 해양석유유한공사가 유노칼의 인수를 위해 해양석유총공사를 거쳐 중국 정부로부터 차입한 자금의 이자율은 2.25%였다. 이는 업계 내의 동종 기업들이 미국의 투자은행으로부터 자금을 차입했을 경우 지불해야 하는 이자율인 7%에 비해 지나치게 낮은 수준이었다. 세 번째 근거는 미국의 에너지 안보에 관한 고려였다. 중국의 국영기업인 해양석유총공사가 유노칼에 대한 경영권을 확보할 경우 미국의 에너지 수급에 문제가 발생할 수도 있다는 점이 강조되었다.

결국 6월 30일 공화당 의원인 리차드 폼보(Richard W. Pombo, R-CA)가 제안한 의회 결의안 344번이 찬성 398표, 반대 15표로 통과되었다. 이 결의안은 비록 법적 구속력이 없는 형태이긴 하지만 만약 시장에서 해양석유총공사가 유노칼에 대한 인수·합병 절차를 진행하면 대

---

[229] The Associate Press. Gary Gentile. 2005.6.24. "Chinese Bid for Unocal Faces Obstacles." [http://searay.bokee.com/2072926.html] 검색일: 2009. 8. 9.

통령이 즉시 그에 관한 심사절차를 진행해야 한다는 내용을 담고 있었다.[230] 하원의 천연자원 위원회 의장이었던 폼보 의원은 이 결의안을 제안하면서 "우리는 미국의 주요 에너지 공급자 중 하나를 공산당이 이끄는 중국이 통제하도록 할 수 없습니다. 만약 이 거래가 성사된다면 우리는 커다란 위험을 감수해야 합니다"라고 의원들을 설득했다. 폼보 의원의 의견에 반대가 전혀 없었던 것은 아니다. 비록 소수 의견이기는 했지만 민주당의 짐 모란(Jim Moran, D-VA) 의원은 "만약 중국의 기업들이 서구 기업에 투자를 못하게 된다면 그들은 이란이나 수단 등에 투자할 것입니다. 이것은 이란이나 수단과 같은 국가를 지금보다 더 강하게 만들어 주는 것이 됩니다"라는[231] 논리로 해양석유총공사와 유노칼의 거래를 지지했다. 한편 상원에서는 공화당의 찰스 그래슬리(Charles Grassley, R-IA)와 민주당의 맥스 바우커스(Max Baucus, D-MT) 의원이 대통령에게 다음과 같은 내용이 포함된 서신을 전달했다.

> 이 거래는 우리에게 매우 중요한 문제를 던져 주고 있습니다. 수요가 높은 희소 천연자원을 획득하기 위한 국영기업의 거래에 정부가 지원하는 것이 과연 바람직한가라는 문제입니다. 정부가 희소자원의 획득과 개발을 지원한다면 그것은 심각한 시장의 왜곡을 초래할 것입니다. 정부의 지원은 희소자원이 비효율적이고 생산성이 낮은

---

230) H.Res.344 - 109th Congress(2005-2006). [http://www.gpo.gov/fdsys/pkg/CRI-2005/html/CRI-2005-POMBO-RICHARD-W-A735D0.htm].
231) 미 국회도서관 법률정보 The Library of Congress. THOMAS home. Congressional Record. 109th Congress (2005-2006) "Expressing the Sense of the House That a Chinese State-owned Energy Company Could Take Action That Would Threaten the United States (House of Representatives - June 30, 2005). H5570 ~ H 5577. [http://thomas.loc.gov/cgi-bin/query/F?r109:1:./temp/~r1093E0KHM:e0:] 검색일: 2013. 4. 5.

기업에게 분배되도록 조작할 것이기 때문입니다. 따라서 외국인투자위원회는 정부의 지원을 받아 이루어지는 인수·합병 거래가 미국의 경제와 국가이익에 미칠 잠재적 영향력을 반드시 평가해야만 합니다.[232]

이러한 상황에서 해양석유총공사의 입장은 행정부의 심사절차가 조속히 진행되기를 원하는 쪽이었다. 이 심사가 마무리되어야만 유노칼의 경영진과 주주들을 설득하는 데 가장 큰 걸림돌이 되는 정치적 불확실성을 해소할 수 있다고 보았기 때문이다. 실제로 해양석유총공사의 CEO였던 푸청위(傅成玉 Fu Chengyu)는 의회에 행정부의 심사를 가능한 빨리 받고 싶다는 서한을 제출하기도 했다.[233] 그러나 부시 행정부는 유노칼의 경영진이 해양석유총공사의 매수 제안을 공식적으로 받아들이기 전까지는 그 거래에 대한 구체적인 심사를 진행하지 않는 것으로 입장을 정하고 이를 백악관 대변인을 통해 6월 28일 발표했다.[234] 백악관의 결정은 해양석유총공사와 유노칼의 거래를 방해할 의도는 아니었다. 오히려 의회와 여론에서 격앙된 반중국 기업 정서가 어느 정도 누그러질 때까지 시간을 벌어 중국과의 관계가 악화되는 것을 방지하려는 의도가 더 컸다. 하

---

232) 미 상원 금융위원회 보도자료. The United State Senate. Committee on Finance. Newsroom. 2005.7.13. "Grassley, Baucus Express Concern Over Potential CNOOC-Unocal Deal." [http://www.finance.senate.gov/newsroom/chairman/release/?id=edaf06b1-d7dd-4ba6-9be4-75fbc69b43ba] 검색일: 2009. 8. 15.
233) The Wall Street Journal 인터넷판. 2005. 6. 28. "US Seems Wary of Giving CNOOC Fast Review of Bid." [http://online.wsj.com/article/0,,SB111988482359270487,00-search.html] 검색일: 2009. 8. 9.
234) China Daily 인터넷판. 2005.6.28. "Bush Expects Review of CNOOC's Bid for Unocal." [http://www.chinadaily.com.cn/english/doc/2005-06/28/content_455190.htm] 검색일: 2013. 5. 30.

지만 결과적으로는 심사시기를 늦춰 정치적 불확실성을 빨리 해소하고자 한 해양석유총공사의 의지와는 다른 결과를 낳았다. 또한 미국의 국내 여론도 백악관의 의도대로 완화되지 않고 해양석유총공사에게 불리한 분위기를 형성했다. 월스트리트 저널과 NBC 뉴스가 공동으로 7월 8일부터 4일간 1,009명의 성인을 대상으로 진행한 여론조사에서는 응답자의 73%가 유노칼이 중국 기업에 매각되는 것을 반대한다고 대답했다.[235]

행정부가 적절한 조사를 미루고 있는 상황에서 미 의회는 이 같은 여론에 부응하기 위하여 해양석유총공사의 유노칼 인수 합병을 저지할 수 있는 두 가지 방안을 마련했다. 먼저 7월 20일에 상원이 대외활동승인법(the Foreign Operations Appropriation Bill)의 수정안을 통과시켰다.[236] 이 수정안은 외국 정부가 소유한 기업이나 조직이 미국 기업을 인수했을 때에는 그에 대한 승인을 30일 간 보류하도록 명시했다. 국무장관에게는 이 보류 기간 동안 해당 국가가 동일한 사안에 대해 어떤 방침을 갖고 있는지 그 국가의 법률이나 제도를 검토해야만 하는 의무를 부과했다. 만약 해당 국가가 미국 정부나 정부 소유의 기구에게 민간 기업의 인수를 허용하지 않고 있다면 미국 정부도 승인이 보류된 거래를 취소할 수 있도록 했다. 그 뒤를 이어 7월 27일에는 하원이 에너지 정책법안(the

---

235) The Wall Street Journal 인터넷판. 2005.7.14. "US Public is Hostile to CNOOC Bid." [http://online.wsj.com/article/0,,SB112127153231284632,00.html] 검색일: 2009. 8. 9.

236) 미 국회도서관 법률정보 The Library of Congress. THOMAS home. Congressional Record. 109th Congress (2005-2006) "Text of Amendments (Senate - July 20, 2005). SA 1304. [http://thomas.loc.gov/cgi-bin/query/D?r109:2:./temp/~r1099LgisB::] 검색일: 2013. 4. 1.

Energy Policy Act of 2005)의 수정안을 통과시켰다.[237] 이 수정안에는 중국의 에너지 수요 급증과 이것이 미국의 정치, 경제, 안보 및 전략적 이해관계에 미치는 영향을 연구하도록 하는 조항이 포함되었다. 수정된 법 조항에 따라 행정부는 120일 안에 법률이 요구한 연구를 끝내고 대통령과 의회에 연구결과 보고서를 제출해야 했다. 이 보고서가 제출된 후 21일이 지나기 전까지는 외국인 투자를 감독하는 어떤 기관도 중국 정부에 의해 통제되는 자본이 미국 내의 에너지 관련 자산에 투자하는 행위에 대하여 국가안보 위해성 여부에 관한 심사를 진행할 수 없었다. 결과적으로 CFIUS에서 진행하는 해양석유공사와 유노칼 간의 거래가 미국의 안보에 미칠 영향에 대한 검토 절차를 141일 동안이나 중단시키는 효과를 만들어 냈던 것이다. 이 같은 수정안이 통과되자 해양석유공사는 언론을 통해 "사상 유례없는 정치적 반대가 이 거래에 참여한 우리 회사에 감당할 수 없을 정도의 부담을 안김으로써 커다란 불확실성을 제공하였다"라는 내용의 보도자료를 발표하고 2005년 8월 2일에 유노칼에 대한 매수의사를 공식적으로 철회했다.[238] 이에 따라 같은 달 10일 유노칼 이사회는 셰브론에 자사를 매각하기로 결정하기에 이른다.

CFIUS는 포드 대통령의 행정명령에 의해 1975년 설치되어 국방산업법(the Defense Production Act of 1950)에 대한 수정 법안인 엑슨-플로리오 수정안(the Exon-Florio Amendment of 1988)과 엑슨-플로리오 수정안을 더욱 강화한 외국인 투자와 국가안보에 관한 법(FINSA:

---

237) 미 국회도서관 법률정보 The Library of Congress. THOMAS home. Bill Text Versions. 109th Congress (2005-2006) H.R.6 "Energy Policy Act of 2005." [http://thomas.loc.gov/cgi-bin/query/z?c109:h6:] 검색일: 2013. 4. 1.

238) The Wall Street Journal 인터넷판. 2005. 8. 2. "CNOOC's Aug. 2 Press Release on Withdrawal of Bid for Unocal." [http://online.wsj.com/article/SB112298888643902543.html] 검색일: 2009. 8. 9.

the Foreign Investment and National Security Act of 2007)을 거치면서 외국인 투자가 국가안보에 미치는 영향을 심사하는 기관으로 운영되고 있다. 법률에 따르면 외국 자본의 미국 기업 인수가 미국의 안보를 위협하는 경우 CFIUS가 이를 심의해야 한다. 이 위원회는 재무부 소속으로 국토안보부, 국무부, 상무부, 국방부 등 16개 연방 부처로부터 파견된 장관급 대표자를 포함하여 구성된다. 외국자본의 미국 내 기업 인수가 CFIUS에 의해 국가안보에 위협할 수 있다고 판단되면 위원회는 즉시 그 위험성에 대한 조사를 진행하여 조사 결과에 따라 대통령에게 해당 거래 행위를 중지하도록 건의할 수 있다.

해양석유공사-유노칼 사례의 경우 해양석유공사는 유노칼과의 인수협상 진행 사실을 자발적으로 CFIUS에 알렸지만 이 위원회는 유노칼 측에서 해양석유공사의 제안을 받아들이기 전까지는 법률이 지시하는 조사 작업을 실시하지 않겠다는 입장을 보였다. 이러한 위원회의 입장은 에너지 정책법안의 연구보고서 제출 요구와 맞물려 해양석유공사의 인수절차를 실질적으로 불가능하게 만들었다. 해양석유공사가 유노칼을 인수하기 위해서는 유노칼의 주주들과 이사회가 거래의 가능성을 긍정적으로 평가해야 했지만 CFIUS의 조사 유보는 거래의 불확실성과 주주 및 이사회의 불안감만을 증폭시켰기 때문이다.

이와 같은 경험을 겪으면서 의회 내에서는 CFIUS의 심사절차에 대한 새로운 기준 마련과 투명성 확보에 관련된 논의가 벌어지기 시작했다. 특히 2005년의 에너지 정책 법안 수정은 의회가 중국 정부의 통제하에 운영되고 있는 해양석유공사의 국내 에너지 관련 주요 기업 인수에 대해 정치적으로 반대하는 입장을 보여 준 것임과 동시에 재무부가 주축이 되어 진행하는 CFIUS의 조사절차에 대해서도 불만을 표출한 것이었다. 당시 의회 내에서 논의되었던 주요 쟁점은 위원회 심사절차의 비공개적 특성, 심사 과정에 의회의 의견이 배제되는 점, 안보와 관련된 사안으로 조사가 제한된다는 점 등에 관한 것이었다. 이러한 문제점을 해결하기 위해 의회는 다음과 같은 몇 가지 내용을 제안했다. 첫째, CFIUS의 심사가 국가안보와 관련된 투자 거래에서 국가의 주요 산업에 대한 투자 거래까지로 심사대상을 확대해야 한다고 주장했다. 둘째, 외국 정부가 개입된 미국 내 기업의 인수·합병 행위에 대해서는 최초 30일에 더하여 45일 동안 추가적인 조사를 더 할 수 있도록 하자는 의견이 제기되었다. 셋째, CFIUS가 조사를 마무리하기 전에 의회의 해당 위원회에 내용을 알려 협의를 거쳐야 한다는 방안이 제시되었다. 그러나 위원회의 기존 운영을 지지하는 쪽에서는 심사대상이 안보 관련 산업에서 주요 산업으로 확대될 경우 그것이 보호주의로 비춰질 수 있고 결국에는 세계시장에서 미국 기업들의 경쟁력 약화를 초래할 수 있다는 주장을 펼쳤다. 또한 위원회의 심사과정에 의회가 영향력을 행사할 수 있게 되면 미국 기업을 인수하려는 외국인 투자 주체가 미 의회에 대한 로비를 통해 심사결과에 영향을 미칠 수 있게 된다는 의견이 제기되었다.

결국 CFIUS는 해양석유공사가 제출한 유노칼 인수계획에 대한 실질적 심사를 진행하지 않았으며 이들의 인수·합병 거래가 미국의 안보에 어떤 영향을 미칠 것인가에 대한 결론도 내리지 않았다. 다만 수정된 에너지 정책 법안에 의해 에너지국(the US Department of Energy)이 진행한 중국의 에너지 수요 증가에 대한 연구보고서가 2006년에 공개되었을 뿐이다. 이 보고서는 중국 정부가 소유한 기업의 투자가 미국 경제에 위협이 되지는 않을 것이라는 결론을 맺고 있었다.[239] 해양석유공사의 유노칼

---

239) Evans, Peter C. and Erica S. Downs. 2006. "Untangling China's Quest for Oil Through State-backed Financial Deals." Policy Brief #154. The Brookings Institution. (May).

인수·합병 사례에 있어 가장 중요한 쟁점은 중국 정부가 해양석유공사의 재정을 지원하고 있다는 사실이었다. 하지만 이처럼 외국 정부로부터 재정적 지원을 받는 기업이 미국 기업을 매수하는 행위는 법률에 의해 합법적으로 그 거래를 금지시킬 수 있는 사안이 되지는 못했다. 이후 2006년 의회에서 진행되었던 CFIUS의 조사 권한 및 범위에 관한 논의에서도 정부의 재정지원 문제는 외국 정부의 관여 여부를 평가하는 한 가지 요소로 평가되는 선에서만 그쳤다. 따라서 해양석유공사-유노칼 사례는 안보와 경제적 관점에서 제기된 정치권 및 언론매체의 많은 주장에도 불구하고 에너지를 안정적으로 생산하고 확보하기 위해 중국 정부가 벌인 노력의 일환이었다는 방향으로 결론이 내려진 것으로 볼 수 있다.

이 사안이 의회와 행정부를 비롯한 미국 사회에서 활발하게 논의되던 배경에는 최악의 시나리오에 대한 불안감이 존재했었다. 해양석유공사가 유노칼을 인수한 이후 유노칼에서 생산하는 원유의 대부분을 최우선적으로 중국에 보내고 나면 원유시장에 나올 물량은 거의 남지 않을 것이라는 것이 그 불안감의 주된 내용이었다. 이 불안한 여론에 대해 해양석유공사 측은 유노칼의 인수가 순수히 상업적 목적에 근거한 것임을 지속적으로 강조했다. 해양석유공사의 푸청위 회장은 유노칼을 인수한 이후에도 미국 내에서 생산되는 원유의 대부분은 미국 내에서 판매될 것이며 현재 직원들도 거의 대부분 그대로 고용이 유지될 것임을 약속했다.[240] 유노칼의 입장에서는 생산된 원유를 현재 1% 미만의 점유율을 가진 미국시장에 판매할 때 가장 높은 이익을 얻을 수 있음에도 불구하고

---

240) 中国海洋石油总公司 보도자료. "Statement by Fu Chengyu, Chairman and CEO of CNOOC Limited," June 24, 2005; "CNOOC Limited to Withdraw UNOCAL BID," August 2, 2005. 검색일: 2010. 9. 28. [http://www.cnoocltd.com/encnoocltd/newszx/news/2005/default2.shtml].

현재 보유한 유정의 70%가 아시아 지역에 위치하기 때문에 그 채취의 대가로 이 지역에 우선적으로 원유를 공급하는 장기계약이 이미 체결되어 있는 상태라는 점도 밝혔다. 더구나 해양석유공사는 미국 정부로부터 유노칼 인수에 대한 승인을 얻기 위해 멕시코만에서 가지고 있던 유정에 대한 소유권을 기꺼이 포기할 의사도 내비쳤다.[241]

원유시장을 전 세계적 규모로 운영되는 '대체 가능한 시장'(fungible market)으로 보는 입장에서는 당시 여론의 불안감이 과장되었다고 볼 수 있다. '대체 가능성'(fungibility)의 논리에 따르면 세계 원유시장의 대체 가능성으로 인해 비록 해양석유공사가 유노칼에서 생산한 원유를 모두 중국으로 보낸다 할지라도 이는 기존에 중국으로 원유를 판매하던 다른 생산자의 몫을 대체하는 것일 뿐이다. 그렇게 대체되어 시장을 잃어버린 생산자의 원유는 다시 미국에 판매될 것이며 전 세계 원유 공급량도 변화가 없을 것이기 때문에 유가에는 영향을 미치지 않을 것이라는 논리이다. 오히려 해양석유공사가 유노칼의 원유 생산량을 중국에 우선적으로 공급한다는 것은 국제시장에서 형성되는 가격보다 낮은 가격에 판매한다는 의미이기도 하며 이는 해양석유공사의 상대적 손실로 이어진다. 더구나 전 세계 원유의 약 4.5%씩을 각각 생산하는 주요 원유 공급자인 브리티시 페트로리엄(BP: British Petroleum)이나 액슨모바일(Exon-Mobil) 등과 비교할 때 유노칼은 그 생산 규모 면에서도 전 세계 생산량의 0.2%에 지나지 않아 국제 원유시장에 영향을 미칠 만한 규모는 아니다.[242]

---

241) The Wall Street Journal 인터넷판. 2005. 6. 30. Patrick Barta and Matt Pottinger. "Why CNOOC May Not Be Such A Big Threat."; The Wall Street Journal 인터넷판. 2005. 7. 21. Russel Gold. "China Still Has to Prove It Can Close Deal."
242) U.S. Energy Information Administration. 2010. International Energy Outlook 2010. The US Department of Energy. Report number: DOE/EIA-0484(2010).

유노칼을 인수함으로써 해양석유공사가 확보할 수 있게 될 유노칼의 주요 기술은 결국 미국의 국가안보에 위협이 될 수 있다는 주장도 제기되었다. 이러한 주장은 해양석유공사의 운영을 실질적으로 감독하는 소유주가 중국 정부라는 점을 감안하면 꽤 설득력을 가진 것이기도 하다. 그러나 한편에서는 해양석유공사가 다른 기업을 매수하거나 기술이전 등의 계약을 통해 획득할 수 없을 만한 특별한 특허기술이 유노칼에 있는 것은 아니라는 반론도 존재했다. 만약 멕시코만의 깊은 수심에서 유정을 뚫어 원유를 채취하는 방법에서 유노칼만의 독특한 노하우가 존재한다면 그 노하우의 전파는 오히려 세계 원유 생산량을 증가시켜서 국제유가를 떨어뜨리는 결과를 가져오기 때문에 궁극적으로는 중국뿐만 아니라 전 세계의 모든 소비자들이 혜택을 얻게 될 것이라는 논리였다.

셰브론은 해양석유공사가 중국 정부로부터 낮은 이율의 자금을 지원받고 있으며 이것은 다른 시장 행위자에 비해 불공정한 비시장적 지위라는 점을 지적했다. 그러나 수정된 에너지 정책 법안과 엑슨-플로리오 수정안에 의거해 실시된 조사에서는 해양석유공사의 불공정한 우위가 어느 정도인지 구체적으로 평가되지 않았다. 오히려 중국 정부가 지원한 자금, 즉 정부 보조금이 해당 인수·합병 거래를 금지할 법적 근거가 되지는 못한다는 결론이 내려졌다. 해양석유공사-유노칼 사례에서는 정부 보조에 의한 투자에 관하여 구체적이고 경험적인 조사가 진행되지 못했지만 향후 유사한 투자행위에 대해 법적인 금지요건을 갖추어야 하는가의 문제를 심각하게 고려하는 계기는 되었다. 중국이 앞으로도 정부의 지원에 의한 투자활동을 지속할 경우 다른 국가들도 에너지 산업과 같이 중요하고 민감한 분야의 인수·합병 및 투자 경쟁에서 우위를 점하기 위해 유사한 방법을 사용하려 할 것이라는 점을 충분히 예측할 수 있었기 때문이다.

해양석유공사와 유노칼의 사례는 인수·합병 거래에 성공한 셰브론을 포함하여 미국의 재계 전체에 좋지 않은 영향을 끼치게 되었다. 국가안보를 이유로 여론과 국회로부터 매각 협상에서 낮은 가격을 수락하도록 강요받은 유노칼의 사례는 해외자본의 투자를 인위적으로 봉쇄함으로써 미국이 탈냉전 이후 줄기차게 강조해 온 자유로운 국제무역과 국제금융질서라는 가치를 스스로 부정한 선례가 되었다. 특히 멕시코나 중동 등의 여러 국가에게 현지 원유를 채취하기 위한 시장개방을 강력하게 요구해온 미국의 입장에서 자국의 에너지 산업에 중국의 투자를 금지하는 것이 바람직한 전략은 아니었다. 오히려 유노칼 사례의 영향을 받아 다른 국가에서 미국 기업들이 해양석유공사와 유사한 경험을 할 수도 있게 되었으며 그에 대한 대응도 더 어려워졌다. 또한 이란이나 북한, 수단 등과 같은 소위 '불량배 국가'(rogue states)에 대한 미국 주도의 경제제재에 중국의 참여를 요구하기에도 어려워질 수 있음이 예상되었다. 실제로 중국은 2005년 연말부터 2007년까지 수단의 다르푸르(Darfur) 사태를 해결하려는 UN의 노력에 매우 비협조적인 입장을 유지했다. 이는 수단 정부에 대한 영향력 유지하고 그곳에 진출한 중국 천연자원 개발 기업들의 자산을 보호하려는 의도로부터 비롯된 것이었다. 그러나 만약 유노칼과 같은 서구 자산에 대한 접근이 좀 더 개방적으로 허용되었다면 중국의 비협조적인 태도는 달라졌을 가능성이 있다. 안정적인 에너지 수급을 위해 수단에 의지해야 할 필요성이 낮아졌을 것이기 때문이다.

유노칼을 셰브론이 인수하는 것으로 결정된 후에도 해양석유공사의 투자행위에 관한 문제는 미 의회의 지속적인 논의 대상이 되었다. 미 의회는 외국인의 투자와 이에 대한 심사에 관해 진행한 논의에서 외국 정부가 관련된 기업 간 거래의 경우 그 외국 정부가 지원한 투자자금을 CFIUS의 심사항목에 반드시 포함하도록 결정했다. 또한 CFIUS가 최초 30일의 조사기간과는 별도로 45일의 추가 조사기간을 사용할 수 있도록 하자는 데도 상원과 하원이 모두 동의하였다. 이를 계기로 2007년 10월에는 기존의 엑슨-플로리오 수정안(the Exon-Florio Amendment of 1988)을 더욱 확대·강화한 외국인 투자와 국가안보에 관한 법(FINSA: the Foreign Investment and National Security Act of 2007)이 의회를 통과하기에 이른다. FINSA를 계기로 국제금융 시장으로부터 미국으로 유입되는 투자자금에 대하여 국가안보라는 엄격한 잣대가 적용된 점검이 강화될 것임이 분명했다. 또한 자유무역이나 금융시장 개방 등과 같이 미국이 전통적으로 주장해 온 가치에도 변화가 생기기 시작했음을 보여 주는 증거가 될 수도 있다. 이미 여러 곳에서 미국의 국가안보에 관한 지나친 강조가 보호주의의 또 다른 얼굴이 아닌가라는 분석이 제기되기도 했다.

해양석유공사-유노칼 사례를 해양석유공사와 셰브론의 경쟁이라는 측면에서 살펴본다면 결과적으로는 셰브론이 의회에 대한 로비와 대중들의 여론을 정리하는 데 있어서 해양석유공사에 비해 훨씬 성공적이었다는 평가를 할 수 있다. 물론 전통적으로 꾸준히 지속되고 있는 중국과의 무역 역조현상이나 위안화 평가절상 등과 같은 많은 분야에서 이미 중국에 대한 불만을 축적해 온 미국 사회에서 셰브론이 홈경기의 이점을 받았기 때문이기도 하다. 하지만 셰브론은 유노칼에 대한 인수·합병 경쟁에서 대중과 의회에 내재한 심리적 요인들을 잘 포착하여 이를 적절히 활용함으로써 여론을 해양석유공사에게 불리하게 이끌었다. 중국이 자국 기업인 해양석유공사에게 불공정한 특혜를 제공하고 있으며 이것이 셰브론에게는 상대적으로 불리한 결과를 가져왔다는 주장이 그 예이다. 유노칼의 주주들과 이사회는 자신들이 거래의 실질적 권한을 가지고 있음에도 불구하고 여론과 의회의 의견을 거스르지 못해 더 좋은 조건을 제시한 해양석유공사와의 거래를 적극적으로 추진하지 못하고 수동적인 태도만을 보였다.

5.3
화웨이(Huawei) - 3콤(3Com) 사례

  1988년 설립된 화웨이(Huawei Technologies, 深圳华为技术有限公司)는 이동통신 서비스를 위한 네트워크 구축과 통신장비를 제조하는 기업이다. 불과 3,400불의 자본금으로 구내 전화교환 시스템(PBX: private business exchange) 분야에서 사업을 시작한 화웨이는 1996년 홍콩의 허치슨 왐포아(Hutchison-Whampoa)와 계약을 맺으며 디지털 통신 부문으로 사업을 확장하는 데 성공했다. 특히 최근에는 무선 통신망과 관련된 장비 제작과 이동 전화기 생산 분야에서도 세계적 규모의 기업으로 성장했다. 션전(深圳)의 기술개발특구에 본사를 두고 스웨덴, 미국, 인도, 러시아, 인도네시아 등 세계 각지에 100여 개의 지사와 17개의 R&D시설을 설립해 운영하고 있다. 2007년까지 세계 통신서비스 시장에서 35위에 머물러 있던 화웨이는 2009년 연말에 에릭슨의 뒤를 이어 세계 2위 통신서비스 공급자로 올라섰다.[243] 화웨이가 이룩한 빠른 성장의 원인은 낮은 제품가격과 중국 정부의 수출 지원정책으로 볼 수 있다. 또한 선진국의 다국적기업들이 미처 고려하지 못하고 있던 중국의 지방 지역에서 시장의 확보를 노렸던 전략이 주효하기도 했다.

  화웨이의 CEO인 런정페이(任正非, Ren Zhengfei)는 회사를 성장시

---

243) New York Times 인터넷판. O'brien, Kevin J. 2009.11.29. "Upstart Chinese Telecom Company Rattles Industry as it Rises to No.2." [http://www.nytimes.com/2009/11/30/business/global/ 30telecom.html?pagewanted=all&_r=0] 검색일: 2013. 2. 10.

키기 위해 두 가지 사업 전략을 따랐다고 언급한 바 있다. 첫 번째 전략은 시골 지역의 도시들을 먼저 시장으로 확보하는 것이었다. 북경이나 상하이 등과 같은 대도시 지역에는 이미 선진국의 다국적 기업들이 진출해 시장을 점유한 상태였으므로 상대적으로 경쟁 가능성이 낮은 지방 도시들을 영업 목표로 삼은 것이다. 두 번째 전략은 가격이 저렴한 제품에서 먼저 시장 점유율을 높이는 것이었다. 주요 목표로 삼았던 시장이 지방의 작은 도시들이었기 때문에 대도시에 비해 구매력이 낮다는 점을 고려한 것이다. 저가 제품을 우선한 정책은 화웨이가 러시아나 동남아시아, 아프리카, 남미 등의 개발도상국 시장에 진출하는 것에 있어서도 매우 유용한 전략이 되었다. "세상에는 경제발전의 수준이 다른 수많은 시장이 존재하기 때문에 그에 따른 기회의 종류도 다양하다. 나는 개발도상국 시장을 먼저 개척하는 데 최우선의 노력을 기울일 것이다"라는[244] 런정페이의 언급은 화웨이의 초기 성장 전략을 잘 표현해 준다.

중국의 중앙 정부는 화웨이의 해외 진출에 매우 의미 있는 다양한 지원을 제공했다. 런정페이 또한 중앙 정부와 좋은 관계를 유지하기 위해 노력했다. 그의 노력은 다음과 같은 언급에서 잘 나타난다. "우리 정부는 해외에서 많은 친구들을 얻기 위해 반드시 필요하면서도 유용한 외교정책을 가지고 있다. 때문에 화웨이의 해외 마케팅 전략은 정부의 외교적 지침을 잘 따라야 한다. 나는 이러한 우리의 마케팅 전략이 분명히 성공을 거둘 것이라고 확신한다."[245] 실제로 2000년 11월 우방궈 부총리가 아프리카를 순방할 당시에는 기업인 수행원으로서 런정페이가 특별히 지

---

244) Luo, Yadon, Max Cacchione, Marc Junkunc, and Stephanie C. Lu. 2011. "Entrepreneurial Pioneer of International Venturing: the Case of Huawei." Organizational Dynamics. Vol. 40. p. 69.
245) *Ibid*. p. 69.

목되기도 했다. 이러한 정부와의 친밀한 관계는 화웨이가 국내외에서 기업활동을 진행하는 데 매우 유리하게 작용했음이 분명하다.

화웨이의 급속한 성장에 자리를 빼앗긴 경쟁기업들은 중국 정부가 화웨이나 ZTE 같은 기업에 제공하는 정책적 지원에 불만을 가졌다. 화웨이가 가진 제품의 가격 경쟁력은 정부 차원의 지원으로 인해서만 가능할 수 있다는 것이다. 네트워크 장비 제조회사인 시스코(Cisco)의 부사장 윕 엘프린크(Wim Elfrink)는 화웨이에 대한 중국 정부의 지원에 대하여 "우리가 화웨이와 경쟁을 하는 건지 아니면 주식회사 중국과 경쟁을 하는 건지 도무지 알 수가 없다"라며 중국 정부의 화웨이에 대한 전폭적인 지원에 불만을 표시했다. 또한 에릭슨(Ericsson)의 CEO였던 칼 핸릭 스뱅버리(Carl-Henric Svanberg)는 정부의 지원하에 급격한 성장을 거듭하고 있는 화웨이를 "가격과 혁신 면에서 인정사정이 없다"라고 표현하기도 했다.[246]

무선통신망 모뎀을 생산하던 벨기에 기업인 옵션 에스에이(Option SA)는 화웨이가 중국개발은행(国家开发银行, the China Development Bank)으로부터 2009년 한 해 동안에만 지원받은 자금이 300억 불임을 지적했다. 이 금액은 같은 해 화웨이의 전체 매출인 220억 불을 상회하는 것이다. 더구나 이 자금지원에는 이자변제를 3년간 유예한다는 조건이 포함되어 있었다. 정상적인 시장경제 체제하에서라면 매출액의 1.5배에 달하는 규모를 빌리면서 이자변제 유예라는 혜택까지 얻는 것은 불

---

246) Bloomberg Businessweek. 인터넷판. Einhorn, Bruce. 2008.12.10. "The World's Most Influential Companies." [http://images.businessweek.com/ss/08/12/1211_most_influential/10.htm] 검색일: 2013. 5. 26.

가능하다는 것이 옵션 에스에이의 불만이었다.247) 그와 같은 자금지원으로 인해 화웨이는 유럽지역에서 무선통신 모뎀의 가격을 20유로까지 낮출 수 있었는데 이 금액은 옵션 에스에이사가 생산한 제품의 판매가와 비교하면 절반밖에 안 되는 수준이었다. 결국 유럽위원회(the European Commission)는 2010년 9월 중국 제품이 정부보조금 혜택을 받았는지 여부와 그로 인하여 유럽의 관련 산업에 해를 끼치는지 여부를 조사하기로 결정하고 차후의 상계관세 부과에 대비해 화웨이 제품의 통관기록을 관리하기 시작했다.

화웨이는 션전에 위치한 화웨이 투자지주회사의 자회사로 종업원에게 회사 지분을 나누어 배분하는 우리사주 형태의 지배구조를 가졌다. 그러나 주주의 대부분이 종업원들로 구성된 주주총회보다는 소수의 위원회와 이사회에 회사의 주요 정책결정 권한이 집중되어 있기 때문에 실제 소유와 경영권에 대해서 주변으로부터 늘 의심의 눈초리를 받아 왔다. 회사의 주식은 오로지 중국 내의 종업원만이 매년 인센티브 형식으로 지급받을 수 있으며 소유한 회사의 지분은 시장에서 거래가 불가능하도록 되어 있다. 또한 종업원이 회사를 떠날 때에는 소유한 지분을 회사에 되팔아야만 한다. 이러한 규정 때문에 런정페이는 회사 전체 지분의 단 1.5%만을 보유하고도 화웨이의 CEO로서 회사의 경영권을 행사할 수 있는 것이다.248)

3콤은 컴퓨터 통신의 핵심 부품인 이더넷(Ethernet)을 발명한 밥 메트

---

247) The Wall Street Journal 인터넷판. Dalton, Matthew. 2010.10.6. "Europe Raises Cry over China Tech Exports." [http://online.wsj.com/article/SB10001424052 748704847104575532131550917748.html] 검색일: 2011. 8. 5.
248) Huawei Technologies Co., Ltd. 2010. 2009 Annual Report. p. 41. [http://www.huawei.com/en/about-huawei/corporate-info/annual-report/annual-report-2012/index.htm] 검색일: 2010. 5. 6.

칼프(Bob Metcalfe)가 설립한 회사로서 통신망 구축 장비와 통신망 서비스 지원 모델을 개발하여 판매하는 미국의 주요 통신회사들 중 하나였다. 3콤이 생산하는 네트워크 공유기나 스위치 등과 같은 컴퓨터 하드웨어 부품은 화웨이가 생산하는 제품과 직접적인 경쟁의 대상이었다. 화웨이는 2002년 재정상태가 악화된 3콤과 각각 51% 대 49%의 지분으로 합작투자회사 계약을 맺었다. 이 계약은 화웨이에게 데이터통신 분야의 기술을 발전시킬 수 있는 기회가 되었다. 또한 자신의 제품에 3콤의 상표를 달아 판매할 수 있었으므로 시장을 획기적으로 넓히는 계기도 되었다. 이후 몇 년간 다시 재정상태를 회복한 3콤은 2006년 합작투자회사의 화웨이 지분을 모두 사들였다. 그러자 화웨이는 베인 캐피탈(Bain Capital)이라는 투자회사와 함께 22억 불의 자금을 마련하여 3콤 인수·합병을 시도하였지만 거래는 실패로 돌아갔다. 2009년 11월 3콤은 최종적으로 27억 불에 휴렛패커드(HP Hewlett-Packard)로 합병되었다.

  3콤이 생산하던 라우터, 허브, 스위치 등은 통신망의 보안 분야와도 밀접하게 관련되어 있는 핵심 부품이었다. 3콤은 인터넷 프로토콜을 이용한 통신기술에 있어 선구자적인 기술을 보유하고 있으면서도 인지도는 낮은 편이었고 효율적인 판매망을 갖추지 못하여 시장 개척능력도 떨어지는 편이었다. 때문에 인터넷전화기 플랫폼 등과 같은 신기술 영역에서 마이크로소프트처럼 브랜드파워를 갖춘 기업들의 도전에 적절한 대응이 어려웠다. 결국 3콤은 2008년 1분기에만 1,870만 불의 적자를 기록하였고 베인 캐피탈에 대한 매각협상을 시작하였다. 베인 캐피탈과 화웨이는 3콤 지분의 16.5%를 22억 불에 인수하는 조건을 제시하였다.[249]

---

249) The New Yok Times 인터넷판. 2008.3.21. "Opposition Leads Bain to Call Off 3Com Deal." [http://www.nytimes.com/2008/03/21/technology/21com.html] 검색일: 2011. 8. 5.

이 거래에 대한 CFIUS의 조사결과는 매우 부정적이었다. CFIUS는 거래 당사자인 화웨이의 CEO가 인민해방군 출신으로 중국 군부와의 연계 가능성이 의심된다는 점을 강조했다. 랜드연구소(Rand Corporation)의 보고서는 화웨이 이외에도 많은 다른 중국의 정보통신기술 기업들이 중국 정부 또는 군부가 운영하는 여러 연구소와 협력하여 공동으로 연구 개발을 진행하고 있다는 사실을 언급하였다. 그는 1988년 화웨이를 설립한 런정페이 역시 회사를 설립하기 전에는 중국 인민해방군 총참모부가 운영하는 정보기술연구소의 책임자로서 중국군의 통신망 구축에 대한 연구를 진행하였다고 밝혔다.[250] 영국과 호주, 인도의 정보기관들도 화웨이와 중국 군부와의 연계가능성을 지적하며 자국 내에서 화웨이의 활동을 정부가 주의 깊게 살펴볼 필요가 있음을 조언했던 것으로 알려져 있다.[251] 또한 3콤의 소속 브랜드인 티핑포인트(Tipping Point)가 생산하는 제품들은 네트워크 보안에 관련된 것들이었다. 이 제품들은 미 국방부를 포함하여 연방정부의 많은 기관에서 사용되고 있었는데 이러한 점도 역시 화웨이가 3콤을 인수할 경우 미국의 국가안보에 위해요소가 될 수 있는 것으로 여겨졌다. 중국 기업인 화웨이가 미 국방부나 정부에 대하여 100% 완벽한 제품만을 판매하지 않고 고의로 하자가 있는 질 낮은 제품을 판매할 가능성도 있다고 보았기 때문이다.

---

250) Medeiros, Evan S., Goger Cliff, Keith Crane, and James C. Mulvenon. 2005. A New Direction for China's Defense Industry. Santa Monica: RAND Corporation. pp. 217-218.

251) The Sunday Times. 2009.3.29. "Spy Chiefs Fear Chinese Cyber Attack." [http://www.thesundaytimes.co.uk/sto/news/uk_news/article158319.ece]; The Telegraph. 2009.3.29. "Britain Could Be Shut Down by Hackers from China, Intelligence Experts Warn." [http://www.telegraph.co.uk/news/worldnews/asia/china/5072204/Britain-could-be-shut-down-by-hackers-from-China-intelligence-experts-warn.html] 검색일: 2013. 2. 5.

미 의회 역시 3콤을 인수하려는 화웨이의 시도에 호의적이지 않았다. 의회의 관심은 화웨이가 미국 통신망 기업의 지분을 구입하는 것이 미국의 국가안보에는 어떤 영향을 미칠 것인가에 집중되었다. 우선 2007년 10월에는 로스 레티넌(Ros-Lehtinen, R-FL) 의원을 대표로 한 13명의 의원들에 의해 화웨이의 3콤 인수·합병 반대 의사가 담긴 하원 결의안 (H.Res.730)이 제안되었다. 그 4개월 뒤에는 하원의 에너지 상거래 위원회(the House Energy and Commerce Committee) 의장이었던 존 딩겔(John D. Dingell, D-MI)이 위원회의 소속 의원들과 함께 재무부 장관에게 거래를 반대하는 서신을 보냈다.[252] 3콤이 제작한 네트워크 보안 장비가 펜타곤을 비롯한 주요 공공기관에서도 사용되고 있기 때문에 이번 인수·합병이 미국의 국가안보에 심각한 위협을 초래할 수 있다는 내용이었다. 이 편지에서는 특히 중국 군부가 운용하고 있는 해커부대에 대한 내용이 강조되었다. 정부뿐만 아니라 민간 전산망에 대한 중국군 해커들의 공격이 점차 증가하고 있는 상황에서 중국 군부 출신이 CEO로 있는 화웨이가 3콤을 인수·합병하는 것에 대해 염려하는 것은 너무나 당연하다는 것이다.

미 하원의 에너지 상거래 위원회는 재무장관에게 서한을 보낸 후 해당 거래에 관해 이미 조사를 진행 중이던 CFIUS에 사이버 안보 문제에 대한 추가적 조사를 요구하였다. 추가적 조사의 핵심은 다음과 같았다.[253] 첫째, 해당 거래를 통하여 화웨이가 3콤의 지분을 구체적으로 얼마나 보유하게 되는가? 둘째, 지분 보유로 인하여 화웨이가 3콤 이사회의 이사를

---

252) The Washington Times 인터넷판. 2008.2.2. "Congress to Probe 3Com-Huawei Deal." [http://www.washingtontimes.com/news/2008/feb/02/congress-to-probe-3com-huawei-deal/#ixzz2RIIo4oY4] 검색일: 2013. 2. 5.

253) *Ibid*.

지명할 권리를 갖게 되는가? 셋째, 화웨이의 의사결정 구조는 어떠하며 실제로 누가 통제력을 행사하고 있는가? 이 같이 제시된 문제에 CFIUS가 어떤 조사결과를 내놓았는지는 아직 공식적으로 밝혀지지 않았지만 홍콩에서 활동하고 있는 어느 주식시장 분석가가 언론과 가진 인터뷰 내용을 통해 간접적으로 짐작해 볼 수는 있다.

영국 출신으로 홍콩에서 중국의 주식시장에 대한 분석가로 활동하고 있는 데이비드 웹(David Micheal Webb)에 의하면 화웨이 투자지주회사의 최고 결정기구는 주주들 중에서 선출되는 33인의 소위원회로 알려져 있다. 이 소위원회가 매년 열리는 정기 주주총회에 이사 후보를 추천하여 이사회의 구성을 승인받는다. 앞에서도 언급되었듯이 화웨이는 회사의 주식을 종업원들이 나누어 가지기 때문에 원칙적으로는 주주들 가운데 선출되는 33인 소위원회에는 회사의 종업원이면 누구나 포함될 수 있다. 그러나 실제는 33인 소위원회를 구성하는 것이 어딘가로부터 매우 엄격하게 통제되고 있는 것처럼 보인다는 것이 웹의 주장이다.[254] 웹은 화웨이가 기업의 지배구조를 종업원이 소유하는 형태로 구성하고 있는 이유를 중국 인민해방군과 무관한 기업으로 보이기 위한 방법이라고 본다. 그는 이러한 주장의 근거로 우선 회사를 떠나는 종업원이 자신이 보유했던 주식을 회사에 반환하면서 전혀 자본이득을 얻지 못한다는 점을 지적했다. 또한 매년 종업원들에게 지급되는 회사주식을 단순한 이윤배분 메커니즘일 뿐이라고 본다. 종업원이 가진 주식은 이름만 주식일 뿐 전혀 지분으로서의 의미가 없을 뿐만 아니라 종업원에 대한 지급 여부도 매년 경영진의 결정에 따라 달라지기 때문이다.

---

254) IT NEWS for Australian Business 인터넷판. Juha Saarinen. 2010.5.28. "Analysis: Who really owns Huawei?" [http://www.itnews.com.au/News/175946,analysis-who-really-owns-huawei.aspx] 검색일: 2013. 2. 5.

조사과정에 참여한 관료들의 언론 인터뷰는 국가정보실(the Office of Director of National Security)이 CFIUS에 제시한 정보보고에서도 화웨이-3콤의 거래가 미국의 국가안보를 약화시킬 것이라는 의견이 포함되었음을 전했다.[255] 국가정보실은 화웨이가 중국 인민해방군 고위 장교 출신인 런정페이에 의해 설립되었으며 현재에도 중국군에 전산 및 통신망을 구성하는 주요 장비를 제공하고 있다는 점을 지적했다. 또한 화웨이가 이라크에 대한 UN의 제재조치를 위반했다는 점과 미국과 일본 등에서 산업스파이 활동을 벌인 정황도 보고되었다. 실제로 2010년 7월에는 모토로라(Motorola Inc.)사가 일리노이의 북부지방법원에 화웨이를 고발한 사건이 있었다.[256] 모토로라에 근무하던 중국계 직원 2명이 화웨이 측과 공모하여 무선통신망 설비에 대한 기술을 빼돌렸다는 내용이었다. 이에 대한 재판절차가 진행되자 화웨이는 모토로라로부터 문제가 된 관련 기술을 구입하겠다는 의사를 보였고 재판은 보류되었다. 그러나 그 기술은 노키아 시멘스(Nokia Siemens)에게 12억 불에 판매되었고 모토로라는 더 이상 재판을 진행할 필요가 없었다.

2009년 10월 노스럽그러먼(the Northrop Grumman Corporation)사가 미·중 경제안보 검토위원회(US-China Economic and Security Review Commission)에 제출했던 보고서에서는 중국 인민해방군이 재

---

255) The Washington Times 인터넷판. 2008.2.2. "Congress to Probe 3Com-Huawei Deal." [http://www.washingtontimes.com/news/2008/feb/02/congress-to-probe-3com-huawei-deal/#ixzz2RIIo4oY 4] 검색일: 2013. 2. 5.

256) The Wall Street Journal 인터넷판. 2010.7.23. "Motorola Suit Poses Challenges for Huawei's Success." [http://online.wsj.com/article/SB10001424052748704421304575382932614487498.html]; Financial Times 인터넷판. 2010. 7. 22. "Motorola Claims Espionage in Huawei Lawsuit." [http://www.ft.com/cms/s/0/616d2b34-953d-11df-b2e1-00144feab49a.html#axzz2RYJ2agk1] 검색일: 2011. 8. 5.

래식 무기를 이용한 전통적인 형태의 전쟁 수행을 지원하기 위하여 컴퓨터 네트워크 기술 개발에 노력을 기울이고 있다는 사실이 강조되었다. 그뿐만 아니라 중국 군부가 미국 정부와 산업계에 대해 벌이고 있는 정보활동에 있어서도 컴퓨터 네트워크 기술을 활용하기 위하여 가능한 모든 방법을 동원하고 있음이 지적되기도 했다.[257] 또한 컴퓨터 보안회사인 맨디언트(Mandiant)가 2010년 발표한 자료에 의하면 과거 수년간 미국 정부와 상업 전산망에 대하여 벌어진 해킹공격 중 고급지속위협(APT: Advanced Persistent Threat)에 속하는 대부분의 활동이 중국과 관련되어 있는 것으로 밝혀졌다.[258]

CFIUS는 조사과정에서 안보 위해요소가 발견된 거래의 경우 거래당사자들에게 그 안보 위해요소를 경감할 방안을 포함한 '완화협정'(mitigation agreement)을 제시한다. 베인 캐피탈과 화웨이는 CFIUS가 제시한 안보 위해요소 경감 방안을 받아들이지 않았고 2008년 3월 최종적으로 3콤의 인수의사를 자진 철회하였다.[259] 3콤의 CEO를 맡고 있던 에드가 마스리(Edgar Masri)는 "우리가 CFIUS에서 제시한 완화협정을 타결하지 못한데 대하여 매우 유감스럽게 생각한다. CFIUS의 기준을 만족시키면서 세계적인 네트워킹 사업 구축을 위하여 이제는 화웨이가 아닌 다른 대안을 찾으려 한다"라는 표현으로 거래가 성사되지 못한 아

---

257) Krekel, Bryan, George Bakos, and Christopher Baenett. 2009. "Capability of the People's Republic of China to Conduct Cyber Warfare and Computer Network Exploitation." Northrop Grumman Corporation. A report prepared for the US-China Economic and Security Review Commission. (October 9).

258) Mandiant. 2010.1. "M Trends: The Advanced Persistent Threat." [https://www.mandiant.com/resources/m-trends/] 검색일: 2011. 8. 5.

259) The New York Times 인터넷판. 2008.3.21. "Opposition Leads Bain to Call Off 3Com Deal." [http://www.nytimes.com/2008/03/21/technology/21com.html] 검색일: 2011. 8. 5.

쉬움을 나타냈다. 관련 분야의 전문가와 관료들 중에서도 상당수가 화웨이와 3콤 간의 거래에 정부차원의 개입이 필요한지를 판단하기에는 조심스럽다는 입장을 보이기도 했다. 예를 들어 2007년 한 해 동안 미국 기업에 대한 외국 자본의 인수합병 거래는 2천 건에 달했고 액수로는 4천억 불이 넘었다. 하지만 앞서 소개된 〈표 9, 외국인 투자위원회(CFIUS)의 조사활동 현황: 1988~2011〉에서 볼 수 있는 바와 같이 CFIUS에 접수된 사례는 138건에 불과하였고 실제로 심사를 진행한 것은 6건밖에 되지 않았다. 이와 같은 시각에서는 CFIUS가 화웨이와 3콤의 거래를 필요 이상으로 엄밀하게 조사한 것으로 보였다. 지난 2006년 디피월드(DP World)와 피앤오(P&O) 간의 인수합병 거래를 적절히 조사하지 못하여 비난받았던 것에 대한 반작용이라는 해석이다. 최종적으로는 디피월드가 피앤오의 미국 항구 운영권을 포기하는 것으로 결론이 맺어졌으나 이는 CFIUS의 조사와 제안에 의한 것이 아니라 의회와 여론에서 쏟아져 나온 지적에 의한 것이었기 때문이다. 비슷한 시기에 있었던 해양석유공사와 유노칼 간의 거래에 대해서도 CFIUS는 의회와 여론으로부터 유사한 비판을 받았다.

따라서 화웨이와 3콤의 사례는 CFIUS가 위와 같은 비판으로부터 제도를 개선한 직후 진행한 대표적 사례로 볼 수 있다. 강화된 제도에 근거하여 이 사례를 조사하는 과정에서 CFIUS는 다음과 같은 몇 가지 특징을 나타냈다. 첫째, CFIUS의 조사가 과거에 비해 매우 철저하게 진행되었다는 점이다. 검토의 범위도 국가안보나 국가의 주요 기간산업에 관련된 기업 간의 인수·합병 거래로 확대되었다. 또한 기업의 자진신고가 없어 조사를 받지 않고 이미 성사된 거래인 경우에도 필요하다고 판단되면 소급하여 조사할 수도 있게 되었다. 둘째, 첨단 및 핵심기술 분야에서 진행되는 중국 기업의 인수·합병이 CFIUS로부터 특별한 주목을 받고 있다는 사실이 드러났다. CFIUS의 조사 과정에서 부정적인 분위기를 감지한 화웨이는 기존의 3콤 직원들에 대한 고용승계를 약속하고 3콤이 보유한 특허 자산을 적정한 가격에 별도로 매입하겠다는 의사를 밝혔다. 하지만 군의 통신망 보안과 기술 유출을 우려한 CFIUS에게 경제적 이득은 부차적인 문제였다. 셋째, 중국에 대한 미국의 태도가 변했음을 분명하게 보여주었다. CFIUS가 화웨이와 3콤의 거래를 금지할 경우 이후 미국과 중국 간의 관계에 좋지 않은 영향을 줄 수 있다는 의견이 CFIUS의 조사가 진행되는 과정에서 꾸준히 제시되었다. 하지만 부시 행정부는 중국과의 관계가 악화되는 것을 국가안보를 보호하기 위한 비용으로 간주한 듯하다.

3콤에 대한 인수합병 거래가 실패로 돌아간 이후에도 화웨이는 모토로라, 2와이어(2Wire), 하빙거 캐피탈(Harbinger Capital), 노텔(Nortel), 3리프(3Leaf)를 인수·합병하려고 시도했다. 그러나 모두 3콤 사례와 유사한 경로를 밟으며 성공하지 못했다. 또한 아메리링크(AmeriLink)를 통하여 스프린트 넥스텔(Sprint Nextel)과 에이티앤티(AT&T) 등에 무선통신망 설비를 제공함으로써 미국시장에서의 제품 점유율을 높이려던 노력도 미 의회와 정보기관의 반대에 부딪혀 신통치 못한 결과를 얻었다. 2010년 8월 미 상원에서는 8명의 상원의원들이 오바마 행정부의 주요 각료들에게 서신을 보내 스프린트 넥스텔(Sprint Nextel)이 화웨이가 생산한 장비를 사용할 경우 미국 내 경쟁사들에게 치명적인 해가 될 것이며 국가안보에도 위협이 될 것이라는 의견을 전했다.[260] 국가안보국

---

260) US Chamber of Commerce. 2011. "The National Security Implications of Investments and Products from the People's Republic of China in the Telecommunications Sector." US-China Economic and Security Review Commission Staff Report. (January). pp. 15-18.

(NSA: National Security Agency)도 2009년 연말 에이티앤티에 화웨이의 장비를 구입하지 말라는 경고를 전달한 바 있다. 화웨이의 네트워크 보안장비가 중국 정보기관의 정보수집 통로가 될 수 있다는 이유에서였다. 당시 에이티앤티는 차세대 LTE 휴대전화망 구축을 위해 화웨이와 장비공급 협상을 벌이고 있었다. 결국 에이티앤티는 2010년 2월 LTE망 구축에 에릭슨(Ericsson)과 알카텔 루슨트(Alcatel-Lucent)의 장비를 최종적으로 선정했다.

미국 내에서 시장점유율 확대를 위해 벌인 화웨이의 노력이 여러 차례 수포로 돌아가자 중국 정부도 미국 정부에 대하여 불만을 갖게 되었다. 중국 상무부는 화웨이가 3립(3Leaf)을 인수하려던 계획을 자진 철회한 즉시 홈페이지를 통해 시장경제 원칙에 입각한 정상적인 기업활동을 방해한 미국 정부에 심각한 유감을 표명한다는 입장을 밝혔다.[261] 중국 상무부는 최근 몇 년간 미국이 자국의 국가안보를 명분으로 내세워 중국 기업들의 대미 투자활동을 방해했으며 이는 양국의 경제 협력 좋지 않은 영향을 끼치고 있다고 주장했다. 또한 공정, 투명, 개방적인 투자환경이 양국의 경제발전뿐만 아니라 세계경제의 회복에도 순기능을 할 수 있기 때문에 미국이 보호주의적 입장과 편견을 버리고 중국 기업에 대하여 공정하고 개방된 태도를 취하라고 요구했다.

---

261) 中华人民共和国商务部. 2011. 2. 22. "商务部对外投资和经济合作司负责人就华为公司被迫撤回对美三叶(3Leaf)公司技术资产收购交易发表谈话." [http://www.mofcom.gov.cn/aarticle/ae/ai/201102/20110207410-760.html] 검색일: 2011. 3. 1.

5.4
서북비철금속(NNII) - 퍼스트골드(Firstgold) 사례

    2009년 7월 미국의 퍼스트골드사는 중국의 서북비철금속 국제투자 유한공사(西北有色地质勘查局下属的全资投资公司, NNII: Northwest Nonferrous International Investment Co. Ltd.)가 2,650만 불을 들여 자사 발행주식의 51%와 기(既)발행 어음 및 근저당 채무 등을 인수한다고 밝혔다. 당시 퍼스트골드는 네바다주 내에 위치한 퍼싱 카운티(Pershing County)와 처칠 카운티(Churchill County) 등에서의 광산 채굴권을 보유하고 있었다. 서북비철금속은 1957년 야금공업부 지질국의 지질탐사대로 설립되어 2000년부터 중국의 지방정부인 산시성(陕西省) 정부가 관리하고 있는 광산 채굴기업이다.[262] 계약 성사를 앞둔 두 당사자 기업은 10월 5일 CFIUS에 인수합병 거래에 관한 서류를 제출했다. 그로부터 한 달 뒤인 11월 6일 서북비철금속과 퍼스트골드는 CFIUS로부터 해당 거래에 대한 45일간의 추가조사가 실시될 것이라는 통보를 받았다.

    추가조사가 막바지에 달했을 무렵인 12월 8일 재무부 부장관이었던 닐 올린(Neal Olin)은 서북비철금속과 퍼스트골드의 대표들을 불러 해당 거래가 승인되지 않을 가능성에 대해 언급했다. CFIUS의 조사 과정에서 국가안보에 대한 심각한 위협이 발견되었다는 점이 가장 중요한 결

---

[262] 谢勇鹏. 2011. "从西色国际收购尤金公司被阻看美国的外资并购国家安全审查制度." 资源与产业. 13(2).

정 요인으로 제시되었다. 퍼스트골드사에서 소유한 광산시설이 해군에서 팰른(Fallon) 지역에 운영하고 있는 공군기지와 너무 근접해 있기 때문에 중국 기업에 매각될 경우 군사시설에 관한 정보가 중국 군부로 전해져 국가안보에 중대한 영향을 끼칠 수 있다는 것이 CFIUS의 설명이었다. 이와 더불어 올린은 CFIUS가 가능성이 있는 다양한 완화 방안을 여러 가지로 고려해 봤지만 어느 방안도 확인된 국가안보의 침해요소를 완벽히 해결할 수가 없다는 결론이 내려졌다는 설명도 덧붙였다. 이러한 설명은 CFIUS가 이미 서북비철금속과 퍼스트골드 간의 거래를 금지하도록 결정했음을 의미하는 것이었다. 따라서 올린은 서북비철금속과 퍼스트골드 측에 스스로 인수·합병 거래를 철회하도록 제안했다. 두 당사자 기업이 스스로 거래를 철회하지 않으면 45일의 추가조사 기간이 공식적으로 끝나는 12월 21일에 CFIUS가 해당 거래의 금지를 건의하는 조사 결과 보고서를 대통령에게 제출할 것이기 때문에 어차피 거래가 성사될 수는 없다는 것이 올린의 설명이었다.[263] 그 이후 12월 10일과 14일에 열렸던 두 차례의 회의에서도 역시 CFIUS의 의장역을 맡았던 마크 야스코비악(Mark Jaskowiak) 투자보안 담당 차관보는 위와 같은 올린 재무부 차관의 설명을 되풀이했다.

서북비철금속과 퍼스트골드와의 인수·합병은 과거 CFIUS가 검토했던 수십억 또는 수백억 불 규모의 다른 거래들과 비교하면 금액 면에서는 매우 적은 액수의 거래였다. 퍼스트골드는 2007년부터 1,600만 불을 빌려 네바다주의 르노(Reno)에서 북동쪽으로 160km 정도 떨어진 릴리프 캐년(Relief Canyon) 지역에 노천금광을 개발하고 있었다. 하지만 개발

---

263) The New York Times 웹사이트. 2009. 12. 14. "Memorandum." p. 2. [http://graphics8.nytimes.com/packages/images/nytint/docs/memo-regarding-the-sale-of-firstgold-corp/original.pdf] 검색일: 2011. 9. 1.

한 금광이 수익을 내지 못하고 부채상환도 늦어지자 채권자들은 퍼스트골드에 대하여 채무불이행에 관한 법률적 절차를 진행하였다. 이에 대하여 퍼스트골드가 내놓은 해결책은 중국의 서북비철금속으로부터 투자금을 유치하고 경영권을 넘기는 것이었다. 서북비철금속이 2,650만 불을 들여 퍼스트골드의 지분 51%를 인수하면서 릴리프 캐넌의 금광개발 부채까지 상환하는 것이 거래의 조건이었다. 하지만 2009년 7월 20일부터 시작된 서북비철금속과 퍼스트골드 간의 인수합병 거래는 양사 간의 협상과 CFIUS의 조사를 거치며 12월까지 이어졌다.

2009년 12월 18일이 되자 퍼스트골드사는 결국 서북비철금속과의 인수합병 거래가 성공하지 못하였음을 언론에 공개하였다.[264] CFIUS가 조사결과를 근거로 해당 거래를 허가하지 않도록 대통령에게 건의할 예정이었기 때문에 최종적으로 거래가 성사될 수 없을 것이라는 사실은 거의 확실했다. 하지만 퍼스트골드의 발표는 CFIUS와 행정부의 공식적인 발표보다 앞선 비정상적인 행위였다. 퍼스트골드는 거기서 그치지 않고 CFIUS의 조사과정에서 위원회와 거래 당사자들 간에 논의되었던 세부 내용까지 언론에 공개해 버렸다.[265] 이 같은 퍼스트골드의 비정상적이고 이례적 행동은 CFIUS의 결정이 부당하다는 불만의 표시였다. 동시에 인수합병 거래가 성사되지 않음으로써 최종적으로 회사의 파산과 채무불이행에 관해 받게 될 비판을 조금이라도 피하고 그 책임을 CFIUS에 전가하려는 의도였다고도 볼 수 있다. 서북비철금속에 대한 지분 매각은 회사의 파산을 막고 채무를 이행하기 위해 경영권마저 포기하겠다는 퍼스

---

264) The New York Times 인터넷판. Eric Lipton. 2009. 12. 21. "Chinese Withdraw Offer for Nevada Gold Concern." [http://www.nytimes.com/2009/12/22/business/global/22invest.html] 검색일: 2011. 9. 10.

265) The New York Times 웹사이트. 2009.12.14. "Memorandum."

트골드의 경영진이 할 수 있는 가장 최후의 뼈아픈 결정이었다. 그러나 이마저 CFIUS의 결정으로 인해 성사되지 못하여 결국 채무불이행과 파산 등에 대한 법적 책임을 져야만 하는 상황에 처해 버린 것이다. 퍼스트골드의 입장에서는 CFIUS의 결정이 답답하고 억울하게 느껴졌을 것임이 분명하다.

서북비철금속과 퍼스트골드 간의 거래는 오바마 행정부가 들어선 이후 CFIUS에 의해 차단된 중국 기업의 대미 FDI 중 대표적 사례의 하나로 볼 수 있다. 이 사례가 특히 관심을 받는 이유는 그동안 밝혀지지 않았던 CFIUS의 조사과정에서 거래 당사자들과 CFIUS 간에 오갔던 논의들이 공개되었다는 점이었다. CFIUS의 조사가 마무리되어 갈 즈음 조사결과를 바탕으로 CFIUS가 대통령에게 해당 거래를 금지시키도록 건의할 것이라는 사실을 알게 된 퍼스트골드 측은 이 같은 사실을 미리 보도자료로 발표해 버렸다.[266] 그뿐만 아니라 퍼스트골드는 CFIUS의 조사과정에서 퍼스트골드와 서북비철금속을 위해 법률자문을 맡았던 회사가 작성한 비망록마저 언론을 통해 공개했다.[267] 이 비망록에는 해당 거래에 관하여 CFIUS의 조사위원들과 거래 당사자인 퍼스트골드 및 서북비철금

---

266) Wiley Rein LLP 자료실. Nova J. Daly. 2009. 12. 18. "Press Reports on CFIUS Intention to Reject Chinese Investment into US Mining Company, Firstgold Corp." [http://www.wileyrein.com/publications.cfm?sp=articles&id=5763]; The New York Times 웹사이트. 2009. 12. 14. "Memorandum." [http://graphics8.nytimes.com/packages/images/nytint/docs/memo-regarding-the-sale-of-firstgold-corp/original.pdf] 검색일: 2011. 9. 1.

267) 서북비철금속과 퍼스트골드가 인수합병거래에 대하여 CFIUS의 조사를 받는 과정에서 양사에 법률자문 등의 컨설팅을 제공한 회사는 Davis Graham & Stubbs LLP와 Reed Smith LLP였다. 이들은 CFIUS가 조사과정에서 진행한 내부 논의를 비망록 형식으로 정리하여 2009년 12월 14일 양사에 전달하였다. The New York Times 웹사이트. 2009. 12. 14. "Memorandum." [http://graphics8.nytimes.com/packages/images/nytint/docs/memo-regarding-the-sale-of-firstgold-corp/original.pdf] 검색일: 2011. 9. 1.

속 간에 내부적으로 논의된 자세한 내용들이 포함되어 있었다. 이전 다른 사례에서는 공개되지 않았던 조사과정에 대한 세부적 공개는 여러 면에서 다양한 파장을 일으켰다. 미국 정부의 투자정책에서 보호주의적 성격이 강화되고 있음을 알 수 있도록 하는 사건이었다는 평가와 해당 거래를 금지함으로써 미·중 간에 무역갈등이 고조될 것이라는 평가가 등장한 것이다.[268] 또한 미국에 투자하려는 해외의 다른 투자자들에게는 CFIUS의 조사절차에 미리 대응하기 위한 참고자료가 되기에도 충분했다.

퍼스트골드사에 의해 공개된 법률자문회사의 비망록에 의하면 CFIUS가 해당 거래를 불허하기로 결정한 가장 큰 이유는 서북비철금속이 인수하게 될 광산들 중 4곳이 팰른(Fallon)의 해군기지와 너무 근접해 있다는 점이었다.[269] 퍼스트골드사는 CFIUS에게 그 4곳의 광산 중에서 가장 안보에 위협이 될 만한 광산 한두 곳을 제외하고 다시 인수·합병 협상을 진행하겠다는 의사를 밝혔다. 이와 함께 서북비철금속에 전체 지분을 넘기는 것이 아니라 퍼스트골드에서 20%의 지분을 유지하면서 계속 경영에 참여하는 방안을 강구해 보겠다는 대안도 제시했다. 하지만 당시 CFIUS의 의장을 맡았던 마크 야스코비악은 광산 4곳이 모두가 안보에 영향을 미칠 수 있는 곳이므로 협상의 여지는 존재하지 않는다며 퍼스트골드의 제안을 일축했다. 그는 CFIUS의 심사 내용과 결정이 해당 거래의 모든 요소에 적용되기 때문에 두 당사자 기업들이 자진해서 서면으로 거래의 철회의사를 밝히는 것이 가장 바람직한 결과라고 주장했다.

---

268) The New York Times 인터넷판. Eric Lipton. 2009.12.17. "Questions on Security Mar Foreign Investments." [http://www.nytimes.com/2009/12/18/business/18invest.html?_r=0] 검색일: 2011. 9. 10.
269) The New York Times 웹사이트. 2009. 12. 14. "Memorandum." [http://graphics8.nytimes.com/packages/images/nytint/docs/memo-regarding-the-sale-of-firstgold-corp/original.pdf] 검색일: 2011. 9. 1.

이 소식을 접한 퍼스트골드의 CEO 테리 린치(Terry Lynch)는 실망했고, 즉시 언론에 대한 보도자료를 통하여 CFIUS의 결정을 반박했다. CFIUS가 결론에 이르기까지 그 조사 및 논의가 진행되는 과정에 퍼스트골드도 참여했던 것은 분명하지만 그 결론에는 전혀 동의할 수 없다는 입장을 내세운 것이다. 릴리프 캐넌에 위치한 광산은 퍼스트골드가 1980년대 초반부터 보유하고 개발해 온 자산이며 이 광산과 팰런 해군기지와는 거리가 80km 이상 떨어져 있을 뿐만 아니라 그 지역에는 다른 회사의 광산들도 많이 존재한다는 것이 보도자료에 나타난 테리 린치의 주장이었다. 하지만 퍼스트골드와 서북비철금속에게 CFIUS가 잠정적으로 내린 결정을 뒤집을 수 있을 만한 다른 방안이 있는 것은 아니었다.

CFIUS의 결정이 거래를 승인하지 않는 결과로 나타났던 과거의 다른 사례들에서 대부분의 기업들이 보였던 통상적인 반응은 결과를 인정하고 스스로 거래를 철회한 후 조용히 물러서는 것이었다. 하지만 퍼스트골드는 전혀 다른 반응을 보였다. 미 무역대표부와 재무부에서 근무한 바 있는 티모시 키이러(Timothy J. Keeler) 변호사는 퍼스트골드의 그러한 행동이 매우 심각한 결과를 초래할 수도 있다고 전망했다.[270] 거래 당사자가 자발적으로 거래의사를 철회하지 않을 경우 대통령이 실제로 법률적 권한을 행사하여 해당 거래를 금지시키도록 명령해야만 하기 때문이다.

CFIUS가 조사결과를 토대로 대통령에게 거래의 금지를 건의하고 대통령이 CFIUS의 건의를 받아들여 실제로 거래 금지를 명령했던 사례는 1990년 2월 부시 행정부에서 오직 단 한 건만이 존재한다. 중국의

---

270) Reuters. Lucy Hornby. 2009. 12. 18. "US may Block China-Backed Mine Development Near Navy Site." [http://www.reuters.com/article/2009/12/18/us-china-investment-idUSTRE5BH1IP20091218] 검색일: 2013. 4. 15.

항공기 제조사인 중국항공기술수출입공사(中航技进出口有限责任公司, CATIC: China National Aero-Technology Import and Export Corporation)가 보잉사에 부품을 제공하던 맘코 매뉴팩쳐링(MAMCO Manufacturing Inc.)을 인수·합병하려 했지만 CFIUS의 건의를 받은 부시 대통령이 그 거래를 금지하도록 명령했던 사례가 그것이다.

만약 서북비철금속과 퍼스트골드의 사례에서도 정부의 개입에 의해 거래가 무산된다면 우선 중국과의 경제 및 정치적 관계를 악화시킬 수 있고 향후 중국에 진출하려는 미국의 투자자본에 악영향을 미칠 수 있으며 미국에 진출하려는 해외 투자자본들에게도 영향을 주어 궁극적으로는 미국 경제에 피해가 될 수 있다는 것이 키이러의 전망이었다. 그러나 며칠 후인 12월 21일 서북비철금속은 스스로 퍼스트골드와의 인수합병 거래를 철회하였고 키이러가 우려했던 결과는 실현되지 않았다.

서북비철금속과 퍼스트골드의 거래에 대한 CFIUS의 결정에 의문을 던진 것은 퍼스트골드만이 아니었다. 콜로라도 지역에서 희토류를 주로 채굴하는 회사인 몰리콥 미네랄(Molycorp Minerals)의 대표 마크 스미스(Mark A. Smith)는 CFIUS의 결정을 가리켜 마치 미국이 중국의 희귀광물에 대한 통제권 강화를 견제하려 하고 있다는 메시지를 보는 것 같다고 언급했다. 특정 천연자원의 확보에 대한 미국과 중국 간의 갈등을 직접적으로 보여 주는 사건이라고 평가한 것이다.[271] 실제로 CFIUS가 조사과정에서 서북비철금속과 퍼스트골드에 요구한 질문 중에는 네바다 지역의 광산에서 채굴되는 광물의 종류와 수출되는 광물의 종류를 묻는 내용이 포함되어 있었다. 중국의 영자신문인 글로벌 타임즈(Global Times)

---

271) The New York Times 인터넷판. Eric Lipton. 2009. 12. 21. "Chinese Withdraw Offer for Nevada Gold Concern." [http://www.nytimes.com/2009/12/22/business/global/22invest.html] 검색일: 2011. 9. 10.

는 사설을 통해 워싱턴의 결정은 중국이 금을 확보하게 될 것을 염려한 것이며 그로 인하여 미·중 간의 교역관계까지 악화될 수 있다고 지적했다.[272] 이 사설에는 중국과 미국의 경제가 서로 깊이 의존되어 있으므로 양국 모두의 경제를 위해서라도 미국의 정치인들이 그시대적 발상에서 비롯된 중국 기업에 대한 방해 행위를 중지하라는 요구도 포함되었다. 베이징 대학의 자다오지옹(查道炯, Zha Daojiong)도 중국 기업들이 '국가 소유' 또는 '국가 통제'를 받고 있다는 잘못된 인식 때문에 미국 내에서 차별을 받고 있는 것이 사실이라고 지적한 바 있었다. 2008년 세계 금융위기 이후 해외 진출을 늘리고 있는 중국의 투자자본들이 중국 정부의 지침과 통제에 따라 행동하고 있다는 지적은 그 진위를 확인하기 매우 어려운 주장이라는 것이다.[273]

이 같은 비판과 우려에도 불구하고 해군 비행장 및 훈련장 등과 같은 군사시설과 근접한 곳에 광산이 위치해 있다는 점을 들어 CFIUS는 서북 비철금속과 퍼스트골드의 거래를 거부하였다. 그러나 CFIUS가 해당 거래를 거절한 이유가 정말로 단지 그것뿐이었다면 미극의 투자정책이 보호주의적으로 변화되고 있다거나 특정 희귀광물에 대한 중국 정부의 통제력 강화를 막기 위한 의도였다는 등과 같이 CFIUS의 의도를 의심하는 평가가 나오기는 쉽지 않았을 것이다. 퍼스트골드가 공개했던 비공개 내부자료 비망록에 포함된 논의 내용은 CFIUS의 주장 뒤에 무언가 숨겨진

---

272) Global Times 인터넷판. 2009. 12. 23. "Toxic Mood over China's Investment in the US." [http://www.global times.cn/opinion/editorial/2009-12/493755_2.html] 검색일: 2011. 10. 1.

273) The Washington Post 인터넷판. Ariana Eunjung Cha. 2009. 3. 17. "China Gains Key Assets in Spate of Purchases." [http://articles.wash ngtonpost.com/2009-03-17/world/36801426_1_outbound-investment-china-national-petroleum-chinese-companies/2] 검색일: 2009. 12. 1.

다른 의도가 있을 듯하다는 의심을 불러일으켰고 외부 비평가들의 추측에 설득력을 실어 주는 결과를 낳았다.

양측의 주장 중 어느 쪽이 진실인가를 판단할 근거는 충분치 않지만 분명한 사실은 중국이 광물자원에 대한 접근과 통제력을 증가시키고 있는 시점에서 중국 기업의 퍼스트골드에 대한 인수합병 시도가 실패했다는 점은 명백한 사실이다.[274] 당시 중국은 세계 금융위기 이후 재무상태가 악화된 기업들의 상황을 기회로 삼아 아프리카, 남미, 호주, 중동 등지에서 천연자원 채굴 기업에 대한 인수·합병을 이미 여러 건 성공한 상태였다. 퍼스트골드 사례가 있기 직전인 2009년 6월 23일 미국은 WTO에 중국 문제에 대한 협의를 신청한 바 있다. 중국이 국내에서 생산되는 천연자원 광물에 대한 수출을 정책적으로 규제하고 있다는 것이 주요 쟁점이었다.[275] WTO는 서북비철금속이 퍼스트골드에 대한 인수·합병 의사를 자진 철회하던 당일날인 2009년 12월 21일 중국의 천연자원 광물 수출 제한 문제가 미국을 비롯한 유럽연합과 멕시코 등 17개국의 요청에 의해 분쟁해결기구(DSB: Dispute Resolution Body)에서 논의 대상이 되었다고 발표했다.[276] 이뿐만 아니라 2009년 하반기는 미국과 중국이 타이어, 자동차부품, 닭고기, 출판물 지적재산권 등 여러 분야에서 무역갈

---

274) *Ibid*.

275) Office of the United States Trade Representative 자료실. "China – Measures Related to the Exportation of Various Raw Materials." [http://www.ustr.gov/trade-topics/enforcement/dispute-settlement-proceedings/china-%E2%80%93-measures-relating-exportation-variou] 검색일: 2013. 4. 15.

276) WTO 웹사이트 Dispute Settlement 게시판. "China – Measures Related to the Exportation of Various Raw Materials." [http://www.wto.org/english/tratop_e/dispu_e/cases_e/ds394_e.htm] 검색일: 2013. 4. 15.

등을 겪고 있던 시기였다.[277] 결국 퍼스트골드와 서북비철금속 간의 거래는 미국과 중국의 경제관계가 미묘한 갈등을 빚어내고 있는 시점에 진행되었고 그러한 분위기로부터 영향을 받아 실패로 돌아간 것이라고 볼 수도 있다.

중국의 투자자들은 2005년에 있었던 해양석유공사 사례를 경험했던 것으로부터 시작하여 미국 기업들과 인수·합병 협의를 진행하는 것에 대한 우려를 가지고 있었다. 서북비철금속과 퍼스트골드의 사례는 그러한 중국 기업들의 우려를 다시 한번 확인시켜 주는 계기가 되었다. 이러한 상황에 대하여 중국 언론은 비록 이 거래가 금액 측면에서는 보잘것없는 거래였지만 중·미 관계에 미칠 수 있는 영향력은 매우 크다고 평가될 수 있으며 미국 시장이 매력적인 것은 사실이지만 CFIUS에 의해 많은 중국 기업들의 미국 투자가 방해를 받고 있다고 지적하였다. 또한 CFIUS의 이러한 역할이 다른 나라에서도 보호주의적 정책이 강호되는 데 영향을 주고 있다고 평가하면서 이러한 사실은 국제정치적으로도 매우 위험하게

---

[277] The White House 웹사이트 Proclamation 게시판. 2009. 9. 11. "To Address Market Disruption from Imports of Certain Passenger Vehicle and Light Truck Tires from the People's Republic of China." [http://www.whitehouse.gov/the-press-office/proclamation-address-market-disruption-imports-certain-passenger-vehicle-and-light-]; Los Angeles Times 인터넷판. David Pierson. 2009.9.14. "In Latest Export Salvo, China Takes Aim at US Auto Parts and Chicken Products." [http://articles.latimes.com/2009/sep/14/business/fi-china-tires14]; Office of the United States Trade Representative 자료실. 2009.12.29. "WTO Appellate Body Confirms Finding Against China's Treatment Of Certain Copyright-Intensive Products." [http://www.ustr.gov/about-us/press-office/press-releases/2009/december/wto-appellate-body-confirms-finding-against-china] 검색일: 2013. 1. 20.

보인다는 언급을 덧붙였다.[278]

서북비철금속과 퍼스트골드의 거래는 거래 성공을 원했던 당사자가 CFIUS 조사과정에서 논의된 내용들을 공개함으로써 새로운 기밀유지의 문제를 제기한 사례였다. 일반적인 경우라면 기밀유지의 문제에 민감한 쪽은 오히려 기업들이다. CFIUS가 조사를 진행하는 과정에서 자사의 영업비밀에 해당되는 정보가 일반에 유출될 가능성을 우려하기 때문이다. CFIUS에 변호사로 참여했던 경험이 있는 노바 델리(Nova J. Daly)는 이번 사건으로 인해 CFIUS가 앞으로 안보 쟁점을 판단하는 데 더 어려움을 겪을 수 있으며 조사 대상 기업들에 대한 태도도 더 부정적으로 바뀔 수 있다고 판단했다.[279] 그러나 CFIUS는 퍼스트골드의 폭로 이후에도 조사 결과 보고서를 작성하는 과정에서 거래 당사자인 서북비철금속과 퍼스트골드와의 논의를 지속하려고 노력했다. 많은 비평가들과 중국 측에 의해 제기된 의심을 불식시키고 CFIUS의 조사과정에 공정성과 신뢰성을 확보할 수 있으려면 거래 불허의 근거가 명확하고 납득할 만한 수준이 되어야만 한다고 보았기 때문이다.

자사의 거래가 대통령의 거부 대상이라는 사실을 공개한 퍼스트골드의 발표는 CFIUS가 적절한 완화협정을 제시하기에 더욱 곤란한 상황을 만들었으며 대통령에게 거래 금지를 건의하는 것 이외의 다른 선택은 더욱 어렵게 하는 분위기가 조성되었다. 이처럼 CFIUS가 할 수 있는 선택

---

278) Global Times 인터넷판. 2009. 12. 23. "Toxic Mood over China's Investment in the US." [http://www.globaltimes.cn/opinion/editorial/2009-12/493755_2.html] 검색일: 2011. 10. 1.

279) Wiley Rein LLP 자료실. Nova J. Daly. 2009. 12. 18. "Press Reports on CFIUS Intention to Reject Chinese Investment into US Mining Company, Firstgold Corp." [http://www.wileyrein.com/publications.cfm?sp=articles&id=5763] 검색일: 2011. 9. 1.

의 폭을 줄이는 결과를 낳았다는 점에서 퍼스트골드의 행동은 경솔한 대응이었다고 볼 수도 있다. 하지만 보통의 경우에는 거래 당사자가 CFIUS의 전반적인 조사과정에 참여할 수 있으며 그에 대한 충분한 정보를 제공받을 수 있는 데 반해 퍼스트골드와 서북비철금속의 경우는 상대적으로 그러한 정보나 참여의 기회가 충분히 제공되지 않았다. 이러한 상황에 대해서는 CFIUS 의장을 맡았던 마크 야스코비악도 이미 조사과정에서 여러 차례 사과와 함께 "이번 거래는 매우 드물고 특이한 상황이며 대통령에 대한 금지 건의만이 유일한 선택이다"라는 뜻을 명확히 밝힌 바 있다.[280] 서북비철금속-퍼스트골드 사례는 그 작은 거래규모에 비해 CFIUS의 운영 절차나 다른 외국인 투자자들에게 미친 영향은 작지 않았던 거래로 볼 수 있다.

---

280) The New York Times 웹사이트. 2009. 12. 14. "Memorandum." [http://graphics8.nytimes.com/packages/images/nytint/docs/ memo-regarding-the-sale-of-firstgold-corp/original.pdf] 검색일: 2011. 9. 1.

5.5
소결

  2000년대로 들어서면서 급격한 증가세를 나타내고 있는 중국 기업들의 미국에 대한 FDI는 천연자원을 안정적으로 수급하고 첨단기술을 확보하려는 중국 정부의 전략적 목표에 부응하는 것이었다. 적극적인 FDI 진출을 통해 필요한 자원과 기술을 확보한다는 최근 중국의 경제발전 전략은 과거와 가장 큰 차이를 보이는 부분이다. 이러한 발전전략의 변화는 FDI를 유치하는 것에만 치중해서는 미국이나 서구 선진국과의 격차 극복에 필수불가결한 천연자원과 핵심기술에 대한 통제력을 완전히 확보하기 어렵다는 과거의 경험으로부터 비롯된 것이다. 이번 장에서 살펴본 해양석유공사, 화웨이, 서북비철금속의 미국 진출 사례는 모두 그러한 중국 정부의 발전전략 변화가 반영된 중국 기업들의 활동이었다. 달라진 중국 기업들의 활동 양상은 그들과 경쟁을 벌여야만 하는 미국 내 기업들의 반발을 자극했다. 미국의 정책결정자들 또한 핵심기술과 천연자원에 대한 통제력을 유지하여 중국의 성장을 견제해야 한다는 필요성을 인식하게 되었다.

  해양석유공사와 유노칼의 사례는 미국이 이렇게 변화된 상황을 인식하고는 있었지만 그러한 변화에 대해 완벽하게 정책적 및 제도적 입장을 마련하지는 못하고 있었다는 것을 보여 준다. 미 행정부가 기존에 존재하던 제도(엑슨-플로리오 수정안)와 기구(외국인 투자위원회)를 해당 사례에 시의적절하게 적용하지 못했기 때문이다. 해양석유공사와 유노칼의 인수·합병 거래를 자원 안보의 관점에서 인식하고 이에 빠르게 반응한 쪽은 오히려 의회와 여론이었다. 미 의회는 이 사례를 계기로 국가의 핵심적 이익과 안보에 직결된 산업에 대한 FDI의 유입을 통제할 수 있는 방안을 강구하기 시작했다. 결국 엑슨-플로리오 수정법안은 으회에 의해 FINSA로 더욱 강화되었고 CFIUS의 운영에 대한 원칙도 더욱 정교화되었다.

화웨이와 3콤의 거래는 FINSA가 마련된 직후 이 제도가 적용된 가장 대표적인 사례이다. 이 사례를 통해 미국이 군사 부문에서 첨단기술이 중국에 유출되는 상황을 얼마나 우려하고 있으며 중국을 경제 분야에서뿐만 아니라 군사적인 측면에서도 경쟁자로 인식하고 있다는 사실을 알 수 있었다. 화웨이의 최고 경영진이 가진 과거의 군 경력으로부터 미국의 국가안보에 위협이 될 수 있다는 판단을 내린 CFIUS의 결론은 대부분의 다른 중국 국영기업들에도 모두 적용이 가능한 논리였다. 미국 정부의 중국에 대한 태도 변화와 CFIUS의 결정은 중국 정부의 강한 반발을 불러 일으켰다. CFIUS가 화웨이와 3콤의 거래를 조사하는 과정에서 미국의 정보기관들이 제기했던 군사보안의 문제는 지난 2013년 6월 7~8일 캘리포니아 랜초미라지(Rancho Mirage, CA)의 미·중 정상회담에서 주요 쟁점 중 하나로 부각되었던 사이버 해킹 문제와도 연관된 주제였다.

서북비철금속과 퍼스트골드 간의 거래는 주요 천연자원 확보에 관한 문제에서 미국이 중국을 견제하고 있다는 사실을 분명하고도 노골적으로 드러낸 사례였다. 이 사례는 FINSA 법안이 적용되었던 기존의 다른 인수·합병 거래들에 비하여 거래 액수가 매우 적었다. 그럼에도 불구하고 CFIUS는 추가조사까지 실시하며 이 거래를 중요하게 다루었다. 그러나 그 결과로 CFIUS가 제시한 결론의 근거는 설득력이 매우 부족했다. CFIUS의 주장은 80km 떨어진 팰런 해군기지가 퍼스트골드의 광산과 인접해 있기 때문에 보안상 취약하다는 것이었다. 이렇게 궁색한 근거를 들어서라도 서북비철금속과 퍼스트골드의 거래를 차단하려 한 것은 금과 같은 중요한 자원에 중국이 접근하는 것을 견제하려는 미국의 동기가 그만큼 강했기 때문일 것이다.

 이렇듯 중국은 성공적인 경제성장으로 축적된 대규모의 외환보유고를 지국 기업들의 해외 투자자금으로 지원하고 있다. 중국 정부는 기업들의 FDI를 통해 추가적인 경제성장과 격차 극복에 필수적인 천연자원이나 첨단기술을 확보하려는 의도를 가지고 있다. 미국은 중국의 이러한 노력이 궁극적으로는 자국의 이익을 침해하게 될 것이라는 생각에서 중국으로부터의 FDI 유입을 통제하려 하고 있다. 결국 미국과 중국의 FDI로 인한 갈등은 다음 두 가지 원인에서 기인하는 것으로 정리할 수 있다. 먼저 중국에 대한 미국의 태도가 과거와는 분명히 달라졌으며 그 원인은 중국의 경제와 국력이 미국의 패권을 위협할 수 있을 만큼 성장했기 때문이라는 것이다.

제6장
결론

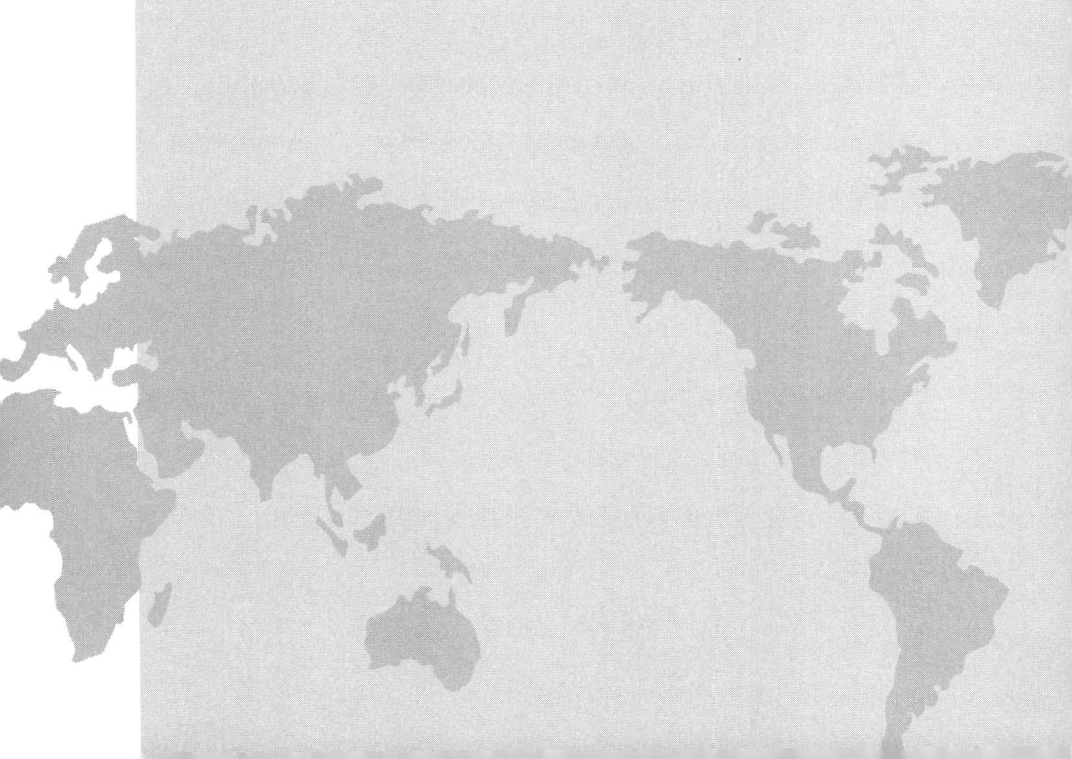

6.1
미·중 관계에서 FDI와 갈등 가능성의 증가

이상에서 살펴본 바와 같이 이 책은 미국과 중국이 왜 경제적 상호의존의 심화에도 불구하고 2000년대에 들어선 이후 잦은 갈등을 빚어내고 있는지 그 이유를 설명하려 했다. 필자가 가장 먼저 제기했던 의문은 미국과 중국 간의 관계 변화에 관한 물음이었다. 이 문제는 미·중 간의 관계 변화가 국제정치경제 질서로부터 어떤 영향을 받았으며 또 반대로 어떤 영향을 줄 수 있을 것인가라는 의문과도 연관되어 있었다. 관계정상화 이후로 원만한 관계를 유지하면서 우호와 협력을 증진시켜 왔던 미국과 중국이 2000년대에 들어서면서부터 군사와 정치 및 경제 부문에서 지속적으로 잦은 갈등을 빚어내고 있는 까닭은 무엇이며, 또한 이들의 갈등이 시장자유화와 단일극 체제를 바탕으로 형성된 기존의 국제정치경제 질서에는 어떤 영향을 미치고 있는가라는 질문을 해결하기 위해 본문에서 미국에 대한 중국 기업들의 직접투자 진출과 그로 인한 양국의 경제정책 변화를 집중적으로 살펴보았다. 이를 통해 양국의 경쟁적 관계가 과거에 비해 심화되었다는 것과 미국이 중국을 대하는 태도가 달라졌다는 사실을 알 수 있었다.

미국과 중국이 최근 빚어내고 있는 갈등의 근저에는 국가이익의 추구라는 국제정치의 가장 근본적 가치가 깔려 있다. 양국의 갈등은 서로의 국가이익이 충돌하는 부분에서 발생했다고 볼 수 있는 것이다. 양국의 국가이익은 정치와 경제라는 두 가지 관점에서 설명이 가능하다. 우선 정치적 관점에서 살펴보자면 미국에게 국가이익은 탈냉전 이후 국제무대에서 유지해 온 세계 최강대국으로서의 패권적 지위를 유지하는 것이다. 반면 중국에게 국가이익은 국제무대에서 미국과 비교하여 나타나는 국제적 지위의 격차를 극복하는 것이다. 지난 수십 년간의 노력으로 성취한 세계 2위의 경제력에 걸맞은 정치적 지위와 지도력을 획득하는 것이 중국의 국가이익이라는 뜻이다. 경제적 관점에서 살펴본다면 미국에게 국가이익은 전후 세계시장에서 오랫동안 유지해 온 비교우위를 지속하는 것이다. 비교우위의 지속은 가장 강력한 경쟁자로 떠오른 중국과의 현재 격차를 더 크게 하거나 그것이 여의치 않다면 현재의 격차를 최대한 오랫동안 유지할 수 있다는 것을 의미한다. 중국에게 국가이익은 미국에 비해 뒤처진 경제 및 기술적 수준의 격차를 극복하는 것이다. 중국이 미국과의 경제 및 기술적 격차를 극복하기 위해서는 지난 30년간 경험한 빠른 경제성장 속도를 앞으로도 최소 10년 이상은 계속 유지해야 하며 연구개발의 측면에서도 지속적인 성과를 끌어내야 할 것으로 보인다.

중국이 과거의 빠른 경제성장과 발전 속도를 유지할 수 있으려면 에너지 및 천연자원의 안정적 확보와 첨단산업 분야에서의 기술개발이 반드시 필요하다. 중국은 안정적 천연자원 확보와 첨단기술 획득을 위해 FDI를 전략적으로 활용하고 있다. 중국의 기업들은 정부의 지원을 받은 국영기업과 국부펀드를 선두로 내세워 남미, 아프리카, 중동, 호주 등 세계 각지에서 천연자원 채굴권을 보유한 기업에 대한 인수·합병에 적극적으로 나서고 있다. 역시 정부의 지원을 등에 업은 IT 분야의 중국 기업들도 첨단기술을 보유한 서구 선진국 기업들의 지분 매입을 적극적으로 추진하고 있는 실정이다. 이러한 상황에서 이미 세계 곳곳에서 각종 천연자원의 채굴권을 확보 및 개발하고, 다양한 첨단기술을 보유한 미국 기업들이 중국 FDI의 대상이 되는 것은 당연한 일이다. 이와 같은 중국 정부의 의도와 중국 기업들의 움직임을 인식한 미국은 자원 및 에너지 산업과 정보통신 산업 분야에서 중국 기업들이 FDI를 통해 미국에 진출하려는 시도를 통제하고 있다. 첨단기술의 평준화는 미국이 현재 세계 시장에서 누리고 있는 비교우위를 약화시킬 수 있는 가장 큰 원인이 되므로 미국은 중국과의 기술격차가 가능한 최대한으로 오랫동안 유지되기를 원한다. 천연자원과 에너지에 대한 수요는 세계 1, 2위 경제대국인 미국과 중국 모두에게 자신의 경제 규모를 유지하고 지속적으로 발전시키기 위해 반드시 필요한 요소이다. 천연자원을 두고 양국이 서로를 견제하며 경쟁하는 이유는 이 자원이 제로섬적인 특성을 지녔기 때문이다. 결국 미국과 중국은 자국의 기업들이 상대 국가에 FDI를 진행하는 과정에서 자신의 국가이익을 확보하기 위해 서로의 FDI 유출(입)을 통제하려 노력하고 있는 것이다.

그러나 미국과 중국 사이에서 발견되는 경쟁 및 갈등관계는 비교적 최근에 나타나고 있는 현상이다. 양국이 국교를 정상화하던 1970년대는 동·서 진영이 체제경쟁을 펼치던 냉전기간이었음에도 불구하고 서로 화해와 협력의 분위기를 형성하는 것이 가능했다. 양국의 협력관계는 탈냉전을 거치면서 1990년대까지 점점 심화되는 모습을 보여 주었다. 미국과 중국의 국력 차이가 너무 컸기 때문에 미국은 중국에 대하여 경계심을 가질 필요가 없었고 중국도 미국의 지도적 지위에 도전하기보다는 자신의 경제력을 성장시키는 데 최우선의 관심을 두었다. 경제적으로도 양국은 서로 협력하여 생산의 분업화를 추구할 동기가 충분했다. 미국 경제에는 중국의 값싼 노동력과 지대가 필요했고 중국 경제에는 미국의 풍부한 자본과 기술이 필요했던 것이다. FDI를 통한 생산의 분업화는 양국이 서로에 대한 의존 수준을 높여 나가도록 했다.

　미국이 중국과의 관계에서 무역 불균형과 같은 손해를 감수하면서도 시혜적 태도를 유지할 수 있었던 이유는 자신이 세계 우일의 패권국이며 중국과의 국력 격차가 매우 크다는 자신감이 있었기 때문이다. 이러한 자신감과 함께 미국은 중국이 경제성장을 통해 자유시장경제 질서에 동화된다면 비록 다른 이념을 가졌더라도 평화로운 관계를 유지할 수 있을 것이라는 강한 신념도 가지고 있었다. 중국 또한 미국과 체제경쟁에 치중하기보다는 경제성장을 통하여 내적 역량을 축적하는 것이 자신에게 이익이라는 인식을 가지고 있었다. 이처럼 자신의 입장에 대한 정체성과 자국의 이익에 대한 인식을 바탕으로 하여 미국과 중국은 서로 다른 정치체제와 이념을 가졌음에도 불구하고 오랜 기간 동안 협력적인 관계를 발전시켜 나아갈 수 있었다.

　21세기에 들어서면서부터 양국이 기존에 가지고 있던 정체성(신념)과 이익(욕망)은 점차 달라지기 시작했다. 2001년 9/11 테러와 2007년 세계 금융위기는 미국의 정체성과 이익에 큰 변화를 가져오는 계기가 되었다. 9/11을 겪은 미국은 탈냉전으로 더 이상은 존재하지 않을 것처럼 보였던 자신에 대한 안보위협이 테러리즘이라는 새로운 형태로 다시 등장하였음을 인식했다. 세계 금융위기는 미국으로 하여금 자신이 가진 패권적 지도력에 한계가 있음을 깨닫게 해 주었다. 더 이상 세계의 정치경제 질서를 자신이 단독으로 주도해 나갈 수 없다는 현실에 직면한 미국은 다극적 국제질서의 출현 가능성에 대비하면서 패권을 유지하는 것에 대해 고민해야만 했다. 중국도 세계 금융위기를 겪으며 미국이 가진 패권적 능력의 한계를 목격하였다. 중국에게 미국은 이제 더 이상 넘어서기 불가능한 높은 벽이 아닌 것처럼 보였다. 글로벌 경제위기를 극복하는 데 필요한 주요 엔진 중의 하나로서 전 세계로부터 주목을 받고, 북핵문제 해결에서도 키 플레이어의 역할을 수행하면서 중국은 점차 국제무대에서 자신의 위치와 영향력을 자각하게 되었다. 이렇게 향상된 국제적 지위와 경제력을 바탕으로 목소리를 높여 가고 있는 중국은 국제정치경제 체제 내에서 단순한 참여자가 아닌 규칙 제정자, 질서 유지자, 혹은 지도자의 위치에 오르기를 원하고 있는 것처럼 보인다.

FDI와 관련된 경제정책의 변화 역시 최근 양국의 갈등에 중요한 원인이 되고 있다. 양국의 경제정책이 변화된 가장 밑바탕에는 중국의 개혁개방 이후 현재까지 지속되고 있는 양국 간의 무역 불균형 현상이 깔려 있다. 30여 년간 이어진 중국의 대미 무역흑자는 중국에게 빠른 경제성장 속도뿐만 아니라 세계 최대의 외환보유국이라는 타이틀까지 안겨 주었다. 3조 달러가 훨씬 넘게 축적된 중국의 외환보유고는 CIC와 같은 국부펀드를 조성하거나 은행을 통해 민간기업을 지원하는 자금으로 재투자되고 있다. 이러한 외환보유고의 재활용은 중국 경제가 추가적으로 성장하는 데 필요한 전략 산업 분야를 집중적으로 육성할 뿐만 아니라 필요한 기술 및 정보를 획득하는 데 활용될 수 있다. 막대한 양의 외환보유고로부터 기인한 중국의 국부펀드나 민간 투자자금이 세계 금융위기 당시에는 미국 경제에 금융구제 자금으로서의 역할까지 수행한 바 있다. 미국이 경제위기를 극복하는 데 온 힘을 쏟는 동안 중국은 상대적으로 더 막강해진 경제적 영향력을 활용하여 국제정치경제 체제 내에서의 입지를 다질 수 있었다. 경제위기로 상처를 입은 자신의 패권적 지위와 국제무대에서 급격히 영향력이 향상된 중국을 목격한 미국은 더 이상 중국을 과거와 같은 시혜의 대상으로 생각하지 않고 가장 강력한 경쟁자로 인식하게 되었다. 결국 미국이 핵심 및 첨단기술이나 주요 천연자원과 같은 분야에서 중국 기업의 FDI 유입을 차단하는 경향을 보이게 된 것은 중국을 강력한 경쟁자로 인식하게 되었기 때문이라고 볼 수 있다.

본문에서 언급된 미국과 중국 간의 경제 및 정치적 관계와 FDI에 관련된 경제정책의 변화 양상은 다음과 같이 정리해 볼 수 있다. 우선 양국의 관계에서는 정치와 경제 등 모든 면에서 경쟁의 가능성이 증가한 특성이 나타나고 있다. 냉전 당시 미국의 대외전략은 소련연방을 중심으로 연합한 동구권과 체제경쟁을 벌여야 했기 때문에 철저히 현실주의적 관점을 바탕으로 수립되었다. 특히 레이건 행정부 시절에는 우주개발과 관련된 군사적 경쟁까지 첨예화되어 동서 양진영의 긴장감이 크게 고조된 바 있다. 탈냉전 직후 미국의 대외전략은 냉전시대의 관점으로부터 완전히 탈피하지 못하고 여전히 현실주의적 성격을 띠었다. 하지만 소련연방의 해체와 동구권 진영의 약화로 군사력에 대한 의존 가능성이 낮아졌기 때문에 미국의 대외전략은 방어적 현실주의의 특성을 띠었다. 미국의 패권을 중심으로 한 탈냉전 체제가 안정적으로 자리를 잡은 클린턴 행정부 시기는 타국에 대한 군사적 개입은 가능한 자제하면서 개방된 자유시장과 민주주의라는 두 가지 가치를 국제정치경제 체제에 확산시킨다는 다자주의적 입장에 기반한 대외전략을 유지했다. 9/11 테러를 경험한 부시 행정부는 테러리즘을 방지하고 자유시장 경제와 민주주의적 가치를 국제적으로 확산시키기 위해 군사력의 사용도 주저하지 않는다는 일방주의적 대외전략을 유지했다. 그러나 세계적 금융위기는 기국의 패권적 능력이 일방주의를 고수할 수 있을 만큼 강력하게 유지되고 있지는 않다는 사실을 보여 주었다.

중국의 대외전략은 대체로 현실주의적 관점을 유지했다. 냉전기간 덩샤오핑의 등장 이전까지는 사회주의 체제를 전 세계로 확산시키려는 팽

창주의적 대외전략을 추구했다는 점에서 공격적 현실주의로 분류할 수 있다. 덩샤오핑의 등장 이후에는 국력 신장을 최우선의 목표로 삼고 국제무대에서의 물리적 마찰은 가능한 피한다는 방어적 현실주의 성격의 대외전략이 채택되었다. 탈냉전을 맞은 이후에도 여전히 외부와의 불협화음은 최대한 줄이고 경제개발에만 전념한다는 방어적 현실주의에 입각한 대외전략이 이어졌다. 세계 2위의 경제대국으로 도약한 후진타오 체제에 들어서는 국제무대에서 자신의 목소리와 영향력을 높이기 위하여 중국적 가치를 확산시키는 데 중점을 둔 대외정책을 수립했다. 이와 함께 군사력을 현대화하고 증강시키는 노력을 기울이면서 필요에 따라서는 증강된 군사력을 과시하는 데에도 적극적인 입장을 보이고 있다. 중국이 자신의 가치를 세계무대에 확산시키고 군사력을 증강하는 데 노력하는 동시에 세계시장과 천연자원, 첨단기술에 대한 통제력을 확보하려는 움직임은 패권안정이론과 신자유주의적 제도주의자들이 지적하는 패권추구 국가의 특징과 일치하는 것이다.[281]

두 번째로 FDI에 관련된 경제정책은 미국이 보호주의적 요소를 강화하면서 역시 양국이 모두 보호주의적 성향을 띠게 되었다는 점이 발견된다. 전통적으로 미국의 경제정책은 개방된 시장에 기초한 자유무역을 강조하여 왔으며 FDI에 대한 입장도 역시 개방적이었다. 하지만 경제력이 약화되고 패권의 위기를 겪거나 전쟁에 직면했던 시기에는 전통적으로 유지했던 자유무역주의 정책에서 보호주의적 요소를 강화하는 모습을 보여 주었다. 1980년대 말과 1990년대 초반 달러화의 약세로 인하여 일본 자본의 대미 진출이 두드러지자 미국에는 이를 견제하려는 정책

---

[281] Kindleberger, Charles P. and Robert Z. Aliber. 2005; Keohane and Nye. 2000. p. 44; Keohane. 1984. pp. 32-34; McKeown, Timothy J. 1983. p. 78; Wallerstein, Immanuel. 1980. p. 38; Krasner. 1978. pp. 349-352.

적 움직임이 대두되었다. 2001년 9/11과 2007년 경제위기 이후에도 역시 중동과 중국으로부터 유입되는 투자자본을 경계한 보호주의적 정책이 강화되었다.

사회주의적 이념에 입각하여 건국된 중국의 초기 경제정책은 자본주의 경제와의 연결을 차단하기 위해 폐쇄경제를 추구했다. 그러나 덩샤오핑이 등장한 이후에는 폐쇄경제를 통해서 경제발전과 국력신장이 어렵다는 판단하에 제한적으로 자본주의적 시장경제 요소를 받아들이는 경제개방 정책을 채택하게 되었다. 이러한 중국의 개혁과 개방은 어디까지나 경제발전과 국력신장이라는 궁극적 목표를 달성하기 위하여 자본주의적 경제요소를 활용한다는 취지의 정책이었다. 경제개방의 속도와 범위는 공산당의 지도체제를 유지하고 강화할 수 있는 한계 내에서만 허용되었다. 이처럼 중국이 국가의 철저한 계획에 입각하여 국력 신장을 궁극적 목표로 삼아 이를 달성하기 위해 자유시장 제도를 활용하고 있다는 사실에 초점을 맞춘다면 중국의 경제정책은 중상주의적 관점에 기반하여 수립되고 운영되어 오고 있다고 보아야 한다.

세 번째로 생산 분업화 동기의 측면에서는 양국의 분업화 동기가 과거에 비해 상대적으로 약화된 것을 볼 수 있다. 세계 금융위기 이후 국제시장에서 두드러진 활약을 보이고 있는 중국은 미국으로부터의 FDI 유치를 통한 생산 분업화의 동기가 과거에 비해 현저히 낮아진 상태이다. 반면 첨단기술과 자원개발 분야에서는 미국에 대한 FDI 진출을 통해 생산 분업화를 구성할 동기가 강해졌다. 그러나 이것은 상업적 필요로 인한 생산의 분업화가 목적이라기보다는 기술 및 자원 확보와 관련된 동기로 인한 것이다. 미국 기업들에게 여전히 값싼 노동력이 풍부하고 개척의 여지가 많은 중국 시장은 충분히 매력적이다. 하지만 인도나 베트남, 브라질 등과 같은 새로운 신흥경제국가의 등장은 중국과의 생산 분업화 동기를 상대적으로 낮춘 결정적 요인이다. 더 중요한 점은 첨단기술과 천연자원 분야에서 미국 기업들이 가진 중국 자본과의 국제적 분업화 동기이다. 세계 금융위기 직후 얼마 동안은 미국에 갑작스러운 유동성의 악화로 인해 중국으로부터 자본을 유치할 필요가 높아진 때가 있었다. 하지만 유동성 문제가 해결된 이후에는 미국 기업들에게 중국으로부터의 FDI가 경쟁자의 침입으로 간주되는 경향이 크다. 미국 정부에게도 중국 기업들의 FDI가 유입되는 현상은 미국이 가진 첨단기술과 주요 자원의 유출 가능성이 증가하는 것으로 비춰지고 있다.

중국과 미국은 모두 FDI가 국가 경제에 도움이 된다고 판단하여 경제발전을 위해 FDI를 최대한 활용하는 정책을 기본으로 삼았다. 냉전 이전 미국은 유럽지역으로부터 유입되는 FDI를 유치함으로써 자본을 충당하고 유럽의 발전된 기술을 전수받아 경제발전의 기틀을 마련했다. 전쟁 직후에는 상대적으로 풍부한 자본을 유럽지역에 투입함으로써 유럽의 재건을 도왔으며 재건된 유럽은 다시 미국 경제에 안정적인 시장이 되었다. 냉전 말기부터는 중국의 풍부한 노동력을 활용하기 위해 중국으로의 FDI가 활발히 진행되었다. 중국은 경제개방 초기부터 경제발전에 소요되는 부족한 자본을 충당하고 앞선 기술과 경영 노하우를 전수받기 위해 FDI 유치에 주력했다. 공산당 지배의 사회주의 정치체제와 국가 중심적 계획경제는 해외 투자자본에게 중요한 제약조건으로 간주되었지만 제조업 분야의 투자자본에게는 중국의 값싸고 풍부한 노동력이 너무나 매력적인 요소였으므로 중국의 FDI 유치 전략은 결국 성공을 거두었고 그것을 바탕으로 수출 중심의 빠른 경제성장을 이룰 수 있었다. 수출 중심의 빠른 경제성장은 막대한 규모의 외환 축적으로 이어졌다. 빠른 속도로 축적된 대규모 외환보유고는 노동집약적 경제구조를 기술과 자본이 집약된 경제구조로 전환하려는 최근 중국의 경제정책에 밑거름이 되고 있다.

네 번째로 양국의 국력 격차가 현저하게 좁혀졌다는 것을 볼 수 있다. 30년간의 개혁 및 개방에 성공한 중국은 경제성장에서 가시적인 성과를 이루어 냈다. 중국은 2000년대 중반 이후로 외환보유고와 상품 수출에서 이미 세계 1위의 자리에 올라섰다. 이러한 경제성장의 효과는 군사 부문으로도 확산되어 2012년 현재 중국은 미국에 이어 세계에서 두 번째로 많은 액수를 군사비로 지출하고 있다. 또한 군사력 규모 면에서는 미국과 러시아에 이은 세계 3위에 올라 있는 상태다. 빠른 속도의 경제성장으로 미국의 뒤를 바짝 쫓고 있는 중국에 비하면 2%대를 유지하고 있는 미국의 성장속도는 거의 정체되어 있는 것과 다름없다. 더욱이 글로벌 금융위기로 인해 충격을 받았던 미국의 경제는 여전히 완벽하게 회복되었다고 볼 수 없는 상황이다. 2007년의 세계 경제위기가 양국 간의 국력 격차를 급격히 좁히는 결정적인 계기로 작용한 것이다.

결국 양국 사이에 FDI를 매개체로 하여 나타나고 있는 최근의 갈등은 서로의 대외전략과 경제정책, 그리고 국력의 격차가 모두 경쟁적 조건을 형성했고 이와 함께 양국 간의 국제적 분업화 동기는 감소함으로 인해 생겨난 결과로 볼 수 있다. 대외전략 면에서는 패권을 계속 유지하고자 하는 미국과 국제무대에서의 지도력과 영향력을 강화하려는 중국의 패권 도전의지가 충돌하고 있다. 경제정책 면에서는 미국의 보호주의와 중국의 중상주의가 마찰을 만들어 내고 있다. 국력의 격차 면에서는 경제력과 군사력 등 다양한 면에서 빠르게 성장하고 있는 중국이 미국과의 격차를 현저히 줄였다. 이로 인해 미국의 중국에 대한 강력력이 과거에 비해 약화되어 양국의 마찰 가능성이 증가하고 있다. 생산 분업화의 측면에서는 양국 모두에게서 과거에 비해 상대와 국제적 분업화를 구성할 동기가 약화되었다. 오직 중국 측에서만 첨단기술과 천연자원 분야에서 미국과 생산 분업화를 형성하려는 동기가 상승했다. 때문에 이로 인한 양국의 협력 증가 가능성은 낮다고 볼 수 있다.

  변화된 미국과 중국 간의 관계는 시장자유화와 단일극 체제를 바탕으로 형성된 기존의 국제정치경제 질서가 변화되는 데 영향을 줄 수 있다. 2007년의 세계 금융위기를 해결하는 과정에서 국제사회가 확인한 것은 미국이 가진 능력의 한계였다. 미국도 역시 마찬가지로 자신의 능력이 한계에 직면한 현실을 인식했다. 더 이상 국제적 규모의 경제문제를 패권국가인 미국 혼자만의 힘으로는 해결할 수 없다는 것이 현실이었다. 중국과 유럽연합, 러시아, 인도, 브라질 등을 포함한 세계 여러 국가의 합의된 노력이 있어야만 현재의 세계적 경제위기를 극복할 수 있다는 인식은 2001년 9/11 이후 특히 두드러졌던 미국의 일방주의적 국제정치 노선이 약화되도록 한 가장 큰 계기였다. 특히 'G-2'로 평가받고 있는 중국과 최근 경제회복에 박차를 가하고 있는 러시아는 탈냉전 이후 형성된 단극적 국제체제에 가장 큰 잠재적 도전자가 되고 있다. 이들이 개별적으로는 여전히 미국의 패권에 도전할 수 있을 만한 역량을 충분히 갖추지 못한 것이 사실이다. 그러나 중국과 러시아는 국제무대에서 미국의 영향력을 견제하고자 하는 공통의 관심사를 공유하고 있다. 특히 동유럽과 아시아 지역에서 중국과 러시아가 공동으로 주도하여 설립된 상하이협력기구(SCO)에는 동유럽과 중동, 아시아의 10여 개 국가들이 참여하여 일치된 정치적 의견을 형성하고 있다. 이에 더하여 중국과 러시아는 브릭스(BRICS)라는 신흥 경제대국의 범위 안에 인도와 브라질의 참여를 유도하여 협력을 강화하고 있기도 하다. 유로화 도입을 계기로 통합의 정도가 강화된 유럽연합(EU) 역시 국제무대에서 독자적이고 영향력 있는 경제 및 정치주체로 성장했다. 미국과 중국의 관계 변화는 이 같은 국제질서의 전반적 변화를 보여 주는 일면인 동시에 국제질서의 변화를 유도하는 촉매제로서의 역할을 하고 있다고 볼 수 있다.

서론에서도 언급하였듯이 21세기에 들어선 현재의 국제정치경제 질서에서 가장 핵심적인 문제는 미국의 패권 유지 여부오- 중국의 부상이다. 과연 현재의 경향대로 미국 패권의 감소가 지속되고 중국이 미국과의 격차를 줄이는 데 성공한다면 '차이메리카'(Chimerica) 또는 'G-2'로 표현되는 바와 같이 양극체제에 기반을 둔 국제질서가 안정화될 가능성이 가장 높다. 하지만 미국이 약화된 패권을 회복하는 데 성공하고 중국이 미국과의 격차를 성공적으로 줄이지 못한다면 다시 미국 중심의 단일극 체제가 한동안 더 지속될 수도 있다. 또한 그리 멀지 않은 시간 내에 러시아나 인도, 브라질, 유럽연합 등에 의하여 새로운 힘의 균형 체제에 바탕을 둔 국제질서가 등장할 가능성도 배제할 수는 없을 것이다.

6.2
이론적 함의

 책의 서두에 제기했던 또 하나의 문제는 'FDI가 어떤 상황에서 국가 간의 평화적 관계 형성에 기여하고, 또 어떤 다른 상황에서 국가 간의 갈등관계를 유발하는가?'라는 이론적 물음이었다. 미국과 중국 사이에서 FDI와 관련하여 빚어지고 있는 최근의 갈등이 국제적 상업활동과 국가 간의 평화 형성에 관한 자유주의적 국제정치 이론의 설명 방향으로부터 벗어난 것이기 때문이다. 1990년대까지만 해도 양국의 FDI와 외교관계는 자유주의적 상호의존 테제의 예측을 뒷받침하기에 충분했다. 하지만 양국이 상대방을 견제와 경쟁의 대상으로 인식하면서 서로의 국가이익을 극대화하기 위해 핵심기술과 천연자원 개발 분야에서 진행되는 FDI의 유출입을 통제하면서 정부 차원의 갈등이 양산되고 있는 것도 사실이다.

 자유주의적 국제정치 이론은 FDI와 국가 간 관계라는 두 변수를 인과적 가정하에서 설명하면서 FDI가 증가할수록 국가 간의 관계도 더 평화롭게 된다고 주장한다. 이 책에서 살펴본 미·중 간의 FDI와 양국 관계도 역시 그러한 인과적 가정의 틀 안에서 설명이 가능했다. 그러나 필자가 살펴본 미·중 관계 사례연구를 통하여 기존의 자유주의적 국제정치이론이 간과했던 두 가지 조건변수를 발견할 수 있었다. FDI가 국가 간의 관계에 대한 독립변수로서 제대로 기능하여 종속변수인 국가 간 관계를 평화 혹은 갈등 중 어느 한 방향으로 일관되게 유도할 수 있기 위해서는 특정한 조건이 필요하다는 점이다. 1980~1990년대는 미·중 양국이 경제와 군사력 면에서 큰 격차를 보였기 때문에 정치적으로 갈등관계를 형성하지 않았던 시기이다. 또한 이 시기에는 미국과 중국이 FDI를 통하여 생산을 분업화해야 할 필요성을 강하게 느끼고 있었다. 이 시기에는 양국의 FDI가 증가함에 따라 서로의 관계에 평화적 분위기도 증가했다. 양국의 갈등이 증가한 2000년대 이후의 상황을 살펴보면 이미 앞서 언급된 바와 같이 양국의 국력 격차가 현저히 좁혀져 서로를 견제와 경쟁의 대상으로 인식하게 되었다. 충분한 자본을 확보한 중국 경제에 미국 자본의 필요성은 낮아졌다. 미국도 값싼 노동력을 중국이 아닌 다른 국가로부터 확보할 수 있게 되었다. 첨단기술과 천연자원 개발을 위해 중국 자본이 미국에 진출하기를 노리고 있지만 미국 측이 그러한 중국의 노력을 견제하고 있는 실정이다. 부존요소 또한 양국의 자본이 유사하여 경쟁적인 조합을 형성하였다. 이 같은 상황이 맞물려 최근에는 양국의 FDI가 증가하면서 오히려 서로의 관계에서 갈등의 가능성이 증가하고 있다.

따라서 본문에서 살펴본 미·중 관계의 사례를 FDI와 국가 간 관계에 대한 국제정치 이론으로 일반화시킬 수 있으려면 양국이 형성한 국제무대에서의 정치적 관계와 양국이 가진 부존요소의 조합이라는 두 가지 조건변수가 동시에 고려되어야 한다. 자유주의적 국제정치 이론에서는 오직 FDI와 국가 간 관계라는 두 변수만이 고려된다. 그러나 이 책에서 미·중 관계를 살펴봄으로써 발견된 사실은 그러한 관계가 성립되기 위해서는 양국의 국력 격차와 생산 분업화의 동기가 함께 고려되어야 한다는 점이다. 먼저 FDI가 국가 간의 평화적 관계에 기여할 수 있으려면 해당 국가 간의 국력 차이가 분명하면서 서로가 생산의 분업화를 형성할 필요성을 가져야만 한다. 반대로 양국의 국력 격차가 그리 크지 않으면서 서로 생산 분업화의 필요성도 낮다면 그 경우에는 FDI가 해당 국가 간의 관계에서 갈등을 양산할 가능성이 높다. 1990년대까지 미국과 중국 사이에는 국력의 격차가 크게 존재했기 때문에 정치적 경쟁의 가능성이 적었으며 미국의 자본과 중국의 노동력이 부존요소로서 서로에게 생산 분업화의 강한 동기가 되었다. 따라서 양국 간의 FDI가 증가함에 따라 양국의 평화도 함께 증가했다. 2000년대에 들어서는 양국의 국력 격차가 좁혀져 서로를 국제무대에서의 경쟁자로 인식하고 있으며 중국의 투자자본이 생산 분업화 동기가 낮은 미국의 첨단 산업 및 천연자원 개발 부문에 진출하려 하고 있기 때문에 FDI 증가가 갈등의 가능성을 증가시키고 있다.

그러나 이 두 개의 조건변수 중 어느 하나의 변수만이 협력적 조건을 형성한 경우라면 FDI의 증가가 국가 간 관계를 평화로 유도할지 아니면 갈등으로 이끌지 그 방향을 섣불리 예측하기가 곤란하다. 본문에서 살펴본 미·중 관계의 사례에서는 공교롭게도 두 개의 조건변수가 '큰 국력의 격차 - 높은 생산 분업화의 필요성' 또는 '작은 국력의 격차 - 낮은 생산 분업화의 필요성'으로 짝지어져 FDI가 국가 간 관계를 갈등과 평화 중 어느 한 방향으로 명확히 유도하는 상황만이 관찰되었기 때문이다.

따라서 이들 두 조건변수가 '국제무대에서의 비경쟁적 관계 - 부존요소 조합의 부조화' 또는 '국제무대에서의 경쟁적 관계 - 부존요소 조합의 조화'로 짝지어진 경우라면 FDI가 국가 간의 관계를 평화 혹은 갈등 중 어디에 더 기여하는지를 명확히 하기 위해 추가적인 연구가 필요하다고 본다. 예를 들어 (1) 1980년대 말부터 1990년대 초까지 미국과 일본 사이에서 진행된 FDI와 양국의 관계 또는 (2) 중국과 일본 사이에서 진행된 FDI와 양국의 관계, (3) 미국과 독일 또는 영국 간에 진행된 FDI와 양국의 관계 등을 살펴보는 것이 '큰 국력의 격차 – 낮은 생산 분업화의 필요성' 또는 '작은 국력의 격차 – 높은 생산 분업화의 필요성'으로 형성된 조건하에서 FDI가 국가 간 관계에 어떤 영향을 미치는지를 알아보는 데 도움이 될 수 있다는 것이다.

6.3
정책적 함의 및 활용방안

21세기 국제정치경제 질서에서 가장 핵심적인 화두는 미국의 패권 유지 여부와 중국의 부상이다. 2차대전 이후부터 미국이 점유해 온 첨단기술에서의 비교우위는 독일과 일본을 비롯한 서구 선진국과 신흥 경제국이 발전한 결과로 그 격차가 좁혀졌다. 냉전 이후 미국에 의해 주도되어 온 자유주의 시장경제 체제도 지역단위 협력체제의 등장과 세계적 경제위기로 인해 도전에 직면해 있다. 기존의 국제정치경제 질서에 이와 같은 변화의 기운이 스며든 것과 때를 같이하여 중국은 지난 30여 년간의 빠른 경제적 성장을 발판으로 국제무대에서 유일한 미국의 경쟁자로 등장하게 되었다.

세계 경제위기를 계기로 중국은 다양한 국제문제의 해결에서 이제껏 미국이 단독으로 부담하던 노력과 비용을 함께 나누는 입장에 서게 되었다. 이로써 중국은 'G-2' 또는 '차이메리카'(Chimerica)라는 용어가 등장할 정도로 국제무대로부터 새로운 초강대국으로 주목을 받기 시작했다. 세계적인 경제위기 극복과 에너지 및 환경과 관련된 현안을 해결하는 데 공동으로 대처해야만 하는 미국과 중국은 국제적 안보위협에 대한 대처에서도 협력을 강화해야 할 필요를 인식했다. 이 같은 필요성은 2009년 7월 개최된 제1차 미중경제전략대화(S&ED: the US - China Strategic and Economic Dialogue, 中美战略与经济对话)에서 행한 오바마 미 대통령의 개회사에서도 잘 드러난다. 오바마 대통령은 "21세기는 미국과 중국이 이끌어 갈 것이며, 그렇기 때문에 미·중 관계는 세계의 어떤 양자관계보다도 중요하다"라고 언급하면서 중국과의 협력에 큰 의미를 부여했다.[282]

그러나 중국의 성장을 경계하는 시각도 존재한다. '처음 30년의 개혁 프로그램은 주로 중국이 세계에 참여하는 것이었지만 … 다음 30년의 프로그램은 중국이 어떻게 세계를 만들어 나아갈 것인가의 문제이다"라는 마크 레오나드(Mark Leonard)의 주장과 함께 "중국은 그 테이블에 단순히 자리를 차지하는 것뿐만 아니라 가장 상석에 앉고 싶어 한다"라는 지적은 중국의 성장에 대한 서구 선진국의 경계심을 그대로 보여 주는 것이라 할 수 있다.[283]

미·중 간의 갈등도 서로의 협력만큼이나 다양한 형태로 나타나기 시작했다. 중국은 2007년 글로벌 경제위기가 시작된 직후부터 본격적으로 미국의 세계경제 관리능력에 대한 비판을 쏟아 냈다. 지속적 달러화 가치의 하락이 유가를 포함한 전 세계적 물가상승의 원인이 되고 있으며, 세계적 규모의 금융위기를 방지하기 위하여 미국이 마련했던 규제책이 실패로 돌아갔다는 것이 비판의 주된 내용이었다.[284] 외국인 투자자금의 미국 내 유입에 대한 미국 정부의 차별적 규제도 중국의 비판 대상이 되

---

282) USA TODAY. "US-China relations to shape 21st century." July 27, 2009. USA TODAY 웹사이트 [http://www.usatoday.com/news/washington/2009-07-27-obama-china_N.htm] 검색일: 2011. 1. 31.

283) Bergsten, C. Fred, Charles Freeman, Nicholas R. Lardy and Derek J. Mitchell. 2009. *China's Rise: Challenges and Opportunities*. Peterson Institute for International Economics. p. 12; Mark, Leonard. 2008. *What Does China Think?* New York: Public Affairs. p. 19.

284) Zhou, Xiaochuan. 2009. "On Savings Ratio." a keynote speech at the High Level Conference hosted by the Central Bank of Malaysia, Kuala Lumpur. (February 10).

었다. 반면에 미국은 위안화 가치를 지나치게 낮게 유지하고 있는 중국의 환율정책을 비판했다. 또한 세계경제의 불균형 현상이 중국을 비롯한 신흥경제 국가들이 지속적으로 무역흑자를 유지하고 있기 때문에 계속 심화되고 있다는 주장을 하기도 했다.[285]

자유시장경제 체제의 세계화로 상호의존이 심화된 국제정치경제 질서 하에서 미국과 중국처럼 큰 규모의 국가가 서로 만들어 내는 갈등은 해당 국가는 물론이거니와 전 세계 대부분의 중소국가에도 직간접적으로 영향을 미치게 된다. 미·중 관계가 갈등으로 치닫느냐 협력으로 발전하느냐의 문제는 비단 양국만의 문제가 아닌 전 세계의 문제일 수밖에 없는 것이다. 이러한 맥락에서 국가 간의 관계가 FDI에 의해 어떠한 영향을 받으며 그러한 영향을 가능하게 하는 조건이 무엇인가를 살펴본 이 연구는 미국과 중국의 경쟁 및 갈등 관계를 좀 더 안정적인 방향으로 발전시키려는 정책적 노력에 도움이 될 수 있다는 점에서 중요한 의미를 가진다. 또한 더 나아가서는 미국과 중국만이 아닌 다른 모든 국가로까지 이론적 논의를 확대시켜 국제관계의 안정화와 갈등에 관련된 이론을 발전시키는 데에도 기여할 수 있을 것이다.

---

[285] Bernanke, Ben S. 2010. "Monetary Policy and the Housing Bubble." a keynote speech at the Annual Meeting of the American Economic Association, Atlanta, Georgia. (January 3).

참고문헌

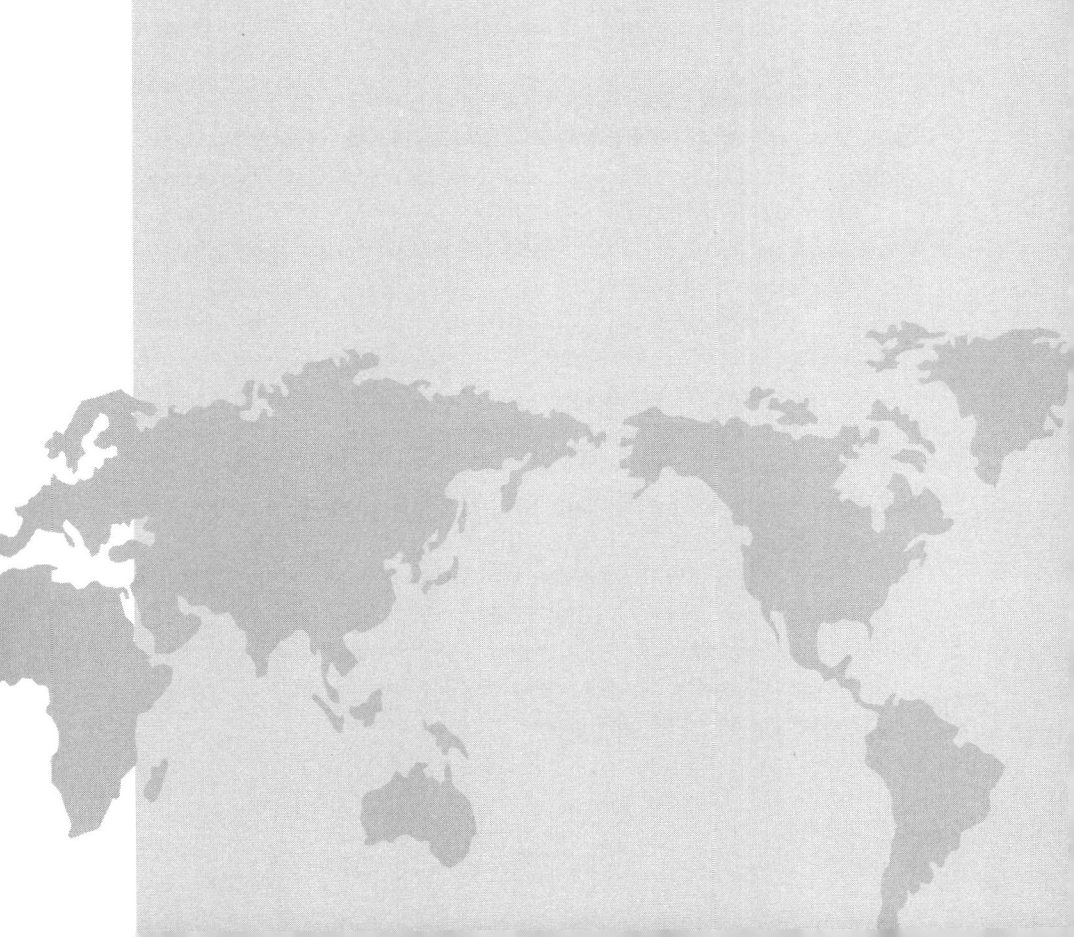

학술지 논문

김관호. 2008. "미국의 2007년 외국인투자와 국가안전에 관한 법의 고찰." 법무부 『통상법률』 통권 제80호. (April).
김동훈. 2011. "세계무역불균형과 미국의 대중 경제제재의 실효성." 『국방연구』 제54권 3호. (12월).
김석관. 2012. "경제의 세계화와 국제 분업에 관한 이론적 쟁점: 통합적 분석 틀의 모색." 『지역연구』 제28권 제2호. (6월).
김애경. 2005. "중국의 '화평굴기'론 연구: 논쟁과 함의를 중심으로." 『국제정치논총』 제45집 4호.
김주권, 엄기룡. 2009. "해외직접투자 환경변화와 투자발전경로 이론(Investment Development Path Theory)의 재조명." 『국제경영리뷰』 제13권 2호.
맹경뢰, 최백렬. 2012. "중국에 대한 FDI의 산업 내와 산업간 기술파급효과에 관한 연구." 『국제통상연구』 제17권 제4호.
한석희. 2004. "중국의 부상과 책임대국론: 서구와 중국의 인식적 차이를 중심으로." 『국제정치논총』 제44집 1호.
홍장표. 2008. "해외직접투자의 경제적 효과 분석." 『경제발전연구』 제14권 제1호.
KOTRA. 2008. "주요국별 해외투자 진출 유형 비교." *Global Business Report* 08-030 (7.24).
Akamatsu, Kaname. 1962. "A Historical Pattern of Economic Growth in Developing Countries." *Journal of Developing Economies*. Vol. 1. No. 1.
Alesina, Alberto and David Dollar. 2000. "Who Gives Foreign Aid to Whom and Why?" *Journal of Economic Growth*. Vol. 5. (March).
Alfaro, Laura, Sebnem Kalemli-Ozcan, and Vadym Volosovych. 2008. "Why Doesn't Capital Flow from Rich to Poor Countries? An Empirical Investigation." *The Review of Economics and Statistics*. Vol. 90, No. 2 (January).
Ba, Alice D. 2003. "China and ASEAN: Re-navigating Relations for a 21st Century Asia." *Asian Survey*. Vol. 43, No. 4.
Balassa, Bela. 1988. "The Lessons of East Asian Development: an Overview." *Economic development and Cultural Change*. Vol. 36. No. 3.
Bhagwati, Jagdish. 1998. "The Capital Myth: The Difference between Trade in Widgets and Dollars." *Foreign Affairs*. Vol. 77. No. 3. (May/June).
Biglaiser, Glen, Brian Hicks, and Caitlin Huggins. 2008. "Sovereign Bond Rating and the Democratic Advantage – Portfolio Investment in the Developing World." *Comparative Political Studies*. Vol. 41. No. 8. (August).

Brooks, Stephen G. 1999. "The Globalization of Production and the Changing Benefits of Conquest." *Journal of Conflict Resolution*. Vol. 43, No. 5 (October).
Chin, Gregory and Eric Helleiner. 2008. "China as a Creditor: A Rising Financial Power?" *Journal of International Affairs*. Vol. 61. No. 1. (Fall).
Chwieroth, Jeffrey. 2007. "Neoliberal Economists and Capital Account Liberalization in Emerging Markets." *International Organization*. Vol. 61. (Spring).
Cioffi, John W. and Martin Höpner. 2006. "The Political Paradox of Finance Capitalism: Interests, Preferences, and Center-left Party Politics in Corporate Governance Reform." *Politics & Society*. Vol. 34. No. 4. (December).
Culpepper, Pepper D. 2005. "Institutional Change in Contemporary Capitalism: Coordinated Financial Systems Since 1990." *World Politics*. Vol. 57. (January).
Coats, Warren. 2009. "Time for a New Global Currency?" *New Global Studies*. Vol. 3. No. 1.
Cohen, Benjamin J. 2008. "The International Monetary System: Diffusion and Ambiguity." *International Affairs*. Vol. 84. No. 3.
Corsetti, Giancarlo, Amil Dasgupta, Stephen Morris, and Hyun Song Shin. 2004. "Does One Soros Make a Difference? A Theory of Currency Crises with Large and Small Traders." *Review of Economic Studies*. Vol. 71. No. 1. (January).
Dicken, Peter, Phillip F. Kelly, Kris Olds, and Henry Wai-Chung Yeung. 2001. "Chains and Networks, Territories and Scales: Towards a Relational Framework for Analysing the Global Economy." *Global Networks*. Vol. 1, No. 2.
Drezner, Daniel W. 2009. "Bad Debts: Assessing China's Financial Influence in Great Power Politics." *International Security*. Vol. 34. No. 2. (Fall).
Dunning, John H. and John R. Dilyard. 1999. "Towards a General Paradigm of Foreign Direct and Foreign Portfolio Investment." *Transnational Corporations*. Vol. 8, No. 1 (April).
Elman, Miriam Fendius. 1995. "The foreign Policies of Small States: Challenging Neoliberalism in its Own Backyard." *British Journal of Political Science*. Vol. 25.
Ernst, Dieter. 2002. "Global Production Networks and the Changing Geography of Innovation Systems: Implications for Developing Countries." *Economics of Innovation and New Technology*. Vol. 11, No. 6.
Feng, Huiyun. 2004. "The Operational Code of Mao Zedong: Defensive or Offensive Realist?" *Security Studies*. Vol. 14. No. 4.
Ferguson, Niall. 2010. "Complexity and Collapse." *Foreign Affairs*. Vol. 89. No. 2. (Mar/Apr).
Ferguson, Niall and Moritz Schularick, "Chimerica and the Global Asset Market Boom," *International Finance*, Vol. 10, No. 3. (January 2009).
Foot, Rosemary. 1998. "China in the Asean Regional Forum: Organizational Processes and

Domestic Modes of Thought." *Asian Survey*. Vol.38, No. 5.

Gai, Prasanna and Hyun Song Shin. 2003. "Transparency and Financial Stability." *Financial Stability Review*. (December).

Galtung, Johan. 1971. "The Structural Theory of Imperialism." *Journal of Peace Research*. Vol. 8, No. 2.

Gartzke, Erik, Quan Li, and Charles Boehmer. 2001. "Investing in the Peace: Economic Interdependence and International Conflict." *International Organization*. Vol. 55, No. 2 (Spring).

Gaubatz, Kurt Taylor. 2009. "City-State Redux: rethinking Optimal State Size in an Age of Globalization." *New Global Studies*. Vol. 3. No. 1.

Gereffi, Gary, John Humphrey, and Timothy Sturgeon. 2005. "The Governance of Global Value Chains." *Review of International Political Economy*. Vol. 12. No. 1. (February).

Gerring, John. 2004. "What is a Case Study and What is It Good for?" *American Political Science Review*. Vol. 98, No. 2 (May).

Goetzmann, William N. and Philippe Jorion. 1997. "Re-emerging Markets." *Journal of Financial and Quantitative Analysis*. Vol. 34, No. 1.

Gourevitch, Peter. 1978. "The Second Image Reversed: the International Sources of Domestic Politics." *International Organization*. Vol. 32, No. 4 (Autumn).

Grieco, Joseph M. 1988a. "Anarchy and the Limits of Cooperation: a Realist Critique of the Newest Liberal Institutionalism." *International Organization*. Vol. 42. No. 3 (Summer).

_____. 1988b. "Realist Theory and the Problems of International Cooperation: Analysis with an Amended Prisoner's Dilemma Model." *Journal of Politics*. Vol. 50, No. 3.

Helleiner, Eric. 1995. "Explaining the Globalization of Financial Markets: Bringing States Back In." *Review of International Political Economy*. Vol. 2. No. 2. (Spring).

Hempson-Jones, Justin S. 2005. "The Evolution of China's Engagement with International Governmental Organizations: Toward a Liberal Foreign Policy?" *Asian Survey*. Vol. 45, No. 5.

Henderson, Jeffrey, Peter Dicken, Martin Hess, Neil Coe, and Henry Wai-Chung Yeung. 2002. "Global Production Networks and the Analysis of Economic Development." *Review of International Political Economy*. Vol. 9, No.3. (August).

Jervis, Robert. 1978. "Cooperation under the Security Dilemma." *World Politics*. Vol. 30, No. 2. (January).

Kagan, Robert. 1998. "The Benevolent Empire." *Foreign Policy*. Vol. 111 (Summer).

Kirshner, Jonathan. 2003. "Money is Politics." *Review of International Political Economy*. Vol. 10, No. 4.

Krasner, Stephen. D. 1976. "State Power and the Structure of International Trade." *World Politics*. Vol. 28, No. 3 (April).

Kroenig, Matthew. 2009. "Exporting the Bomb: Why States Provide Sensitive Nuclear Assistance." *American Political Science Review*. Vol. 103. No. 1. (February).

Levy, Jack S. 1994. "Learning and Foreign Policy: Sweeping a Conceptual Minefield." *International Organization*. Vol. 88, No. 2.

Lieber, Keir A. and Daryl G. Press. 2006. "The Rise of US Nuclear Primacy." *Foreign Affairs*. Vol. 85, No. 2. (March/April).

Lucas, Robert E. Jr. 1990. "Why Doesn't Capital Flow from Rich to Poor Countries?" *The American Economic Review*. Vol. 80, No. 2 (May).

Luo, Yadon, Max Cacchione, Marc Junkunc, and Stephanie C. Lu. 2011. "Entrepreneurial Pioneer of International Venturing: the Case of Huawei." *Organizational Dynamics*. Vol. 40.

Mackinder, Halford J. 2004. "The Geographical Pivot of History." *The Geographical Journal*. Vol. 170, No. 4 (December).

Magee, Stephen P. 1977. "Multinational Corporations, the Industry Technology Cycle and Development." *Journal of World Trade Law*. Vol. 2, No. 4.

McKeown, Timothy J. 1983. "Hegemonic Stability Theory and 19th Century Tariff Levels in Europe." *International Organization*. Vol. 37, No. 1 (Winter).

Mearsheimer, John J. 1994/95. "The False Promise of International Institutions." *International Security*. Vol. 19, No. 3 (Winter).

Miller, Benjamin. 2010a. "Explaining Changes in US Grand Strategy: 9/11, the Rise of Offensive Liberalism, and the War in Iraq." *Security Studies*. Vol. 19, No 1.

　　　　. 2010b. "Democracy Promotion: Offensive Liberalism versus the Rest (of IR Theory)." *Millennium - Journal of International Studies*. Vol. 38, No. 3

Milner, Halen. 1999. "The Political Economy of International Trade." *Annual Review of Political Science*. Vol. 2.

Monten, Jonathan. 2005. "The Roots of the Bush Doctrine: Power, Nationalism, and Democracy Promotion in US Strategy." *International Security*. Vol. 29, No. 4.

Moran, Theodore H. 1990. "The Globalization of America's Defense Industries: Managing the Threat of Foreign Dependence." *International Security*. Vol. 15, No. 1 (Summer).

Odell, John S. 2001. "Case Study Methods in International Political Economy." *International Studies Perspectives*. Vol. 2, No. 2 (May).

Opp, Karl-Dieter. "Soft Incentives and Collective Action: Participation in the Anti-Nuclear Movement." *British Journal of Political Science*. Vol. 16.

Packard, George R. 2010. "The United States-Japan Security Treaty at 50." *Foreign Affairs*. Vol. 89. No. 2. (Mar/Apr).

Palmisano, Sam. 2006. "The Globally Integrated Enterprise." *Foreign Affairs*. Vol. 85. Issue 3. (May/June).

Posen, Barry and Andrew Ross. 1996. "Competing Visions for US Grand Strategy." *International Security*. Vol. 21, No. 3.

Posner, Michael V. 1961. "International Trade and Technical Change." *Oxford Economic Papers*. Vol. 13, No. 3 (October).

Przeworski, Adam and Fernando Limongi. 1997. "Modernization: Theories and Facts." *World Politics*. Vol. 49, No. 2.

Rosecrance, Richard and Peter Thompson. 2003. "Trade, Foreign Investment, and Security." *Annual Review of Political Science*. Vol. 6 (June).

Rosen, Daniel H. and Thilo Hanemann. 2011. "An American Open Door? Maximizing the Benefits of Chinese Foreign Direct Investment." *Asia Society Special Report*. (May).

Roy, Denny. 2003. "China's Reaction to American Predominance." *Survival*. Vol. 45, No. 3.

Rozanov, Andrew. 2005. "Who Holds the Wealth of Nations?" *Central Banking Journal*. Vol. 14. No. 4. (May).

Schweller, Randall L. 1994. "Bandwagoning for Profit: Bringing the Revisionist State Back in." *International Security*. Vol. 19, No. 1 (Summer).

Shirk, Susan. L. 1994. "Chinese Views on Asia-Pacific Regional Security Cooperation." *NBR(The National Bureau of Asian Research) Analysis*. Vol. 13, No. 17.

Simon Herbert A. 1953. "Notes on the Observation and Measurement of Political Power." *The Journal of Politics*. Vol. 15, No. 4 (November)

Stolper, Wolfgang F. and Paul A. Samuelson. 1941. "Protection and Real Wages." *The Review of Economic Studies*. Vol. 9, No. 1 (November).

Strange, Susan. 1971. "The Politics of International Currencies." *World Politics*. Vol. 23, No. 2. (January).

Suisheng Zhao. 1993. "Deng Xiaoping's Southern Tour: Elite Politics in Post-Tiananmen China." *Asian Survey*. Vol. 33, No. 8.

Taliaferro, Jeffrey W. 2000. "Security Seeking under Anarchy: Defensive Realism Revisited." *International Security*. Vol. 25, No. 3.

Tang, Tsou and Morton H. Halperin. 1965. "Mao Tse-tong's Revolutionary Ideology and Peking's International Behaviour." *American Political Science Review*. Vol. 59, No. 1.

Tranoy, Bent Sofus. 2009. "Flexible Adjustment in the Age of Financialisation: the Case of Norway." *Geopolitics*. Vol. 14, No. 2.

Vernon, Raymond. 1979. "The Product Life Cycle Hypothesis in a New International Environment." *Oxford Bulletin of Economics and Statistics*. Vol. 41, No. 4.

⎯⎯⎯. 1966. "International Investment and International Trade in the Product Cycle." *The Quarterly Journal of Economics*. Vol. 80, No. 2.

Verva, Sidney. 1967. "Some Dilemma in Comparative Research." *World Politics*. Vol. 20, No. 1 (October).

Walt, Stephen M. 1985. "Alliance Formation and the Balance of World Power." *International Security*. Vol. 9, No. 4.

Waltz, Kenneth N. 2000. "Structural Realism after the Cold War." *International Security*. Vol. 25, No. 1 (Summer).

⎯⎯⎯. 1993. "The Emerging Structure of International Politics." *International Security*. Vol. 18, No. 2 (Autumn).

Wallerstein, Mitchel B. 2009. "Losing Controls." *Foreign Affairs*. (November/December).

Wendt, Alexander. 1992. "Anarchy is What States Make of It: The Social Construction of Power Politics." *International Organization*. Vol. 46, No. 2.

Wohlforth, William C. 1999. "The Stability of Unipolar World." *International Security*. Vol. 24 (Summer).

Wu, Baiyi. 2001. "The Chinese Security Concept and Its Historical Evolution." *Journal of Contemporary China*. Vol. 10, No. 27.

Xuetong, Yan. 2010. "The Instability of China-US Relations." *The Chinese Journal of International Politics*. Vol. 3.

孙杭生. 2009. 我国加工贸易转型升级问题研究. 『经济问题探索』第4期.

江小涓. 2004. 吸引外资对中国产业技术进步和研发能力提升的影响. 『国际经济评论』2004. 3-4.

江小涓. 2002. 中国的外资经济对增长, 结构升级和竞争力的贡献. 『中国社会科学』第6期.

胡健. 2009. 软实力新论: 构成、功能和发展规律 – 兼论中美软实力的比较. 『社会科学』第2期.

苏长和. 2007. 中国的软权力 – 以国际制度与中国的关系为例. 『国际观察』第2期.

王正緒・杨颖. 2009. 中国在东南亚民众心目中的形象: 基於跨国问卷调查的分析. 『现代国际关系』第5期.

谢勇鹏. 2011. 从西色国际收购尤金公司被阻看美国的外资并购国家安全审查制度. 『资源与产业』13(2).

蕫瑾, 朱桂龍. 2007. 外商直接投資, 垂直聯系與技術溢出效應. 『南方經濟』第2期.

潘文卿. 2003. 外商投資對中國工業部門的外溢效應: 基於面板數據的分析. 『世界經濟』第6期.

서적

Andrew, David M. (Eds.) 2006. *International Monetary Power*. Ithaca: Cornell University Press.

Art, Robert. 2003. *A Grand Strategy for America*. Ithaca: Cornell University Press

Axelrod, Robert. 1984. *The Evolution of Cooperation*. New Jersey: Basic Books.

Barnet, Richard J. and Ronald E. Muller. 1974. *Global Reach: The Power of the Multinational Corporations*. New York: Simon and Schuster.

Baylis, John and Steve Smith. 2001. *The Globalization of World Politics: An Introduction to International Relations*. New York: Oxford University Press.

Bergsten, C. Fred, Charles Freeman, Nicholas R. Lardy and Derek J. Mitchell. 2009. *China's Rise: Challenges and Opportunities*. Peterson Institute for International Economics.

Bergsten, C. Fred, Thomas Horst, and Theodore Moran. 1978. *American Multinationals and American Interests*. Washington DC.: Brookings Institution.

Bhagwati, Jagdish N. 1972. *Economics and World Order from the 1970's to the 1990's*. London: MacMillan.

Bremmer, Ian. 2010. *The End of the Free Market: Who Wins the War Between States and Corporations*. New York: Portfolio.

Brooks, Stephan G. 2005. *Producing Security: Multinational Corporations, Globalization, and the Changing Calculus of Conflict*. New Jersey: Princeton University Press.

Brzezinski, Zbigniew. 1997. *The Grand Chessboard: American Primacy and Its Geostrategic Imperatives*. New York: Basic Books.

Burchill, Scott. 2005. *The National Interest in International Relations Theory*. Hampshire: Palgrave Macmillan.

Burchill, Scott, Andrew Linklater, Richard Devetak, Jack Donnelly, Matthew Paterson, Christian Reus-Smit, and Jacqui True (Eds.) 2001. *Theories of International Relations* (3rd Edition). New York: Palgrave Macmillan.

Caraley, Demetrios James. 2004. *American Hegemony: Preventive War, Iraq and Imposing Democracy*. New York: The Academy of Political Science.

Cardoso, Fernando H. 1979. *Dependency and Development in Latin America*. Berkeley: University of California Press.

Caves, Richard E. 1996. *Multinational Enterprises and Economic Analysis*. Cambridge: Cambridge University Press.

Chang, Ha-Joon. 2003. *Kicking Away the Ladder: Development Strategy in Historical Perspective*. London: Anthem Press.
Cheru, Fantu and Colin Bradford. 2005. *The Millennium Development Goals: Raising the Resources to Tackle World Poverty*. London: Zed Books.
Collins, Alan. 2000. *The Security Dilemmas of Southeast Asia*. London: Macmillan.
Contractor, Farok J. 1981. *International Technology Licensing Compensation, Costs and Negotiation*. Lexington: Lexington Books.
Cypher, James M. and James L. Dietz. 1997. *The Process of Economic Development*. New York: Routledge.
Davidoff, Steven M. 2009. *Gods at War: Shotgun Takeovers, Government by Deal, and the Private equity Implosion*. New Jersey: John Wiley & Sons, Inc.
Deng, Yong and Fei-Ling Wang. 1999. *In the Eyes of the Dragon: China Views the World*. New York Rowman & Littlefield Publisher.
Dicken, Peter. 2004. *Global Shift: Reshaping the Global Economic Map in the 21st Century*. New York: The Guilford Press.
Doyle, Michael W. 1997. *Ways of War and Peace: Realism, Liberalism, and Socialism*. New York: W. W. Norton & Company.
Dueck, Colin. 2006. *Reluctant Crusaders: Power, Culture, and Change in American Grand Strategy*. Princeton: Princeton University Press.
Dunning, John H. 1993. *Globalization: the Challenge for National Economic Regimes*. Dublin: The Economic and Social Research Institute.
―――. 1988. *Explaining International Production*. London: Unwin Hyman.
Dunning, John H. and Sarianna M. Lundan. 2008. *Multinational Enterprises and the Global Economy*. Northampton: Edward Elgar.
Dunning, John H. and Khalil A. Hamdani (Eds.) 1997. *The New Globalism and Developing Countries*. New York: United Nations University Press.
Dunning, John H. and Rajneesh Narula (Eds.) 1996. *Foreign Direct Investment and Governments: Catalysts for Economic Restructuring*. London: Routledge.
Easterly, William. 2006. *The Whiteman's Burden: Why the West's Efforts to Aid the Rest Have Done So Much Ill and So Little Good*. London: Penguin Books.
Easterly, William. 2008. *Reinventing Foreign Aid*. Massachusetts: the MIT Press.
Eden, Lorraine and Evan H. Potter. 1993. *Multinationals in the Global Political Economy*. London: Macmillan.
Czempiel, Ernst-Otto and James N. Rosenau (Eds.) 1989. *Global Changes and Theoretical Challenges: Approaches to World Politics for the 1990s*. Lexington: Lexington Books.

Kapstein, Ethan B. and Michael Mastanduno (Eds.) 1999. *Unipolar Politics: Realism and State Strategies after the Cold War*. New York: Columbia University Press.

Frieden, Jeffry A. 2006. *Global Capitalism: Its Fall and Rise in the Twentieth Century*. New York: W.W. Norton.

Fung, Kwok Chiu, Lawrence J. Lau, and Joseph S. Lee. 2004. *US Direct Investment in China*. Washington D.C.: the AEI Press.

Gilpin, Robert. 2001. *Global Political Economy: Understanding the International Economic Order*. New Jersey: Princeton University Press.

　　″　　. 1987. *The Political Economy of International Relations*. New Jersey: Princeton University Press.

　　″　　. 1981. *War and Change in International Politics*. Cambridge: Cambridge University Press.

　　″　　. 1975. *US Power and the Multinational Corporations: the Political Economy of Foreign Direct Investment*. New York: Basic Books.

Graham, Edward M. and David M. Marchick. 2006. *US National Security and Foreign Direct Investment*. Washington DC: The Institute for International Economics.

Graham, Edward M. and Paul R. Krugman. 1995. *Foreign Direct Investment in the United States*. Washington DC: The Institute for International Economy.

Gourevitch, Peter. 1986. *Politics in Hard Times: Comparative Responses to International Economic Crises*. Ithaca: Cornell University Press.

Gunder Frank, Andre. 1966. *The Development of Underdevelopment*. Boston: New England Free Press.

Helleiner, Eric. 1994. *States and the Reemergence of Global Finance: from Bretton Woods to the 1990s*. Ithaca, London: Cornell University Press.

Hirschman, Alfred O. 1945. *National Power and the Structure of Foreign Trade*. Berkeley: University of California Press.

Hollis, Martin and Steven M. Smith. 1990. *Explaining and Understanding International Relations*. Oxford: Oxford University Press.

Hufbauer, Gary Clyde, Jeffrey J. Schott, Kimberly A. Elliott, and Barbra Oegg. 2007. *Economic Sanctions Reconsidered*. 3rd ed. Washington DC: Peterson Institute for International Economics.

Hymer, Stephen H. 1976. *The International Operations of National Firms: a Study of Direct Foreign Investment*. Cambridge: MIT Press.

Ikenberry G. John and Michael Mastanduno (Eds.) 2002. *International Relations Theory and the Asia-Pacific*. New York: Columbia University Press.

Irwin, Douglas A. 1996. *Against the Tide: An Intellectual History of Free Trade*. New Jersey: Princeton University Press.

Jian, XiaoJuan. 2004. *FDI in China: Contributions to Growth, Restructuring and Competitiveness in China in the 21st Century*. New York: Nova Science Publishers, Inc.

Johnson, Alastair Iain and Robert S. Ross. 1999. *Engaging China: The Management of an Emerging Power*. New York: Routledge.

Johnson, Loch K. 2007. *Seven Sins of American Foreign Policy*. New York: Pearson Longman.

Johnston, Alastair Iain and Robert S. Ross (Eds.) 1999. *Engaging China- the Management of an Emerging Power*. London: Routledge.

Kagan, Robert. 2008. *The Return of History and the End of Dreams*. New York: Vintage Books.

Kapstein, Ethan B. 1994. *Governing the Global Economy: International Finance and the State*. Cambridge, Massachusetts: Harvard University Press.

Katzenstein, Peter J. (Ed.) 1996. *The Culture of National Security: Norms and Identity in World Politics*. New York: Columbia University Press.

Kenichi Ohmae. 1995. *The End of the Nation State: the Rise of Regional Economies*. New York: Simon & Schuster Inc.

Kennedy, Paul. 1988. *The Rise and Fall of the Great Powers: Economic Change and Military Conflict from 1500 to 2000*. London: Unwin Hyman Limited.

Keohane, Robert O. 1989. *International Institutions and State Power: Essays in International Relations Theory*. San Francisco: Westview Press.

           . 1984. *After Hegemony: Cooperation and Discord in the World Political Economy*. New Jersey: Princeton University Press.

Keohane, Robert O. and Joseph S. Nye. 2000. *Power and Interdependence*. Boston: Longman.

Kindleberger, Charles P. and Robert Z. Aliber. 2005. *Manias, Panics, and Crashes: A History of Financial Crises*. New Jersey: John Willey & Sons.

Kindleberger, Charles P. 2000. *Comparative Political Economy: A Retrospective*. Massachusetts: The MIT Press.

           . 1986. *The World in Depression 1929-1939*. Berkeley: University of California Press.

King, Gary, Robert O. Keohane, and Sidney Verba. 1994. *Designing Social Inquiry: Scientific Inference in Qualitative Research*. New Jersey: Princeton University Press.

Kirshner, Jonathan. 2007. *Appeasing Bankers*. New Jersey: Princeton University Press.

　　　　　　. 1995. *Currency and Coercion: The Political Economy of International Monetary Power*. New Jersey: Princeton University Press.

Kissinger, Henry A. 2012. *On China*. New York: Penguin Books.

Krasner, Stephen D. (Eds.) 1983. *International Regimes*. Ithaca: Cornell University Press.

　　　　　　. 1978. *Defending the National Interest: Raw Materials Investments and US Foreign Policy*. New Jersey: Princeton University Press.

Lasswell, Harold D. and Abraham Kaplan. 1950. *Power and Society: A Framework for Political Inquiry*. New Haven: Yale University Press.

Layne, Christopher. 2006. *The Peace of Illusions: American Grand Strategy from 1940 to the Present*. Ithaca: Cornell University Press.

Lee, Kuan Yew. 2001. *From Third World to First: The Singapore Story 1965-2000*. Singapore: The Straits Times Press and Times Media.

Manis, Jim. 2001. *The Federalist Papers*. The Pennsylvania State University Electronic Classics Series Publication.

Mazlish, Bruce, Nayan Chanda, and Kennneth Weisbrode (Eds.) 2007. *The Paradox of a Global USA*. California: Stanford University Press.

Mead, Walter Russell. 2001. *Special Providence: American Foreign Policy and How It Changed the World*. New York: Knopf.

Mearsheimer, John J. 2001. *The Tragedy of Great Power Politics*. New York: W. W. Norton.

Medeiros, Evan S., Roger Cliff, Keith Crane, and James C. Mulvenon. 2005. *A New Direction for China's Defense Industry*. Santa Monica: RAND Corporation.

Morgenthau, Hans J. 1965. *Politics among Nations: The Struggle for Power and Peace*. New York: Alfred A Knopf.

Nau, Henry. 2002. *At Home Abroad: Identity and Power in American Foreign Policy*. Ithaca: Cornell University Press.

Nye, Joseph S. Jr. 2004a. *Soft Power: The Means to Success in World Politics*. New York: Public Affairs.

　　　　　　. 2004b. *The Paradox of American Power: Why The World's Only Superpower Can't Go It Alone*. New York: Oxford University Press.

　　　　　　. 1991. *Bound to Lead: The Changing Nature of American Power*. New York: Basic Books.

Olson, Mancur. 1982. *The Rise and Decline of Nations: Economic Growth, Stagnation, and Social Rigidities*. New Haven: Yale University Press.

Oman, Charles. 1994. *Globalization and Regionalization: the Challenge for Developing

Countries. Paris: OECD.

Oye, Kenneth (Eds.) 1986. *Cooperation under Anarchy*. New Jersey: Princeton University Press.

Pillsbury, Michael. 2000. *China Debates the Future Security Environment*. Washington D.C.: National Defense University Press.

Porter, Michael E. 1998. *The Competitive Advantage of Nations*. New York: Free Press.

Power, Samantha. 2002. *A Problem from Hell: American in the Age of Genocide*. New York: Basic Books.

Prasad, Eswar, Kenneth Rogoff, Shang-Jin Wei, and M. Ayhan Kose. 2003. *Effects of Financial Globalization on Developing Countries: Some Empirical Evidence*. Washington DC: International Monetary Fund.

Ravenhill, John. 2008. *Global Political Economy*. New York: Oxford University Press.

Rogowski, Ronald. 1989. *Commerce and Coalitions: How Trade Affects Domestic Political Alignments*. Princeton: Princeton University Press.

Sachs, Jeffrey D. 2005. *The End of Poverty: Economic Possibilities for our time*. London: Penguin Books.

Spero, Joan E. and Jeffrey A. Hart. 1997. *The Politics of International Economic Relations*. New York: St. Martin's Press, Inc.

Spykman, Nicholas J. 1944. *The Geography of the Peace*. New York: Harcourt, Brace and Company.

Staley, Eugene. 1935. *War and the Private Investor: A Study in the Relations of International Politics and International Private Investment*. New York: Doubleday, Doran & Company.

Stiglitz, Joseph. 2002. *Globalization and Its Discontents*. London: Penguin Books.

Strange, Susan. 1996. *The Retreat of the State: the Diffusion of Power in the World Economy*. Cambridge: Cambridge University Press.

_____. 1994. *States and Markets*. London: Printer Publishers Limited.

Taylor, Alan M. 2004. *Global Capital Markets: Integration, Crisis, and Growth*. New York: Cambridge University Press.

Telesio, Piero. 1979. *Technology Licensing and Multinational Enterprise*. New York: Praeger.

Thurow, Lester. 1993. *Head to Head: The Coming Economic Battle Among Japan, Europe, and America*. New York: Warner Books Inc.

Tolchin, Martin and Susan Martin. 1992. *Selling Our Security: The Erosion of America's Assets*. New York: Knopf.

. 1988. *Buying into America: How Foreign Money is Changing the Face of Our Nation*. New York: Times Books.

Van Evera, Stephen. 1997. *Guide to Methods for Students of Political Science*. New York: Cornell University Press.

Vernon, Raymond. 1971. *Sovereignty at Bay: The Multinational Spread of US Enterprises*. New York: Basic Books.

Viotti, Paul R. and Mark V. Kauppi. 1999. *International Relations Theory: Realism, Pluralism, Globalism, and Beyond*. Boston: Allyn and Bacon.

Wallerstein, Immanuel. 1980. *The Modern World-System II: Mercantilism and the Consolidation of the European World-Economy, 1600-1750*. New York: Academic Press.

Walter, Andrew and Gautam Sen. 2009. *Analyzing the Global Political Economy*. New Jersey: Princeton University Press.

Waltz, Kenneth N. 1979. *Theory of International Politics*. New York: McGraw Hill.

Weiss, Linda. 1998. *The Myth of the Powerless State: Governing the Economy in a Global Era*. Cambridge: Polity Press.

Wendt, Alexander. 1999. *Social Theory of International Politics*. Cambridge: Cambridge University Press.

Wight, Martin. 1991. *International Theory: The Three Traditions*. Leicester: Leicester University Press.

Wilkins, Mira. 2004. *The History of Foreign Investment in the United States, 1914-1945*. Massachusetts: Havard University Press.

Woodward, Bob. 2004. *Plan of Attack*. New York: Simon & Schuster.

中国现代国际关系研究所. 2002. 『信息革命与国际关系』 北京: 时事出版社.

蔡拓. 2002. 『全球问题与当代国际关系』 天津: 天津人民出版社.

隆国强 等 著. 2003. 『加工贸易: 工业化的新道路』 北京: 中国发展出版社.

张国祚 主编. 2011. 『中国文化软实力研究报告(2010)』 北京: 社会科学文献出版社.

门洪华. 2009. 『中国国际战略导论』 北京: 清华大学出版社.

门洪华. 2007. 『中国: 软实力方略』 杭州: 浙江人民出版社.

刘华秋. 2005. 『国际风云录』 北京: 人民出版社.

金碚. 1997. 『何去何从-当代中国的国有企业问题』 北京: 今日中国出版社.

劉小玄. 2001. 『中國企業發展報告』 北京: 社會科學文獻出版社.

馬建堂, 劉海泉. 2000. 『中國國有企業改革的回顧與展望』 北京: 首都經濟貿易大學出版社.

정부, 국제기구, 연구기관 보고서

김형주. 2008. "브라질, 글로벌 금융위기 파고 넘을 수 있을까." 『LGERI 리포트』(12월 17일).
이상숙. 2011. "중국의 대외전략 변화와 한반도 정책." 2011년도 한국국제정치학회 안보국방학술회의 발표자료.
이홍규, 하남석, 조성호. 2011. 『중국 경제성장에 있어서 중앙과 지방정부의 역할에 관한 연구』 경기개발연구원 정책연구 2011-62.
현혜정. 2009. "주요국의 전략산업 FDI 규제동향과 시사점." 대외경제정책연구원. 『오늘의 세계경제』 Vol. 9, No. 13. (5월 4일).
KIEP 북경사무소. 2007. "중국의 대외직접투자 현황과 전망." 중국경제 현안 브리핑 제07-21호. (11월 21일).
Aizenman, Joshua. 2010. "Macro Prudential Supervision in the Open Economy, and the Role of Central Banks in Emerging Markets." Open Economies review. (17 February).
Aizenman, Joshua, Yothin Jinjarak, and Donghyun Park. 2010. "International Reserves and Swap Lines: Substitutes or Complements?" Working Paper 15304. National Bureau of Economic Research.
Allen, Mark and Jaime Caruana. 2008. "Sovereign Wealth Funds – A Work Agenda." IMF. (February 29).
American Chamber of Commerce in People's Republic of China. 2003. American Business in China. White Paper.
The American Chamber of Commerce in Shanghai. 2010. "Viewpoint." China Trends. (June).
Bergsten, C. Fred. 2009. "The Dollar and the Deficits." Foreign Affairs. Business Source Premier. (November/December).
Bordo, Michael D., Barry Eichengreen, and Douglas A. Irwin. 1999. "Is Globalization Today Different than Globalization a Hundred Years Ago?" Working Paper #7195. National Bureau of Economic Research (June).
Bush, George W. 2002. The National Security Strategy of the United States of America. Washington D.C.: National Security Council.
Center for Strategic & International Studies. 2008. "Issue in Focus: China's 'Going-out' Investment Policy." Freeman Briefing. (May 27).

Chang, Ha-Joon. 2003. "Kicking Away the Ladder: the Real History of Free Trade." FPIF(Foreign Policy in Focus) Special Report. (December).
Cline, William R. 2009. "The Global Financial Crisis and Development Strategy for Emerging Market Economies." Peterson Institute for International Economics. (June).
Davies, Ken. 2012. "Outward FDI from China and Its Policy Context, 2012." Columbia FDI Profiles. Vale Columbia Center on Sustainable International Investment.
Deng Xiaoping. 1994. Selected Works of Deng Xiaoping Vol. 3. People's Press.
Edelman, Eric S. 2010. "Understanding America's Contested Primacy." Center for Strategic and Budgetary Assessments.
Evans, Peter C. and Erica S. Downs. 2006. "Untangling China's Quest for Oil Through State-backed Financial Deals." Policy Brief # 154. The Brookings Institution. (May).
Farrell, Diana, Susan Lund, and Koby Sadan. 2008. The New Power Brokers: Gaining Clout in Turbulent Markets. San Francisco: McKinsey Global Institute. (July).
Farrell, Diana, Susan Lund, Eva Gerlemann, and Peter Seeburger. 2007. "New Power Brokers: How Oil, Asia, Hedge Funds, and Private Equity are Shaping Global Capital Markets." McKinsey Global Institute. (October).
Goldstein, Morris. 2008. "The Subprime and Credit Crisis." Peterson Institute for International Economics. The Global Economic Prospects Meeting. (April 3).
Holslag, Jonathan, Gustaaf Geeraerts, Jan Gorus, and Stefaan Smis. 2007. "Chinese Resources and Energy Policy in Sub-Saharan Africa." Report for the Development Committee of the European Parliament.
Hufbauer, Gary Clyde. 2007. "Three US-China Trade Disputes." Peterson Institute for International Economics. The Conference: The China Balance Sheet in 2007 and Beyond. (May 2).
IMF. 2008. Global Financial Stability Report. Washington DC: International Monetary Fund. (April).
⁄ . 2003. Foreign Direct Investment in Emerging Countries. Washington DC: International Monetary Fund.
⁄ . 1993. Balance of Payments Manual, 5th edition. Washington DC: International Monetary Fund.
IMF and OECD. 2003. Foreign Direct Investment Statistics: How Countries Measure FDI 2001. Washington DC: IMF.
Japan Bank for International Cooperation Institute(JBICI). 2003. "Survey Report on Overseas Business Operations by Japanese Manufacturing Companies - Results of JBIC FY2002 Survey: Outlook for Japanese Foreign Direct Investment." JBICI Review No. 7. (August).

Japan External Trade Organization(JETRO). 2003. Japanese Affiliated Manufacturers in Asia: Survey 2002. Tokyo: JETRO.

Krekel, Bryan, George Bakos, and Christopher Baenett. 2009. "Capability of the People's Republic of China to Conduct Cyber Warfare and Computer Network Exploitation." Northrop Grumman Corporation. A report prepared for the US-China Economic and Security Review Commission. (October 9).

Marchick, David M. and Matthew J. Slaughter. 2008. Global FDI Policy: Correcting a Protectionist Drift. Council Special Report 34. New York: Council on Foreign Relations.

Medeiros, Evan S., Roger Cliff, Keith Crane, and James C. Mulvenon. 2005. A New Direction for China's Defense Industry. Santa Monica: RAND Corporation.

OECD. 2008a. OECD Benchmark Definition of Foreign Direct Investment Fourth Edition 2008. Paris: OECD.

　　　. 2008b. "Sovereign Wealth Funds and Recipient Country Policies." OECD Investment Committee Report (April 4).

OECD Directorate for Financial, Fiscal and Enterprise Affairs. 2000. "Main Determinants and Impacts of Foreign Direct Investment on China's Economy." OECD Working Papers on International Investment No. 2000/4 (December).

Park, DongHyun. 2008. "Globalization, Erosion of Tax Base, and the Revenue Potential of Developing Asia's Foreign Reserve Build-up." Asian Development Bank. (September).

Schulz, Martin. 2008. "A Return of Protectionism? Internal Deregulation and External Investment Restrictions in the EU." Fujitsu Economic Institute Working Paper. No. 324. (August).

Templin, Benjamin A. 2009. "State Entrepreneurism." Annual Meeting of the Japan Economic Policy Association. (June 30).

The US Treasury. 2007. "Semiannual Report to Congress on International Economic and Exchange Rate Policies." The US Treasury website [http://www.treas.gov/offices/international-affairs/economic-exchange-rates/pdf/2007_Appendix-3.pdf].

Thirlwell, Mark. 2007. "Second Thoughts on Globalization: an Update." Lowy Institute for International Policy. (September).

　　　. 2008. "Is the Foreign Investment Review Board Acting Fairly?" AOIF(Australia's Open Investment Future) Paper 4. (December).

UNCTAD. 2008. World Investment Report: Transnational Corporations, and the Infrastructure Challenge. New York: United Nations.

　　　　　. 2003. Trade and Development Report 2003: Capital Accumulation, Growth and Structural Change. New York: United Nations.

United States Trade Representative. 2006. "US-China Trade Relations: Entering a New Phase of Greater Accountability and Enforcement." Top-to-Bottom Review. (February).

US Chamber of Commerce. 2011. "The National Security Implications of Investments and Products from the People's Republic of China in the Telecommunications Sector." US-China Economic and Security Review Commission Staff Report. (January).

　　　　　. 1992. National Security Assessment of the Domestic and Foreign Subcontractor Base: A Study of Three US navy Weapon Systems. Washington D.C.: Department of Commerce.

　　　　　. "Trade in Goods with China." 미 상무부 통계국 웹사이트 해외무역 자료.

US Department of Commerce, Office of Business Economics. 1958. Balance of Payments: Statistical Supplement. Washington DC.: US Government Printing Office.

U.S. Energy Information Administration. 2010. *International Energy Outlook 2010. The US Department of Energy*. Report number: DOE/EIA-0484(2010).

US Government Accountability Office. 2008. "SWF - Publicly Available Data on Sizes and Investments for Some Funds are Limited." Report to the Committee on Banking, Housing, and Urban Affairs, US Senate. (September).

　　　　　. 2009. "SWF - Laws Limiting Foreign Investment Affect Certain US Assets and Agencies Have Various Enforcement Processes." Report to the Committee on Banking, Housing, and Urban Affairs, US Senate. (May).

US Government Printing Office. 1999. Public Papers of the Presidents of the United States: William J. Clinton, 1999. Vol. 1.

Valencia, Mark J. 1995. "China and the South China Sea Disputes." Adelphi Paper #298. Institute for International and Strategic Studies.

Woertz, Eckart. 2009. "Implications of Dubai's Debt Troubles." Gulf Research Center. GRC Reports. (December).

WTO. 2012. "Protocols of Accession for New Members since 1995, Including Commitments in Goods and Services." (May 10th).

WTO. 2008. International Trade Statistics 2008. Geneva: WTO Publications.

中华人民共和国國家統計局. 2010.『中国统计年鉴 2010』北京: 中国统计出版社.

中国环球贸易. 2011. "Chinese Yuan/US Dollar Exchange Rate Index, July 2005 - Nov 2011."

법률

"国务院关于鼓励台湾同胞投资的规定" (1988. 7. 3. 제정).
"国务院关于鼓励华侨和香港澳门同胞投资的规定" (1990. 8. 19. 제정).
"中华人民共和国中外合资经营企业法" (1979. 7. 8. 제정, 2001. 3. 15. 수정).
"中华人民共和国中外合资经营企业法" (1979. 7. 8. 제정, 1990. 4. 4. 수정).
"中华人民共和国中外合作经营企业法" (2000. 10. 31. 제정).
"中华人民共和国外资企业法" (1986. 4. 12. 제정).
"外国企业常驻代表机构登记管理条例" (2010. 11. 10. 제정).
"外国投资者并购境内企业安全审查制度" (2011. 2. 3. 제정).
"Foreign Investment and National Security Act of 2007" (2007. 7. 26. 제정).

웹사이트

경제협력개발기구 [www.oecd.org]
국제연합무역개발협의회 [www.unctad.org]
국제통화기금 [www.imf.org]
미국 국립보존기록관 [www.archives.gov]
미국 무역대표부 [www.ustr.gov]
미국 백악관 [www.whitehouse.gov]
미국 상무부 경제분석국 [www.bea.gov]
미국 의회 도서관 [www.loc.gov]
세계은행 [www.worldbank.org]
중국투자지남 [www.fdi.gov.cn]
중국환구무역 [www.chinaglobaltrade.com]
중화인민공화국 국가통계국 [www.stats.gov.cn]
중화인민공화국 중앙인민정부 [www.gov.cn]
한국교육방송공사 EBS [www.ebs.co.kr]

부록:
관련 통계자료

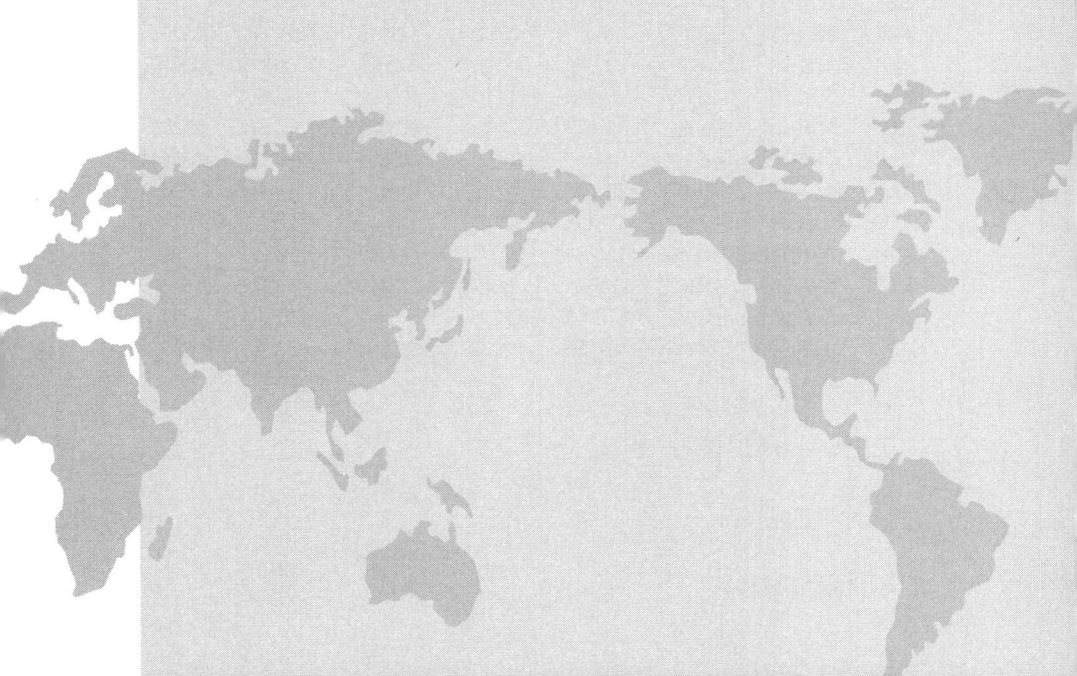

부록 1. 주요국 상품 수출 규모 (단위: 백만 불)

	중국	미국	독일	일본	프랑스	한국	영국
1980	18099	225566	211450	130441	116423	17512	110137
1981	22007	238715	196717	151495	106841	21268	102845
1982	22321	216442	198954	138385	97036	21853	97017
1983	22226	205639	193947	146965	95325	24446	91868
1984	26139	223976	197145	169700	97923	29245	93840
1985	27350	218815	199133	177164	102028	30282	101355
1986	30942	227158	257626	210757	125438	34715	106956
1987	39437	254122	312469	231286	148892	47281	131193
1988	47516	322427	345023	264856	168345	60696	145457
1989	52538	363812	363431	273932	179926	62377	153271
1990	62091	393592	421100	287580	217262	65016	185107
1991	71910	421730	402843	314793	217683	71870	185295
1992	84940	448163	430042	339895	236575	76632	191143
1993	91744	464773	380517	362265	222229	82236	181578
1994	121006	512627	426600	397273	251262	96013	204915
1995	148780	584743	523502	443116	301933	125058	237970
1996	151048	625073	523925	410922	305509	129715	258165
1997	182792	689182	512919	420956	302144	136164	280418
1998	183712	682138	543222	387935	320631	132313	273683
1999	194931	695797	544049	419354	325526	143685	272422
2000	249203	781918	550447	479296	326802	172268	284720
2001	266098	729100	571645	403496	323379	150439	272715
2002	325596	693103	615831	416726	331719	162471	280195
2003	438228	724771	751560	471817	392039	193817	305627
2004	593326	814875	909887	565675	452106	253845	347493
2005	761953	901082	970914	594941	463428	284419	384477
2006	968978	1025967	1108107	646725	495868	325465	448653
2007	1220456	1148199	1321214	714327	559612	371489	439091
2008	1430693	1287442	1446171	781412	616240	422007	459769
2009	1201612	1056043	1120041	580719	484781	363534	354893
2010	1577754	1278263	1258924	769839	523460	466384	415959
2011	1898381	1480432	1473985	823184	596473	555214	502540
2012	2048814	1547283	1407098	798567	569065	547870	468370

참고: UNCTADstat.

부록 2. 미국과 중국의 상품교역 규모 (단위: 백만 불)

	중국→미국 (A)	증가율 (%)	미국→중국 (B)	증가율 (%)	(A) − (B)	증가율 (%)
1985	3861.70	–	3855.70	–	6.00	–
1986	4771.00	23.55	3106.30	−19.44	1664.70	27645.00
1987	6293.60	31.91	3497.30	12.59	2796.30	67.98
1988	8510.90	35.23	5021.60	43.59	3489.30	24.78
1989	11989.70	40.87	5755.40	14.61	6234.30	78.67
1990	15237.40	27.09	4806.40	−16.49	10431.00	67.32
1991	18969.20	24.49	6278.20	30.62	12691.00	21.67
1992	25727.50	35.63	7418.50	18.16	18309.00	44.27
1993	31539.90	22.59	8762.90	18.12	22777.00	24.40
1994	38786.80	22.98	9281.70	5.92	29505.10	29.54
1995	45543.20	17.42	11753.70	26.63	33789.50	14.52
1996	51512.80	13.11	11992.60	2.03	39520.20	16.96
1997	62557.70	21.44	12862.20	7.25	49695.50	25.75
1998	71168.60	13.76	14241.20	10.72	56927.40	14.55
1999	81788.20	14.92	13111.10	−7.94	68677.10	20.64
2000	100018.20	22.29	16185.20	23.45	83833.00	22.07
2001	102278.40	2.26	19182.30	18.52	83096.10	−0.88
2002	125192.60	22.40	22127.70	15.35	103064.90	24.03
2003	152436.10	21.76	28367.94	28.20	124068.15	20.38
2004	196682.03	29.03	34427.77	21.36	162254.26	30.78
2005	243470.10	23.79	41192.01	19.65	202278.09	24.67
2006	287774.35	18.20	53673.01	30.30	234101.34	15.73
2007	321442.87	11.70	62936.89	17.26	258505.98	10.42
2008	337772.63	5.08	69732.84	10.80	268039.79	3.69
2009	296373.88	−12.26	69496.68	−0.34	226877.20	−15.36
2010	364952.63	23.14	91911.08	32.25	273041.55	20.35
2011	399378.94	9.43	103986.50	13.14	295392.45	8.19
2012	425578.92	6.56	110483.59	6.25	315095.33	6.67

참고: 미 상무부 통계국.

부록 3. 전 세계 FDI 유출입 규모와 미·중 FDI의 비중 (단위: 백만 불)

	FDI 유입				
	World	중국	비율 (%)	미국	비율 (%)
1980	54078	57	0.11	16918	31.28
1981	69570	265	0.38	25195	36.22
1982	58059	430	0.74	13810	23.79
1983	50268	916	1.82	11518	22.91
1984	56839	1419	2.50	25567	44.98
1985	55866	1956	3.50	20490	36.68
1986	86378	2244	2.60	36145	41.84
1987	136641	2314	1.69	59581	43.60
1988	164024	3194	1.95	58571	35.71
1989	197277	3393	1.72	69010	34.98
1990	207455	3487	1.68	48422	23.34
1991	154073	4366	2.83	22799	14.80
1992	165881	11008	6.64	19222	11.59
1993	223316	27515	12.32	50665	22.69
1994	256000	33767	13.19	45091	17.61
1995	342799	37521	10.95	58772	17.14
1996	390900	41726	10.67	84460	21.61
1997	487853	45257	9.28	103406	21.20
1998	706266	45463	6.44	174439	24.70
1999	1091439	40319	3.69	283676	25.99
2000	1400541	40715	2.91	313997	22.42
2001	827617	46878	5.66	159478	19.27
2002	627975	52743	8.40	74501	11.86
2003	586956	53505	9.12	53141	9.05
2004	744329	60630	8.15	135850	18.25
2005	980727	72406	7.38	104809	10.69
2006	1463351	72715	4.97	237136	16.20
2007	1975537	83521	4.23	215952	10.93
2008	1790706	108312	6.05	306366	17.11
2009	1197824	95000	7.93	143604	11.99
2010	1309001	114734	8.77	197905	15.12
2011	1524422	123985	8.13	226937	14.89

FDI 유출				
World	중국	비율(%)	미국	비율(%)
51590	–	–	19230	37.28
51516	–	–	13227	25.68
27442	44	0.16	1078	3.93
37394	93	0.25	9525	25.47
50147	134	0.27	13045	26.01
62014	629	1.01	13388	21.59
96799	450	0.46	19641	20.29
142016	645	0.45	30154	21.23
182452	850	0.47	18599	10.19
234059	780	0.33	37604	16.07
241498	830	0.34	30982	12.83
198041	913	0.46	32696	16.51
202635	4000	1.97	42647	21.05
242554	4400	1.81	77247	31.85
286888	2000	0.70	73252	25.53
363241	2000	0.55	92074	25.35
397770	2114	0.53	84426	21.22
477507	2562	0.54	95769	20.06
689700	2634	0.38	131004	18.99
1088079	1774	0.16	209391	19.24
1226633	916	0.07	142626	11.63
747657	6885	0.92	124873	16.70
528496	2518	0.48	134946	25.53
570679	2855	0.50	129352	22.67
925716	5498	0.59	294905	31.86
888561	12261	1.38	15369	1.73
1415094	21160	1.50	224220	15.84
2198025	22469	1.02	393518	17.90
1969336	52150	2.65	308296	15.65
1175108	56530	4.81	266955	22.72
1451365	68811	4.74	304399	20.97
1694396	65117	3.84	396656	23.41

참고: UNCTADstat.

부록 4. 미국과 중국의 상호 FDI 규모 (단위: 백만 불)

	중국→미국	증가율(%)	미국→중국	증가율(%)
1980	2	–	*2	–
1981	6	200.00	*6	200.00
1982	*6	0.00	49	716.67
1983	*6	0.00	103	110.20
1984	7	16.67	215	108.74
1985	8	14.29	322	49.77
1986	10	25.00	183	-43.17
1987	58	480.00	240	31.15
1988	*73	25.86	346	44.17
1989	87	19.18	436	26.01
1990	124	42.53	354	-18.81
1991	192	54.84	426	20.34
1992	170	-11.46	563	32.16
1993	109	-35.88	916	62.70
1994	244	123.85	2557	179.15
1995	329	34.84	2765	8.13
1996	197	-40.12	3848	39.17
1997	182	-7.61	5150	33.84
1998	251	37.91	6350	23.30
1999	295	17.53	9401	48.05
2000	277	-6.10	11140	18.50
2001	535	93.14	12081	8.45
2002	385	-28.04	10570	-12.51
2003	284	-26.23	11261	6.54
2004	435	53.17	17616	56.43
2005	574	31.95	19016	7.95
2006	785	36.76	26459	39.14
2007	584	-25.61	29710	12.29
2008	1235	89.21	53927	81.51
2009	1624	46.97	50048	-7.19
2010	3245	99.82	58509	16.91
2011	3815	17.57	54234	-7.31

참고: 미 상무부 경제분석국. (참고: *값은 추정치임)

부록 5. 미국과 중국의 FDI 유출입 규모 (단위: 백만 불)

	FDI 유입				FDI 유출			
	중국	증가율 (%)	미국	증가율 (%)	중국	증가율 (%)	미국	증가율 (%)
1980	57	-	16918	-	-	-	19230	-
1981	265	364.91	25195	48.92	-	-	13227	-31.22
1982	430	62.26	13810	-45.19	44	-	1078	-91.85
1983	916	113.02	11518	-16.60	93	111.36	9525	783.58
1984	1419	54.91	25567	121.97	134	44.09	13045	36.96
1985	1956	37.84	20490	-19.86	629	369.40	13388	2.63
1986	2244	14.71	36145	76.40	450	-28.46	19641	46.71
1987	2314	3.11	59581	64.84	645	43.33	30154	53.53
1988	3194	38.04	58571	-1.70	850	31.73	18599	-38.32
1989	3393	6.23	69010	17.82	780	-8.24	37604	102.18
1990	3487	2.79	48422	-29.83	830	6.41	30982	-17.61
1991	4366	25.21	22799	-52.92	913	10.00	32696	5.53
1992	11008	152.10	19222	-15.69	4000	338.12	42647	30.43
1993	27515	149.97	50665	163.58	4400	10.00	77247	81.13
1994	33767	22.72	45091	-11.00	2000	-54.55	73252	-5.17
1995	37521	11.12	58772	30.34	2000	0.00	92074	25.69
1996	41726	11.21	84460	43.71	2114	5.70	84426	-8.31
1997	45257	8.46	103406	22.43	2562	21.22	95769	13.44
1998	45463	0.45	174439	68.69	2634	2.73	131004	36.79
1999	40319	-11.31	283676	62.62	1774	-32.63	209391	59.84
2000	40715	0.98	313997	10.69	916	-48.39	142626	-31.89
2001	46878	15.14	159478	-49.21	6885	651.86	124873	-12.45
2002	52743	12.51	74501	-53.28	2518	-63.42	134946	8.07
2003	53505	1.44	53141	-28.67	2855	13.35	129352	-4.15
2004	60630	13.32	135850	155.64	5498	92.60	294905	127.99
2005	72406	19.42	104809	-22.85	12261	123.01	15369	-94.79
2006	72715	0.43	237136	126.25	21160	72.58	224220	1358.91
2007	83521	14.86	215952	-8.93	22469	6.19	393518	75.51
2008	108312	29.68	306366	41.87	52150	132.10	308296	-21.66
2009	95000	-12.29	143604	-53.13	56530	8.40	266955	-13.41
2010	114734	20.77	197905	37.81	68811	21.72	304399	14.03
2011	123985	8.06	226937	14.67	65117	-5.37	396656	30.31

참고: UNCTADstat.

부록 6. 외환보유고 상위 30개 국가 (단위: 백만 불)

		2000	2001	2002	2003	2004	2005
1	중국	165574	212165	286407	403251	609932	818872
2	일본	361638	401959	469728	673529	844543	846897
3	유럽연합	351712	346068	383906	387331	382692	377617
4	러시아					124541	182240
5	스위스	53724	51860	61526	69618	74620	57630
6	브라질	33011	35866	37823	49296	52935	53799
7	한국	96198	102821	121413	155352	199066	210391
8	인도						
9	싱가폴	80170	75677	82219	96244	112575	116173
10	독일	87295	82150	89142	96847	97165	101668
11	프랑스	63552	58756	61715	70789	77371	74373
12	이태리	46865	46212	55622	63263	60934	65954
13	태국	32661	33048	38924	42148	49832	52066
14	멕시코	35585	44814	50674	59028	64198	74110
15	미국	66930	68621	78635	87246	87104	64473
16	말레이시아	28708	29896	33741	44208	66209	70183
17	영국	57701	51146	59072	67507	76671	79160
18	터키	23369	19961	28094	35169	37612	52378
19	인도네시아						
20	폴란드	27464	26565	29794	33975	36783	42571
21	덴마크	15218	18128	27896	38245	40167	34027
22	필리핀	15063	15692	16365	17063	16228	18494
23	이스라엘		23326	23975	26147	27019	27931
24	캐나다	32424	34248	37169	36268	34466	33018
25	페루	8398	8633	9459	9919	12301	13736
26	네덜란드	17636	16926	19016	21567	21612	20463
27	스웨덴	17706	15640	19340	22410	24759	24880
28	노르웨이	27864	23547	32412	37720	44308	46987
29	남아프리카	11297	12551	15530	25077	32958	20650
30	스페인	35577	34252	40303	26812	19758	17225

2006	2007	2008	2009	2010	2011	2012
1066344	1528249	1946030	2399152	2847338	3181148	3240005
895320	973365	1030647	1049397	1096185	1295841	1268125
429120	511088	520778	666087	789963	863136	909532
303732	477890	427080	439450	479379	493649	537618
64470	75404	74017	135001	270661	332047	531275
85839	180334	193783	238520	288575	352012	373147
238956	262224	201223	269995	291571	305402	326968
	275316	255968	283470	297334	295688	295638
136261	162957	174196	187809	225754	237737	259307
111636	136235	138036	180854	216598	233858	248878
98251	115726	102930	133090	166319	172206	184551
75773	94325	105272	132797	158926	173302	181683
66985	87455	111008	138418	172129	175124	181608
76330	87211	95302	99893	120587	143209	167050
66053	70684	78334	131174	132737	145665	151372
82457	101345	91536	96678	106498	133642	139724
85647	97255	65494	83264	106567	121926	134261
63186	76415	74254	74829	85968	83340	119167
42586	56920	51639	66105	96207	110123	112781
48484	65745	62180	79591	93514	97866	108915
31084	34323	42319	76643	76529	85054	89704
22967	33751	37551	44243	62373	75302	83831
29006	28564	42722	60616	71284	74736	75878
35063	41081	43872	54357	57151	65819	68546
16894	27372	30864	32803	43765	48367	63471
23903	26890	28508	39610	46241	51266	54816
28008	31062	29718	47267	48295	50362	52262
56845	60865	51028	48737	52839	48786	51860
25612	32979	34100	39705	43834	48861	50736
19340	19057	20244	28204	31942	47101	50595

참고: IMF Data and Statistics. 중국 외환관리국.
(참고: 중국의 2012년 외환보유액은 2012년 6월까지의 현황임)

부록 7. 중국의 주요 다국적기업: 2012년 포춘 글로벌 500(Fortune Global 500) 포함

중국 내 순위	FG 500 순위	회사명	본사	매출액 (백만 불)	분야
1	5	Sinopec Group	북경	375,214	석유화학
2	6	China National Petroleum	북경	352,338	석유화학
3	7	State Grid	북경	259,142	에너지/전기
4	54	Industrial & Commercial Bank of China	북경	109,040	금융
5	77	China Construction Bank	북경	89,648	금융
6	81	China Mobile Communications	북경	87,544	정보통신
7	84	Agricultural Bank of China	북경	84,803	금융
8	91	Noble Group	홍콩	80,732	천연자원
9	93	Bank of China	북경	80,230	금융
10	100	China State Construction Engineering	북경	76,024	토목/건설
11	101	China National Offshore Oil Corporation	북경	75,514	석유화학
12	111	China Railway Construction	북경	71,443	토목/건설
13	112	China Railway Group	북경	71,263	철도/교통
14	113	Sinochem Group	북경	70,990	석유화학
15	129	China Life Insurance	북경	67,274	금융
16	130	SAIC Motor	상하이	67,255	자동차
17	142	Dongfeng Motor Group	우한	62,911	자동차
18	152	China Southern Power Grid	광저우	60,538	에너지/전기
19	165	China FAW Group	창춘	57,003	자동차
20	169	China Minmetals	북경	54,509	천연자원
21	194	CITIC Group	북경	49,339	금융/부동산/에너지
22	197	Baosteel Group	상하이	48,916	철강
23	205	China North Industries Group	북경	48,154	군수
24	216	China Communications Construction	북경	45,959	정보통신설비
25	221	China Telecommunications	북경	45,170	정보통신서비스
26	233	China Resources National	홍콩	43,440	천연자원
27	234	Shenhua Group	북경	43,356	에너지/전기/철도
28	238	China South Industries Group	북경	43,160	자동차
29	242	Ping An Insurance	션전	42,110	금융
30	246	China Huaneng Group	북경	41,481	에너지/전기
31	250	Aviation Industry Corp. of China	북경	40,835	항공
32	258	China Post Group	북경	40,023	우편
33	269	HeBei Iron & Steel Group	스자좡	38,722	철강
34	275	Jardine Matheson	홍콩	37,967	무역
35	280	China Metallurgical Group	북경	37,613	금속/제조

36	292	People's Insurance Co. of China	북경	36,549	금융
37	295	Shougang Group	북경	36,117	철강
38	298	Aluminum Corp. of China	북경	35,839	금속/제조
39	318	China National Aviation Fuel Group	북경	34,352	석유/항공
40	321	Wuhan Iron & Steel	우한	34,260	철강
41	326	Bank of Communications	상하이	33,372	금융
42	330	Jizhong Energy Group	싱타이	33,661	에너지/전기
43	333	China United Network Communications	상하이	33,336	정보통신서비스
44	341	China Guodian	북경	32,580	에너지/전기
45	346	Jiangsu Shagang Group	장자강	32,097	철강
46	349	China Railway Materials	북경	31,991	철도/교통
47	351	Huawei Investment & Holding	션전	31,543	전기/전자
48	362	Hutchison Whampoa	홍콩	30,023	정보통신서비스
49	365	China National Building Materials Group	북경	30,022	건축자재
50	367	Sinomach	북경	29,346	기계설비/제조
51	369	China Datang	북경	29,603	에너지/전기
52	370	Lenovo Group	북경	29,574	전기/전자
53	384	China Ocean Shipping	북경	28,797	해운
54	390	Power China	북경	28,289	발전설비/기계
55	393	COFCO	북경	28,190	식품
56	397	Henan Coal & Chemical	정저우	27,919	천연자원
57	402	ChemChina	북경	27,707	석유/화학
58	416	Tewoo Group	텐진	26,411	천연자원
59	425	China Electronics	북경	26,023	전기/전자부품
60	426	Zhejiang Materials Industry Group	항저우	25,833	무역
61	433	China Huadian	북경	25,270	에너지/전기
62	434	China Shipbuilding Industry	북경	25,145	조선
63	440	Shandong Weiqiao Pioneering Group	산동	24,906	섬유
64	447	Shanxi Coal Transportation & Sales Group	타이위안	24,533	천연자원
65	450	China Pacific Insurance (Group)	상하이	24,429	금융
66	451	China Power Investment	북경	24,400	에너지/전기설비
67	460	Shandong Energy Group	지난	24,131	천연자원
68	462	Ansteel Group	안산	24,089	철강
69	475	Zhejiang Geely Holding Group	항저우	23,356	자동차
70	483	Greenland Holding Group	상하이	22,873	부동산
71	484	Xinxing Cathay International Group	북경	22,832	철강/군수/부동산
72	490	Kailuan Group	당산	22,519	천연자원
73	498	China Merchants Bank	션전	22,094	금융

참고: 포춘지(Fortune Magazine).

부록 8. 중국 기업 FDI의 대표 사례: 2008~2010

	투자회사	투자대상 회사	투자대상 국가/지역	분야	획득 지분 (%)	거래금액 (백만 불)
2008	ICBC	Seng Heng Bank	마카오	금융	19.9	593
2008	Investor Group	CIFA SpA	이태리	기계/설비	100.0	747
2008	Investor Group	CIFA SpA	이태리	기계/설비	100.0	784
2008	CITIC Group Ltd	CITIC Intl Finl Hldg Ltd	홍콩	금융	15.2	855
2008	Sinosteel Corp	Midwest Corp Ltd.	호주	천연자원	100.0	1377
2008	CITIC Group Ltd	CITIC Pacific Ltd	홍콩	금융/부동산/에너지	39.9	1500
2008	Sinopec	Tanganyika Oil Co. Ltd.	캐나다	석유화학	100.0	2029
2008	China Merchants Bank Co Ltd	Wing Lung Bank Ltd	홍콩	금융	44.7	2082
2008	China Merchants Bank Co. Ltd.	Wing Lung Bank Ltd.	홍콩	금융	53.1	2474
2008	ICBC	Standard Bank Group Ltd	남아프리카	금융	20.0	5616
2009	CITIC International Financial Holding	China CITIC Bank Corporation Ltd	홍콩	금융	70.3	403
2009	Hunan Hualing Iron & Steel Group	Fortescue Metals Group Ltd	호주	천연자원	9.8	409
2009	Hunan Hualing Iron & Steel Group	Fortescue Metals Group Ltd	호주	천연자원	8.4	408
2009	China Investment Corp (CIC)	South Gobi Energy Resources	캐나다	천연자원	25.0	500
2009	China Investment Corp (CIC)	Noble Group Ltd	홍콩	금융	15.0	854
2009	Fullbloom Investment Corp	KazMunaiGas Expl & Prodn JSC	카자흐스탄	석유화학	11.0	939
2009	Investor Group	Cathay Pacific Airways Ltd	홍콩	교통	14.5	948

연도	투자기업	피투자기업	국가	산업	지분(%)	금액
2009	China Minmetals Nonferrous Met	OZ Minerals Ltd-certain assets	호주	천연자원	100.0	1386
2009	Investor Group	OAO Mangistau MunaiGaz	카자흐스탄	석유화학	100.0	2604
2009	Yanzhou Coal Mining Co Ltd	Felix Resources Ltd	호주	천연자원	100.0	2807
2010	CRCC-Tongguan Invest Co. Ltd.	Corriente Resources Inc.	캐나다	천연자원	100.0	550
2010	China Investment Corp. (CIC)	Penn West Energy Trust – Asts	캐나다	석유화학	45.0	800
2010	CNOOC International Ltd.	Chesapeake Oil, Gas Asts. TX	미국	석유화학	33.3	1080
2010	ICBC	ICBC (Asia)	홍콩	금융	27.2	1395
2010	Zhejiang Geely Hldg Grp Co. Ltd.	Volvo Personvagnar AB	스웨덴	자동차	100.0	1500
2010	China Investment Corp. (CIC)	AES Corp.	미국	천연자원	15.8	1581
2010	PetroChina Intl Invest Co. Ltd.	Athabasca Oil Sands – Assets	캐나다	석유화학	60.0	1737
2010	CNOOC Ltd.	Bridas Corp.	아르헨티나	석유화학	50.0	3100
2010	Sinopec Intl.	Syncrude Canada Ltd.	캐나다	석유화학	9.0	4650
2010	Sinopec Group	Repsol YPF Brasil SA	브라질	석유화학	40.0	7111

참고: Davies, Ken. 2012. "Outward FDI from China and Its Policy Context, 2012." Columbia FDI Profiles. Vale Columbia Center on Sustainable International Investment.

부록 9. 중국 기업 그린필드 FDI의 대표 사례: 2008~2010

	투자 회사	투자유치 국가	분야	투자금액 (백만 불)
2008	China National Petroleum (CNPC)	니제르	석탄/석유/가스	1587
2008	China National Petroleum (CNPC)	채드	석탄/석유/가스	1587
2008	China Petroleum and Chemical (Sinopec)	사우디아라비아	석탄/석유/가스	1657
2008	Aluminium Corporation of China (Chalco)	페루	철강	2150
2008	Xinxing Group	인도	철강	2159
2008	China National Petroleum (CNPC)	투르크메니스탄	석탄/석유/가스	2200
2008	Shenzhen Energy Group	나이지리아	석탄/석유/가스	2400
2008	China Union	라이베리아	철강	2600
2008	Shanghai Electric Power	인도	기계/설비	3000
2008	Citic Group	앙고라	부동산	3535
2008	China Petroleum and Chemical (Sinopec)	베트남	석탄/석유/가스	4500
2009	China North Industries Group (NORINCO)	러시아	건설/설비	616
2009	SAIC Chery Automobile	브라질	자동차	700
2009	China National Petroleum (CNPC)	코스타리카	석탄/석유/가스	1000
2009	Tianjin Pipe	미국	기계	1000
2009	China Huaneng	싱가폴	대체에너지	1431
2009	China National Petroleum (CNPC)	오만	석탄/석유/가스	1657
2009	China National Petroleum (CNPC)	수단	석탄/석유/가스	1701
2009	China National Petroleum (CNPC)	이란	석탄/석유/가스	1760
2009	China Metallurgical Group Corporation	아프가니스탄	철강	2900
2009	Wuhan Iron and Steel Co., Ltd. (Wisco)	브라질	철강	4000
2010	Haier Group	인도	전기/전자	678
2010	China Huadian Corporation	러시아	석탄/석유/가스	700
2010	State Grid Corporation	러시아	철강	730
2010	China National Petroleum (CNPC)	쿠바	석탄/석유/가스	1300
2010	China State Construction Engineering Corporation (CSCEC)	나이지리아	석탄/석유/가스	1913
2010	China State Construction Engineering Corporation (CSCEC)	나이지리아	석탄/석유/가스	1913
2010	China State Construction Engineering Corporation (CSCEC)	나이지리아	석탄/석유/가스	1913
2010	Rongsheng Chemical Fiber	이집트	석탄/석유/가스	2000
2010	Jinchuan	인도네시아	철강	2000
2010	China National Petroleum (CNPC)	쿠바	석탄/석유/가스	4500

참고: Davies, Ken. 2012. "Outward FDI from China and Its Policy Context, 2012." Columbia FDI Profiles. Vale Columbia Center on Sustainable International Investment.

부록 10. 중국 기업 FDI의 산업별(위) 및 주별(아래) 미국 진출 현황: 2000~2012 (단위: 백만 불)

	2000		2001		2002		2003		2004		2005		2006		2007		2008		2009		2010		2011		2012		합계	
	건	금액	건	금액	건	금액	건	금액	건	금액	건	금액	건	금액	건	금액	건	금액	건	금액	건	금액	건	금액	건	금액	건	금액
IT	3	6	6	14	7	26	3	102	2	166	8	113	8	95	7	22	13	105	10	15	20	200	21	535	6	14	114	1413
전자/가전	3	4			3	13			6	17	6	11	5	7	12	84	6	20	15	422	14	298	12	108	12	69	94	2053
항공/자동차	1	4	2	13	3	9	5	37	5	10	9	27	3	2	11	101	4	9	8	127	10	478	14	591	11	375	86	1783
에너지			1	1			1	3	1	160					6	245	3	28	14	214	20	2977	17	2165	12	2965	75	8758
소비재			3	5	2	30	1	1	5	15	8	1774	5	6	5	12	6	215	13	62	10	52	13	52	3	15	74	2239
금융			1	1	1	1			6	119	2	34	2	12	3	41	6	92	6	25	6	154	7	38	8	247	48	764
기본소재					1	1	3	11	1	1	2	6			7	37	4	9	5	1043	4	43	9	126	3	173	39	1450
보건/의료							2	4					3	6	1	1	8	381	5	10	7	61	8	84	3		37	550
교통건설					1	1	4	5	2	2			1	1	5	6					8	16	1	1	3		25	37
부동산/오락	1	3			2	4							1	8	2	4	1	6	5	222	7	931	5	2795			24	3973
농/식품							2	2					2	4	2	16			2	30	4	34	4	34			16	120
합계	7	14	14	37	18	81	19	163	32	496	35	1965	27	129	60	561	54	879	77	1924	106	5531	113	4665	70	6695	632	23140

	캘리포니아		텍사스		미시건		뉴욕		일리노이즈		미조리		오클라호마		메사추세츠		버지니아		콜로라도		미네소타		뉴저지		노스캐롤라		기타	
	건	금액	건	금액	건	금액	건	금액	건	금액	건	금액	건	금액	건	금액	건	금액	건	금액	건	금액	건	금액	건	금액	건	금액
IT	47	808	17	70	1		1	4	174	5	107			1	1	1	6	31	1	8			4	16	8	105	19	91
전자/가전	22	41	7	152	9	37	4	7	8	1506					3	15	2	3	1	16			1	3	8	21	29	252
항공/자동차	7	36	7	18	35	1006			7	31			1	71	1	3			2	310			3	40	23	268		
에너지	25	128	11	1518	1	1	2	4	6	245			1	2440	2	1652	1	1581	3	582	2	12	3	88	2	5	16	502
소비재	18	162	4	3			8	1776	5	14	1	120					3	15					2	2	8	64	25	83
금융	13	149			1	1	15	238	4	13					2	13					1	11	2	9	3	92	7	238
기본소재	7	9	6	1046	1	1	2	3	3	7	1	5			2	3			1	40					1	1	15	335
보건/의료	7	18	1	2											1	1	2	6			2	164	8	226	3	9	13	124
교통건설	6	12	3	3			4	5	2	2													2	4			8	11
부동산/오락	9	181					6	1088			1	2600					1	52									7	52
농/식품	7	50							2	2					1	1	1	3			1	18					4	46
합계	168	1594	56	2812	48	1047	45	3295	42	1927	3	2725	2	2441	13	1757	17	1694	6	646	8	515	22	348	36	337	166	2002